utb 6227

Eine Arbeitsgemeinschaft der Verlage

Brill | Schöningh – Fink · Paderborn
Brill | Vandenhoeck & Ruprecht · Göttingen – Böhlau · Wien · Köln
Verlag Barbara Budrich · Opladen · Toronto
facultas · Wien
Haupt Verlag · Bern
Verlag Julius Klinkhardt · Bad Heilbrunn
Mohr Siebeck · Tübingen
Narr Francke Attempto Verlag – expert verlag · Tübingen
Psychiatrie Verlag · Köln
Ernst Reinhardt Verlag · München
transcript Verlag · Bielefeld
Verlag Eugen Ulmer · Stuttgart
UVK Verlag · München
Waxmann · Münster · New York
wbv Publikation · Bielefeld
Wochenschau Verlag · Frankfurt am Main

Ludwig Haag
Thomas Götz

Schulleistungen

Eine Orientierungshilfe für Lehrkräfte und Lehramtsstudierende

Verlag Barbara Budrich
Opladen & Toronto 2024

Die Autoren:

Ludwig Haag, Universität Bayreuth

Thomas Götz, Universität Wien (Österreich)

Bibliografische Information der Deutschen Nationalbibliothek
Die Deutsche Nationalbibliothek verzeichnet diese Publikation in der Deutschen Nationalbibliografie; detaillierte bibliografische Daten sind im Internet über https://portal.dnb.de abrufbar.

Gedruckt auf FSC®-zertifiziertem Papier. CO2-kompensierte Produktion
Printed in Germany

www.budrich.de

utb-Bandnr.	**6227**
utb-ISBN	**978-3-8252-6227-3**
utb-e-ISBN	**978-3-8385-6227-8**
DOI	**10.36198/9783838562278**

Online-Angebote oder elektronische Ausgaben sind erhältlich unter www.utb-shop.de.

Druck: Medienhaus Plump GmbH, Rheinbreitbach
Satz: Ulrike Weingärtner, Gründau – info@textakzente.de
Umschlaggestaltung: siegel konzeption | gestaltung
Titelbildnachweis: contrastwerkstatt, Adobe Stock

Inhaltsverzeichnis

Einleitung

Eine von den Autoren publizierte Studie zu der Fragestellung, inwieweit Leistungskontrollen in Schulen angekündigt werden sollen (Bieleke et al., 2022), ist auf sehr großes mediales Interesse gestoßen. Dies hat den Autoren unter anderem gezeigt, dass es bei Eltern, Lehräften und auch den Schüler*innen sehr viele offene Fragen zur Notengebung gibt – derzeit auch vor dem Hintergrund der Digitalisierung und von KIs.

Ein professioneller Umgang mit Schulleistungen ist überaus wichtig – allein schon vor dem Hintergrund der Fülle an Noten, die vergeben werden. Gehen wir von folgendem fiktiven Beispiel aus: Eine Lehrkraft unterrichtet 30 Jahre an einem Gymnasium die Fächerkombination Englisch und Französisch. Die Anzahl der von dieser Lehrkraft gegebenen Einzelnoten dürfte sich wohl auf ca. 40 000 beziffern lassen – eine unglaubliche Anzahl, bei der Lehrkräfte alles richtig machen oder auch danebenliegen können. Dabei sind diese Noten für die Schüler*innen sehr relevant, zum einen im Hinblick auf psychologische Variablen wie Selbstkonzept oder Emotionen, zum anderen auch im Hinblick auf ihre Zukunft für Beruf oder Studium.

Wenn zwei Autoren, die unterschiedliche Professionen vertreten, gemeinsam ein Buch schreiben, liegt ein Reiz, aber auch eine Herausforderung darin, dass sie unterschiedliche Literatur aus unterschiedlichen Bereichen in diesem Buch zusammenführen. Das Buch will Lehrkräfte, Lehramtsstudierende, aber auch Eltern, Schüler*innen und Vertreter*innen der Bildungsverwaltung ansprechen. Dabei achten wir auf eine leser*innenfreundliche Gestaltung, indem wir eine allgemein verständliche Sprache gewählt haben und jeden Punkt mit einem Fazit und Reflexionsfragen abschließen.

Wenn auch Schulleistungen stets im Gesamtkontext von Schule zu sehen sind, setzen wir in vorliegendem Buch den Fokus gezielt auf das Ermitteln und Bewerten von Schulleistungen. Diagnostische Kompetenz gilt in der Lehr-Lern-Forschung als Voraussetzung für guten Unterricht. Nach einer Reflexion des Leistungsbegriffs in der Schule (P. 1) geht es zunächst um diagnostische Grundlagen wie das Aufzeigen unterschiedlicher Skalenniveaus, Gütekriterien und Bezugsnormen und die Einführung des Kompetenzbegriffs (P. 2). Die Beschäftigung mit Noten – welche Arten es gibt und welche Funktionen sie haben – (P. 3) muss zur Frage führen, welche Faktoren die Beurteilung von Schulleistungen beeinflussen (P. 4). Nach diesen eher theoretischen Punkten geht es im Folgenden konkret darum, wie Schulleistungserhebungen konzipiert und durchgeführt werden sollten (P. 5) und was eine umfassende Diagnosekultur beinhalten sollte (P. 6). Daraus leiten wir umfassende Verfahren bei der Leistungsbeurteilung ab (P. 7). Da eine Leistungsbeurteilung ohne Feedback unvollständig bleiben muss, gehen wir ausführlich auf Feedback als Mittel zur Leistungserziehung und Motivation ein (P. 8).

Beim Schreiben des Buches ist zum einen die Corona-Pandemie abgeklungen, zum anderen wurde Ende 2022 ChatGPT veröffentlicht, womit eine rege Diskussion um künstliche Intelligenz entfacht wurde. So lag es nahe, auf die Prüfungskultur in der digitalen Welt in einem eigenen Punkt einzugehen (P. 9). Bei dem Thema Umgang mit Schulleistungen auch Nebenwirkungen wie Prüfungsangst zu bedenken, macht Sinn (P. 10). Im abschließenden Punkt behandeln wir, welche rechtlichen Spielräume und Grenzen im Umgang mit der Leistungsbewertung zu beachten sind (P. 11). Schulische Erziehungsarbeit läuft Gefahr, allzu leicht als ein rechtsfreies Geschehen idealisiert zu werden. Dass dem nicht so ist, zeigt die Praxis.

1 Begriff der Schulleistung

Der Begriff „Schulleistung" ist ein Kompositum, das nicht Leistung im Allgemeinen, sondern in schulischen Kontexten umfasst. Diese Feststellung ist insofern wichtig, weil ja, wenn man in der Schule von Leistung spricht, dieser Begriff in Abgrenzung von anderen Kontexten, wie z. B. der Arbeitswelt gesehen wird. Das Leistungsprinzip in der Gesellschaft hat seine Wurzeln in der Gleichheit, wie sie z. B. in der Französischen Revolution postuliert wurde (Jung, 2013). Schluss sollte z. B. sein mit den überkommenen Privilegien und der herausgehobenen Stellung des Geburtsadels. Im bürgerlichen 19. Jahrhundert hat sich das Leistungsprinzip in der Gesellschaft etabliert und durchgesetzt. Die moderne Industriegesellschaft bedurfte eines funktionalen Verteilungsprinzips für Berufs- und Lebenschancen. Leistung gilt prinzipiell als Verteilungsschlüssel für gesellschaftliche Positionen, für Verdienst, Macht und Einfluss – natürlich idealiter ausgedrückt. Jung (2013) weist darauf hin, dass heute eine Vielzahl höchst differenter Leistungen existiert, die je nach marktwirtschaftlicher Akzeptanz auch höchst unterschiedlich honoriert werden. „Innerhalb des Leistungssystems haben sich also ganz unterschiedliche Subsysteme mit auseinanderklaffenden Maßstäben und differenten Honorierungsformen herausgebildet" (Jung, 2013, S. 27).

Gegenüber diesem allgemeinen gesellschaftlichen Leistungsbegriff (1.1) wird in der Schule ein anderer gebraucht (1.2). Dies zeigen unter anderem gängig verwendete Begrifflichkeiten wie „pädagogischer Leistungsbegriff" (1.2.1), „umfassendes Leistungsverständnis", „Inklusionsorientierung" oder „inklusive Leistungsbeurteilung" (1.2.2), „neue Prüfungskultur". Letztere wird eigens im Punkt 6 behandelt. Im Umgang mit Leistung müssen grundsätzlich unterschiedliche Praktiken unterschieden werden (1.2.3).

1.1 Was bedeutet der Begriff der Leistung?

Wer sich für die etymologische Herkunft des heutigen Leistungsbegriffs interessiert, sei auf den Aufsatz von Verheyen (2018) verwiesen. Das Wort gehe auf ‚laists' im Gotischen sowie ‚lâst' im Angelsächsischen zurück. Beide standen demnach für den Fußstapfen, die Fährte oder Spur, und die Verben gotisch ‚laistjan' bzw. angelsächsisch ‚læstan' hatten die sinnlich darauf bezogene Bedeutung ‚eine Spur betreten, jemandem folgen, nachgehen, ihn begleiten'. Im althochdeutschen ‚leistan' und mittelhochdeutschen ‚leisten' wendete sich der Sinngehalt auch zum *‚befolgen oder thun dessen, was einem als eine schuldigkeit vorgeschrieben oder auferlegt ist'* (S. 171).

Verheyen konnte anhand einer Analyse von Wörterbüchern des 19. Jahrhunderts eine semantische Verschiebung herausarbeiten, die schleichende Individuierung des

Wortes. „Noch im frühen 19. Jahrhundert verwies das transitive Verb in Wörterbüchern maßgeblich auf die Erfüllung einer Pflicht und Schuld oder auf das freiwillige Eingehen einer sozialen Verbindlichkeit. Leistung war nicht nur Rechts-, sondern auch Moral-, vor allem aber Beziehungsbegriff" (S. 183). Leistung war auf eine bestimmte Person bezogen, für die ein Mensch etwas tat. Etwas leisten beschrieb einen sozialen Sachverhalt. Spuren davon findet sich noch heute in der Leistungsgesellschaft. „Denn wer etwas leistet, der tut etwas, das von anderen erwünscht wird und darf deshalb eine Gegenleistung erwarten – das jedenfalls ist das Gerechtigkeitsversprechen von Gesellschaften wie der Bundesrepublik Deutschland", so die Autorin (S. 183). Parallel dazu hat sich seit dem späten 19. Jahrhundert eine semantische Verschiebung entwickelt weg vom Fokus vom Tun für Andere hin auf das besser Tun als Andere und damit von der kooperativen Beziehung zwischen Personen hin zum hierarchisierenden Vergleich zwischen Personen. Und gerade diese beiden Facetten der Leistungssemantik sind im Hinblick auf den schulischen Leistungsbegriff sehr interessant. Schulleistungen „verweisen dabei erstens auf die einem*r Schüler*in zugeschriebenen Fähigkeiten und Handlungsergebnisse, zweitens aber auch auf etwas, wozu dieser seinen Lehrer*innen gegenüber verpflichtet ist – das Lernen und Zuhören, aber auch die Abgabe einer Klausur etc. – und schließlich drittens auf Ansprüche des*der Schülers*in selbst, die sich aus einem Schulabschluss ableiten lassen oder zumindest ableiten lassen sollen" (S. 184; gendergerechte Sprache durch die Autoren eingefügt).

Individuelle Leistung sieht Verheyen (2018) als ein soziales Konstrukt, und zwar in doppelter Hinsicht. Zum einen schaffen Menschen immer gemeinsam. So steht hinter einer schulischen Leistung auch die Anstrengung von Lehrkräften oder auch Eltern. Zum anderen muss Leistung als solche erst von Anderen zugeschrieben werden. Ein Aufsatz einer Person, den keiner haben will, hat zumindest Schwierigkeiten, als Leistung plausibilisiert zu werden – unabhängig davon, ob diesen Aufsatz Schüler*innen, Publizist*innen oder Wissenschaftler*innen schreiben (vgl. S. 166).

In Anlehnung an den zehnten Punkt dieses Buches, der Prüfungsangst, ist die Analyse des Psychoanalytikers, Psychosomatikers und Sozialphilosophen Horst-Eberhard Richter (1997) wichtig: Für ihn gehören die Begriffe Leistungsgesellschaft und Versagen zusammen. Diese bedeute Stress, Rivalität und Kampf um Selbstbehauptung. Man sei ständig von Angst bedroht, den gesellschaftlichen Anforderungen nicht zu genügen. Auf die Schule bezogen schreiben Haecker und Feindt (2022, S. 37): „Die dominierende Form des Umgangs mit schulischen Leistungen macht offenbar ausgerechnet die Schule zu einem für das angstfreie, sinnorientierte und tiefenstrukturelle Lernen eher ungünstigen Ort."

Rathmann und Hurrelmann (2022) zeigen anhand empirischer Befunde der SINUS-Jugendstudie 2020 (Calmbach et al., 2020) auf, dass der Leistungsdruck und ein Überforderungsgefühl eines der Topthemen bei der Diskussion negativer Aspekte schulischen Wohlbefindens sind (S. 257ff.). Überforderungsgefühle in der Schule sind den Befragten hinlänglich bekannt – vor allem denjenigen, die dauerhaft gute oder sehr gute Leistungen erbringen wollen. Die Wahrnehmung, dem schulischen Leistungsdruck nicht gewachsen zu sein, hat eine klar negative Auswirkung auf das schulische Wohlbefinden. Der eigene Leistungsanspruch schmälert das schulische Wohlbefinden. Die Schilderungen sind vorwiegend für Jugendliche im mittleren und formal höheren Bildungssegment typisch. Diese Studie macht unter anderen deutlich, dass es sinnvoll ist, über den Leistungsbegriff in der Schule nachzudenken.

1.2 Was bedeutet der Leistungsbegriff in der Schule?

Die Frage könnte auch lauten: Welche Elemente beinhaltet ein pädagogischer Leistungsbegriff? (1.2.1). Eigentlich ist es aktuell obsolet, von einem pädagogischen Leistungsbegriff zu sprechen, man könnte von einer inklusionsorientierten Position des Leistungsbegriffs sprechen. Doch aufgrund der historischen Entwicklung und der Tatsache, dass Inklusion erst seit den 2000er Jahren Eingang in die Schule gefunden hat, behandeln wir nicht trennscharf separat den pädagogischen Leistungsbegriff (1.2.1) und den im inklusiven Unterricht (1.2.2). Bei der Behandlung des Leistungsbegriffs in der Schule sind weitere Klärungen sinnvoll. Dabei geht es um die unterschiedlichen Praktiken (1.2.3). Ausführlich werden diese im Punkt 7 bearbeitet.

1.2.1 Pädagogischer Leistungsbegriff

Klafki (1985, S. 174) definiert Leistung als „*Ergebnis* und *Vollzug* einer *zielgerichteten Tätigkeit*, die mit *Anstrengung* und gegebenenfalls mit Selbstüberwindung *verbunden* ist und für die *Gütemaßstäbe anerkannt* werden, die also beurteilt wird“ (Klafki, 1985, S. 174; Hervorhebung im Original). Es geht also, vergleichbar mit dem modernen Bildungsbegriff (Spiel et al., 2022) nicht nur um ein Produkt, sondern inkludiert auch den Prozess, der letztendlich zum Produkt geführt hat. Dabei unterliegen sowohl Prozess als auch Produkt einer Bewertung. Schulleistung bezeichnet also „Lernaktivitäten und Lernergebnisse, die auf schulische Lern- und Bildungsziele ausgerichtet sind“ (Klieme & Diedrich, 2007, S. 634). Unter Berücksichtigung der soeben angeführten Aspekte umschreibt Vieluf (2018, S. 373) Schulleistung folgendermaßen: „Die zielgerichtete und mit Anstrengung verbundene Tätigkeit, die eine Schulleistung ausmacht, findet also stets im Rahmen schulischen Unterrichts statt, ihre Ziele und Gütemaßstäbe sind institutionell definiert und beziehen sich auf ein Curriculum oder eine andere Form von Übereinkunft über die Kenntnisse und Kompetenzen, die in einem Schulsystem zu vermitteln sind.“

Das Problem eines pädagogischen Leistungsbegriffs beleuchtet Mayer (2018): Ein pädagogischer Leistungsbegriff zeichnet sich dadurch aus, dass man sich über pädagogisch ausgewiesene Kriterien von einem ‚reduzierten‘ oder ideologischen Leistungsverständnis im Rahmen gesellschaftlicher Nützlichkeits-, Konkurrenz- und

Optimierungskriterien zu lösen versucht. Die Pädagogik muss sich angesichts ihrer gesellschaftlichen Situierung am Verhältnis von sozialem Leistungsanspruch und subjektiver Leistungsfähigkeit abarbeiten. Die „Erfahrung des Leistungsvergleichs mit anderen und die Einschätzung der eigenen Leistung angesichts generalisierter Leistungsnormen zu machen" (Klafki, 1976, S. 165) sei eine unverzichtbare pädagogische Vermittlungsaufgabe.

Jürgens (2000) arbeitet vier miteinander zusammenhängende Aspekte für die Begründung eines pädagogisch legitimierten Leistungsverständnisses heraus (S. 21ff.):

1. Leistung ist produkt- und prozessorientiert. Bei einer alleinigen Sicht auf ein produktorientiertes Leistungsverständnis werden die Schritte auf dem Weg zum Lernergebnis ausgeblendet. Das Lernergebnis wird dann häufig für das Lernen selbst gehalten. Rückschlüsse aus den Ergebnissen auf die Lernprozesse zu ziehen ist jedoch nur beschränkt möglich.
2. Leistung ist individuelles und soziales Lernen. Lernen und Leisten vollzieht sich häufig in sozialen Bezügen. Leistungen werden gemeinsam mit anderen ebenso erbracht wie Leistungen für die Gemeinschaft.
3. Leistung ist problemmotiviertes und vielfältiges Lernen. Lerngegenstände, die kognitives, soziales, emotionales, analytisch-abstraktes, künstlerisch-ästhetisches, handwerklich-praktisches und forschend entdeckendes Lernen beinhalten, aktivieren vielfältige Kompetenzen.
4. Leistung hat ermutigendes und anstrengendes Lernen zur Voraussetzung. Ermutigung wird besonders dann wichtig, wenn es für die Lernenden schwierig und mühevoll wird. Ermutigung erkennt Lernen als anstrengende Tätigkeit.

Jung (2013) kontrastiert den gesellschaftlichen und den pädagogischen Leistungsbegriff (siehe Tabelle 1):

Tabelle 1: Vergleich Gesellschaftlicher – Pädagogischer Leistungsbegriff (aus: Jung, 2013, S. 45)

	gesellschaftlicher Leistungsbegriff	**pädagogischer Leistungsbegriff**
Hauptfunktion und Ziel	Selektion mit der Zuweisung zu bestimmten Bildungslaufbahnen	bestmögliche Förderung
Maßstab	soziale/kriteriale Norm	individuelle/kriteriale Norm
Bewertungsgröße	Ergebnis/Produkt	Anstrengung und Prozess
Interaktionsmodus	konkurrenzorientierte Rivalität	soziales Miteinander
Reichweite der Messung und Beurteilung	spezifische und isolierte Kenntnisse und Fähigkeiten	ganzheitliche und übergreifende Würdigung der Gesamtpersönlichkeit
Bewertungsinstanz	ausschließlich Fremdbewertung	kombinierte Selbsteinschätzung und Fremdbewertung

Zu Tabelle 1 sei angemerkt, dass Schule ja auch ein wichtiger Teil der Gesellschaft ist und so der „gesellschaftliche Leistungsbegriff" eigentlich auch Schule miteinschließt. Doch die Kontrastierung soll zeigen, dass bezüglich des gesellschaftlichen Leistungsbegriffs die Leistung außerhalb des schulischen Kontextes gemeint ist.

Ein pädagogischer Leistungsbegriff grenzt sich von gesellschaftlich auferlegten Aufgaben der Schule ab und stellt die Entwicklung von Heranwachsenden unabhängig von gesellschaftlichen Vorgaben in den Mittelpunkt. Bei einem pädagogischen Leistungsbegriff geht es also um Aspekte, die den Zusammenhang mit dem gesellschaftlichen Erziehungs- und Bildungsauftrag der Schule aufgreifen und auf eine ganzheitliche Persönlichkeitsentwicklung der Heranwachsenden abzielen. Ziele wie Demokratiefähigkeit, soziale Integration, Mitmenschlichkeit, Sozialkompetenz, Selbst- und Mitbestimmung (vgl. werteorientierte Schulentwicklung; Baumann & Götz, 2024) sind allein mit der Orientierung an einem gesellschaftlichen Leistungsprinzip, das auf Bedingungen wie Konkurrenz, Produktorientierung und Auslese basiert, nicht zu erreichen. Auf diese Problematik gehen wir näher bei der Erörterung der Funktionen von Noten ein (3.2).

1.2.2 Leistungsbegriff im inklusiven Unterricht

Bei der Funktionsbeschreibung von Noten stößt man bei der pädagogischen Funktion (3.2.2) auf die Besonderheiten von Leistung im Kontext der Inklusion. Leistung von Schüler*innen, die aufgrund ihrer Voraussetzungen diese nur begrenzt erbringen können, wird hier explizit auch gewürdigt. In diesem Sinne ist die Wertschätzung der individuellen Möglichkeiten wichtiger als das Leistungsprodukt (vgl. Kiel, 2022). Aus inklusionspädagogischer Perspektive ergeben sich Herausforderungen bei der Leistungserhebung und -beurteilung auf den Ebenen der Strukturen und Praktiken. Diese Herausforderungen bestehen insbesondere seit der Ratifizierung der UN-Behindertenrechtskonvention. Im Jahre 2008 hat sich die Bundesrepublik Deutschland neben zahlreichen anderen Ländern zur Entwicklung eines inklusiven Bildungssystems verpflichtet. Alle Kinder und Jugendlichen sollen sich entsprechend ihrer Persönlichkeit entfalten und in vollem Maße an Bildung und Gesellschaft teilhaben können. Regelförderort für alle Schüler*innen soll die allgemeine Schule werden. Jede Schule ist daher aufgefordert, ihr Schulkonzept schrittweise auf Inklusion auszurichten und jedes Kind individuell zu fördern. Damit fordert Inklusion die bestehenden, auf Leistungsselektion basierenden mehrgliedrigen Schulsysteme heraus, „da nun potenziell alle Schulformen auch für diejenigen verantwortlich sind, die ihren Leistungserwartungen nicht entsprechen" (Wagener, 2020, S. 40).

„Für die schulische Bildung und Erziehung aller werden allgemeine Bildungsstandards und Lehrpläne zugrunde gelegt. Daneben ist individuellen Bildungs- und Erziehungsbedürfnissen sowie dem Leistungswillen Rechnung zu tragen", so im Beschluss der KMK zur inklusiven Bildung von Kindern und Jugendlichen mit Behinderungen in Schulen aus dem Jahre 2011 (KMK, 2011, S. 8). Diese inhaltliche Vorgabe hat Auswirkungen auf die Leistungsdiagnostik: „Bei den Lernstandserhebungen und der Leistungsmessung werden die individuellen Lern- und Leistungsmöglichkeiten berücksichtigt" (S. 8/9). „Eine inklusive Unterrichtsgestaltung beruht auf einer den Lernprozess begleitenden pädagogischen Diagnostik und einer kontinuierlichen Dokumentation der Lernentwicklung" (S. 10). „Alle Kinder und Jugendlichen mit Behinderungen haben in einem inklusiven Unterricht Anspruch auf Würdigung ihrer individuellen Leistungs- und Entwicklungsfortschritte" (S. 11).

Zur Rückmeldung und Dokumentation der erreichten Arbeitsergebnisse und der individuellen Leistungsentwicklung sind im Sinne der Wertschätzung aller die Lernleistungen zielführender als die Noten, ganz besonders alternative Formate wie Lernentwicklungsberichte, Feedback-Gespräche oder Portfolios. Auf unterschiedliche Dokumentations- und Prüfungsformate gehen wir ausführlich im Punkt 7 ein. Mittlerweile sind zum Thema eine Reihe von Studien- und Handbüchern erschienen (z.B. Heimlich & Kiel, 2020; Wagener, 2022).

Exkurs: Stand der Inklusionsdebatte in Deutschland

Übersetzungsfehler können nachhaltig missverständlich sein. So wurde auf der Weltkonferenz „Pädagogik für besondere Bedürfnisse" 1994 in Salamanca der dort eingeführte Begriff „inclusive" (Regular schools with this inclusive orientation) in der deutschen Fassung mit „integrativ" übersetzt. Ähnlich war es 2009 mit der UN-Behindertenrechtskonvention: Im Übereinkommen der Vereinten Nationen über die Rechte von Menschen mit Behinderungen, in der Inklusion im Bildungssystem verankert wurde, wurde aus dem Original „inclusive system at all levels" im Deutschen „integratives Bildungssystem auf allen Ebenen". Dies hat bis heute im bundesdeutschen Sprachraum zu dem Missverständnis beigetragen, dass von einer Gleichsetzung zwischen Inklusion und Integration auszugehen sei. Doch: „Inklusion" im Sinne der ursprünglichen lateinischen Wortbedeutung von „Einschluss bzw. Enthalten sein" umfasst mehr als ein schulisches Verständnis von Integration. Inklusion zielt auf eine umfassende gesellschaftliche Teilhabe in möglichst weitgehender Selbstbestimmung ab. Von der Zielvorstellung her ist dabei angestrebt, die Grenzen zwischen ‚Behinderten' und ‚Nichtbehinderten' aufzuheben und das selbstbestimmte Miteinander mitten in der Gesellschaft zu verankern" (Heimlich, 2013, S. 266).

Dies mag ein Grund sein, weshalb die Umsetzung von Inklusion in Deutschland als eher schleppend bezeichnet werden kann. So hat das Doppelsystem aus Regelschulen einerseits und Förderschulen andererseits unverändert Bestand. Solange dieses Doppelsystem jedoch im heutigen Umfang weiterhin besteht, ist es schwierig, in der Praxis Inklusion erfolgreich zu realisieren.

Deutschland weist ein Spannungsverhältnis auf, das darin begründet ist, dass Deutschland nach1945 mit dem Aufbau eines differenzierten „Sonderschulsystems" einen eigenständigen Weg im Vergleich zu anderen europäischen Staaten beschritten hat. In Italien bspw. beträgt der Anteil gemeinsamen Unterrichts nahezu 100%. Für den deutschen Weg könnte man ja argumentieren, dass in separierten Klassen oder Schulen die Schüler*innen Vorteile hätten. Doch die Forschungsbefunde sprechen dagegen. Man kann diese so zusammenfassen: „Die vorgebrachte empirische Literatur legt nahe, dass ein inklusiver Unterricht erfolgreiches Lernen für alle Schüler*innen gewährleisten kann“ (Gebhardt, 2015, S. 48). In vierfacher Hinsicht kann die Förderschule nicht mit der Regelschule mithalten (vgl. Wocken, 2007): in didaktischer (curricularer) Reduzierung, in methodisch reduziertem Vermittlungsverfahren, bezüglich der homogenen Gruppenzusammenstellung und der weniger tatsächlichen Lernzeit.

Allein die soziale Teilhabe in Klassen gemeinsamen Unterrichts lässt zu wünschen übrig. „Schülerinnen und Schüler mit sonderpädagogischem Förderbedarf haben weniger Freunde, fühlen sich weniger akzeptiert und sehen sich selbst häufiger als Opfer aggressiver Handlungen“ (Gebhardt, 2015, S. 45).

Es fällt auf, dass in der aktuellen bildungspolitischen Debatte zur Inklusion in Deutschland zu sehr die Rolle der Sonderschulen in den Blick gerät. Verändern muss sich die gesamte Schullandschaft. Inklusive Schulen zu entwickeln bedeutet, dass Sonderpädagog*innen zum festen Bestandteil aller allgemeinen Schulen auf allen Ebenen des Bildungssystems werden müssen. „In einer kurzen Formel zusammengefasst können Integration und Inklusion folgendermaßen unterschieden werden: In integrativen Bildungssystemen werden Kinder und Jugendliche mit sonderpädagogischem Förderbedarf an die allgemeinen Schulen angepasst, in inklusiven Bildungssystemen werden die Allgemeinen Schulen hingegen an die Bedürfnisse, Interessen und Fähigkeiten aller Kinder und Jugendlichen angepasst“ (vgl. Heimlich, 2013, S. 269).

Auf die besondere Bedeutung der Inhaltsseite weist Heimlich (2013) hin. „Im inklusiven Unterricht besteht die große Herausforderung nicht zuletzt darin, dass alle möglichen Lernerfahrungen bezogen auf einen Lerngegenstand auch für alle Schüler(innen) offen gehalten werden“ (S. 272). Es darf nicht um eine Reduzierung des Lernens im Unterricht auf Wissenserwerb und Kompetenz gehen. Inklusiver Unterricht steht deshalb vor der Aufgabe, nicht nur Sprache und Denken als Lernzugänge zu einem Lerngegenstand zuzulassen, sondern emotionale, soziale und auch sensomotorische Lernerfahrungen ebenso zu ermöglichen. Diese Argumentation zeigt, dass vor Ort – in Schulen und Lehrkräftebildung – der ursprüngliche Übersetzungsfehler weitgehen korrigiert wurde. Vielfältige Publikationen und Aktivitäten zeigen, dass die Herausforderung „Inklusion“ in der gegenwärtigen deutschen Bildungslandschaft – wenn auch etwas verzögert – angekommen ist.

1.2.3 Praktiken/Phasen im Umgang mit Leistung

Bohl (2022, S. 8) unterscheidet systematisierend wesentliche Abschnitte der Leistungsbeurteilung. In seinem Phasenmodell folgen aufeinander die Phasen der Leistungsvereinbarung – Leistungserbringung – Leistungserfassung – Leistungsbeschreibung– Leistungsbewertung – Leistungsrückmeldung – Leistungsbeurteilung – Leistungsdokumentation – Leistungsprognose. Neuweg (2014) unterscheidet Leistungsfeststellung bzw. -erhebung als Vorgang der Leistungsmessung von der Leistungsbeurteilung, die das Bewerten dieser Messergebnisse meint.

Weltweit gibt es eine Vielzahl an unterschiedlichen Praktiken der Leistungsbeurteilung. Während im Schulbereich die konventionelle Ziffernzensur als gängige Form gilt, kommt vor allem auch im tertiären Bildungssektor die Beurteilung der erfolgreichen Teilnahme an einem Bildungsangebot im dichotomen Sinne (mit – ohne Erfolg teilgenommen), die sog. Pass/Fail-Beurteilung zum Einsatz. Im deutschsprachigen Raum fokussierte sich die empirische Forschung vor allem auf die Fragwürdigkeit der Zensurengebung (Ingenkamp, 1971; vgl. 3.1.1), negative Folgen für Lernmotivation (Rheinberg, 1980) und das Selbstkonzept (Huberman, 1980), um die Protagonisten zu nennen, die unzählige Forschungsarbeiten im Gefolge hatten und haben.

Ricken (2018) weist darauf hin, dass es fruchtbar war, in den u. a. von ihm mitinitiierten ethnographischen Studien die Praktiken der Bewertung von Leistung von Praktiken der Aufführung von Leistung unterschieden zu haben.

> Eine solche Unterscheidung erweitert nicht nur den Blick, so dass nicht nur Praktiken der Verkündung und Legitimation von Noten oder damit zusammenhängende Praktiken der Kulanz im Vordergrund stehen …, sondern lässt ‚Leistung' selbst als eine praktische Konstruktion – d. h. als etwas, was in unterrichtlichen Praktiken aktiv hervorgebracht und inszeniert werden muss – in sechs logischen Schritten erkennbar werden (S. 52):
>
> ‚Leistung' setzt – *erstens* – Gelegenheiten (und das Arrangement von Gelegenheiten z. B. durch Aufgabenstellung) voraus, etwas zeigen zu können, manifestiert sich – *zweitens* – immer in einer (herzustellenden und zu zeigenden bzw. identifizierbaren) Form und Materialität, die dann – *drittens* – einzelnen Akteur*innen verantwortlich bzw. urheberrechtlich als deren Produkt oder Ergebnis zugeschrieben werden kann; als identifizierbares Produkt ist sie – *viertens* – in sich selbst inhaltlich graduierbar und muss – *fünftens* – sozial vergleichbar gemacht werden (können), um schließlich – *sechstens* – durch Beurteilung bzw. Benotung allererst zu einer (schulischen) ‚Leistung' zu werden (S. 52; gendergerechte Sprache durch die Autoren eingefügt).

Fazit

Innerhalb der Schule wird ein anderer Leistungsbegriff gebraucht als sonst in der Gesellschaft üblich. Der „Pädagogische Leistungsbegriff" zielt auf bestmögliche Förderung, sieht als Bewertungsgröße auch die Anstrengung und den Prozess. Es geht weniger um Rivalität als vielmehr um ein soziales Miteinander. Als Beurteilungsmaßstab gilt die Würdigung der Gesamtpersönlichkeit. Gerade in einem inklusiven Unterricht sind die individuellen Lern- und Leistungsmöglichkeiten zu berücksichtigen. Im Umgang mit Schulleistungen werden zwei unterschiedliche Vorgänge unterschieden. Leistungserhebung meint den Vorgang des Messens von Leistungen, während Leistungsbeurteilung das Bewerten dieser Messergebnisse beschreibt.

Reflexionsfrage für eine Lehrkraft
Ich habe eine Klassenarbeit meiner Schüler*innen auf meinem Schreibtisch vor mir liegen. Welche unterschiedlichen Phasen bezüglich der Benotung der Leistungen kann ich unterscheiden?

2 Diagnostische Grundlagen

Nach Birkel und Tarnai (2018) verleiten Ziffernnoten zu „Pseudoarithmetik" (S. 914). Beim Schreiben dieser Zeilen holt einen der Autoren seine eigene Vergangenheit ein. Er erinnert sich noch sehr genau, als in einer Lehrer*innenkonferenz der Schulleiter die Abiturdurchschnitte der einzelnen Fächer in Bayern bekannt gegeben hat. Dabei lag der bayerische Durchschnitt im Fach Latein zwei Zehntel über dem an der eigenen Schule. Der Schulleiter gab der Fachschaft Latein die Aufgabe mitzuüberlegen, wie auch die eigene Schule das nächste Mal in Latein besser abschneiden könne. Mehr Gläubigkeit an die Berechnung eines arithmetischen Mittelwerts geht nicht! Warum das so ist, soll nach dem Lesen dieses Punktes klar werden. Schon so viel vorneweg: Unabhängig von der nicht repräsentativen kleinen Stichprobe an der eigenen Schule sind Noten ordinal- und nicht intervallskaliert. Das heißt, bei der angedachten Berechnung von Mittelwerten ist jeweils vorab das vorhandene Skalenniveau festzustellen – in einem ersten Unterpunkt werden wir die unterschiedlichen Skalenniveaus vorstellen. (2.1). Mittlerweile gehört es zum Allgemeinwissen guter diagnostischer Praxis, eine Reihe von Beurteilungskriterien zu beachten. Hierzu zählt das Wissen um Gütekriterien (2.2), d. h. Maßstäbe bei der Datenerhebung, die man in der Wissenschaft einzuhalten hat, um die Qualität der Forschung sicherzustellen. Weiterhin gehören dazu Bezugsnormen (2.3). Darunter versteht man das Heranziehen unterschiedlicher Maßstäbe, nach denen eine Leistung beurteilt wird. Dieses Kriterium ist besonders in der Schule relevant. Schließlich geht es um formative vs. summative Diagnostik (2.4). Während bei letzterem ein abschließendes Urteil über die Summe vorliegender Fertigkeiten, gleichsam eine Bilanz gezogen wird, geht es bei der formativen Diagnostik um Bewertungen, die während einer Lernaktivität auftreten. Zu den Beurteilungskriterien zählen auch die Beurteilungsfehler, die wir an anderer Stelle behandeln (4.2.2). Am bekanntesten dürfte der Erwartungseffekt sein. Aufgrund der Wichtigkeit für einen professionellen Umgang mit Schulleistungen fehlen sie in keiner seriösen Abhandlung über das Thema. Eine Auswirkung der PISA-Ergebnisse war, Unterricht kompetenzorientiert zu projektieren. Zentrale Begrifflichkeiten zur Messung von Kompetenzen werden im Punkt 2.5 behandelt.

2.1 Welche Skalenniveaus werden unterschieden?

Jeder Variable (z. B. Noten) kann ein bestimmtes Skalenniveau zugeordnet werden. Je nach Skalenniveau dürfen dann entsprechende Berechnung (z. B. Mittelwert bilden) mit den Daten durchgeführt bzw. nicht durchgeführt werden.

Tabelle 2 gibt einen Überblick über sog. kategoriale (nominalskalierte und ordinalskalierte) Daten sowie über metrische (intervallskalierte und, verhältnisskalierte) Daten.

Tabelle 2: Einteilung von Skalenniveaus (Quelle: eigene Tabelle)

	erlaubte Rechenoperationen	**Beispiele**
Nominalskala	auszählen; keine Rangreihe; Merkmal: Häufigkeit	Geschlecht, Nation, Farbe
Ordinalskala	auszählen und ordnen; Merkmal: Häufigkeit und Rangreihe	Bildungsabschluss, Schulnoten
Intervallskala	gleichabständig; alle mathematischen Operationen; Merkmal: Häufigkeit, Rangreihe und Abstand	Intelligenz, Temperatur
Verhältnisskala	natürlicher Nullpunkt; alle mathematischen Operationen; Merkmal: Häufigkeit, Rangreihe, Abstand zwischen den Werten und Nullpunkt	Größe, Alter, Geschwindigkeit

Entscheidendes Kriterium für eine Ordinalskala im Gegensatz zu einer Nominalskala ist die Möglichkeit, den zu messenden Eigenschaften Zahlen zuordnen zu können, die eine Rangreihe zum Ausdruck bringen. Was allerdings nicht möglich ist, die Rangreihen als gleichabständig (äquidistant) anzunehmen. Deshalb wird Noten ein Ordinalskalenniveau zugewiesen. Denn niemand kann beweisen, dass der Unterschied zwischen einer Eins und Zwei derselbe ist wie bspw. zwischen einer Vier und Fünf. Laut Tabelle 2 ist die mathematische Operation, aus mehreren Noten den Mittelwert zu bilden, nicht gestattet. Diese Operation lassen erst intervallskalierte Daten zu, bei denen gleiche Abstände vorausgesetzt werden. Ein typisches intervallskaliertes Merkmal ist der Intelligenzquotient. Ein Abstand eines gemessenen Intelligenzquotienten (IQ) von 120 versus 110 ist genauso groß wie der zwischen gemessenen Werten von 110 und 100. Doch ist es nicht gestattet zu sagen, ein Mensch mit einem gemessenen IQ von 150 sei doppelt so intelligent wie ein mit einem IQ von 75. Denn einem intervallskalierten Merkmal fehlt der Nullpunkt. Dies ist bspw. bei der Größe der Fall, ein 190 cm großer Mensch ist doppelt so groß wie ein 95 cm gemessener.

Kommen wir nochmals auf das Eingangsbeispiel zurück und fragen uns, ob der Vergleich des landesweiten Abiturdurchschnittes mit dem an der eigenen Schule, wie ihn der Schulleiter vorbrachte, so falsch war. Eigentlich darf man den Mittelwert nicht bilden, doch er hat eine gewisse Aussagekraft, wenn man davon ausgeht, dass die Abstände zwischen den Noten relativ ähnlich sind. Aber er ist eben mit Vorsicht zu betrachten und lässt entsprechend kleine Abstände nicht sinnvoll interpretieren.

Schauen wir uns noch ein weiteres Beispiel an:

Bei einem Gymnasiasten, 11. Jahrgangsstufe, „errechneten" jeweils die beiden Fachlehrer für Geschichte die Abschlussnote Fünf (4,8) und für Englisch ebenfalls die Note Fünf (4,5), mit der Konsequenz, dass der Schüler mit zwei Fünfen im Jahresschlusszeugnis durchgefallen wäre und nicht in die Kollegstufe (12. Jahrgangsstufe) hätte aufrücken dürfen. Der Schulleiter brachte diesen Fall in der Jahresschlusskonferenz vor und thematisierte die Durchschnittsnote 4,5 in Englisch. Doch der Fachlehrer beharrte auf seiner Fünf mit der Begründung, die erbrachte Leistung wäre für die Kollegstufe bedenklich. Das löste bei einigen Kolleg*innen einen hörbaren Unmut aus.

Dieses Beispiel zeigt, dass die hier vorgenommenen „feinen" Interpretationen auf der Basis eines Mittelwertes, basierend auf einer Ordinalskala, sehr problematisch sind. Letztlich muss es darum gehen, dass der gebildete Mittelwert nur eingeschränkt interpretiert werden darf. Es ist schon richtig, dass, wenn wie in vorliegendem Fall eine Gesamtleistung im Grenzbereich zwischen zwei Noten liegt, dann aufgrund des sog. pädagogischen Ermessensspielraums im Einzelfall eine Lehrkraft eigenverantwortlich entscheiden muss. Doch in vorliegendem Beispiel hätte es Sinn gemacht, die Notenentwicklung genauer anzuschauen. In diesem Fall setzte sich die Schlussnote in Englisch in der 11. Jahrgangsstufe neben allen mündlichen Leistungserhebungen aus vier Klassenarbeiten zusammen. Da kann sich hinter einer 4,5 bspw. die Notenreihe 4,4,5,5 oder auch 5,5,4,4, verbergen. Und ein Berücksichtigen der Notenentwicklung über das Schuljahr hinweg hätte hier für mehr Klarheit gesorgt.

2.2 Welche Gütekriterien werden unterschieden?

Jenseits der Kenntnis der Skalenniveaus ist es im Kontext der Leistungsbewertung zentral zu wissen, welche methodischen Standards bei der Erhebung und Auswertung von Schulleistungen eingehalten werden müssen. Möglicherweise können die Leser*innen Freud und Leid mit folgender Erfahrung teilen, wie sie die Autoren in ihrer Schulzeit erlebt haben. Diebisch konnte man sich freuen, wenn die Lehrkraft im Fremdsprachenunterricht einen Fehler übersehen hat. Ärgern wiederum musste man sich, wenn man das Gefühl hatte, dass in Fächern wie Geschichte oder Erdkunde genau das abgefragt wurde, was man nicht gelernt hat, obwohl man ja einen Test erwartete und „so gut" vorbereitet war. All diese Dinge haben mit den Gütekriterien einer Messung zu tun. Messungen müssen aus der Sicht der Diagnostik Gütekriterien genügen, wenn ihre Ergebnisse sinnvoll verwertbar sein sollen. Wenngleich diese Gütekriterien im strengen Sinne für psychometrische Tests formuliert sind, so können sie auch ohne weiteres auf die tägliche Arbeit von Korrekturen der Lehrkräfte übertragen werden. Im Folgenden werden die Hauptgütekriterien Objektivität (2.2.1), Reliabilität (2.2.2), Validität 2.2.3) und Nebengütekriterien (2.2.4) vorgestellt.

2.2.1 Objektivität

Objektivität einer Messung bezeichnet den Grad, in welchem die Ergebnisse unabhängig von der Person der*des Messenden sind. Eine Lehrkraft sollte sich die Frage stellen, ob die von ihr festgestellten Ergebnisse einer Leistungsprüfung unabhängig von ihrer Person sind, ob bspw. sein*e Kollege*in die gleichen Ergebnisse erzielt hätte.

Man unterscheidet drei Arten der Objektivität:

Durchführungsobjektivität

Die soeben aufgeworfene Frage muss konkreter lauten: Bin ich sicher, dass auch andere Fachkolleg*innen die Prüfung formal genauso gestalten würden? Dazu zählt, z. B. dass man die Bearbeitungszeit für alle gleich hält und dass der Gebrauch von Hilfsmitteln eindeutig geregelt ist.

Probleme, die zumindest zu bedenken sind, könnten sein, ob eine Prüfung in der ersten oder letzten Stunde angesetzt wird, ob die Lehrperson die meiste Zeit am Pult sitzt oder auch einen Positionswechsel vornimmt. So sind auch Klagen von Schüler*innen bekannt, sie könnten sich im Gegensatz zur häuslichen Arbeit in der Mathearbeit nicht richtig konzentrieren, weil es einfach im Klassenzimmer zu laut sei. Auch das Raumklima in überhitzten Klassenzimmern gerade an heißen Sommertagen mag sich für hitzeempfindliche Kinder eher negativ auswirken als für Kinder, die hier weniger anfällig sind. Generell geht es darum, einen guten Rahmen für die Prüfung zu schaffen, der sehr vergleichbar mit jenem ist, den eine andere Lehrkraft schaffen würde.

Auswertungsobjektivität

Auf obige Frage bezogen bedeutet die Auswertungsobjektivität: Kann ich davon ausgehen, dass auch andere Kolleg*innen bei der Auswertung zu demselben Ergebnis gelangen würden? Hilfreich im Voraus kann das Erstellen von eindeutigen Kriterien sein, eines Erwartungshorizontes, der für die einzelnen Aufgaben verbindlich gilt.

Interpretationsobjektivität

Sie ist gegeben, wenn ich davon ausgehen kann, dass Kolleg*innen dieselben Bewertungsrichtlinien wie ich anwenden und identisch bewerten – d. h., die erbrachten Leistungen identisch interpretieren. Im Punkt 4.2.2 kommen wir bei der Behandlung der Beurteilungsfehler nochmals darauf zurück. Nur so viel, die Interpretationsobjektivität ist verletzt, wenn eine Lehrkraft bei der Korrektur stark zur Milde oder Strenge neigt.

Somit bieten sich folgende Möglichkeiten zur Einhaltung der Objektivität an: Durchführung, Auswertung und Interpretation sollten präzise beschrieben und dann fixiert werden, in einem Ausmaß, dass auch andere die Erhebung durchführen könnten und dabei zu denselben Ergebnissen gelangen würden. Dabei sind Auswertung und Interpretation möglichst zu trennen. Ein Austausch unter Kolleg*innen oder sogar ein Beurteiler*innen-Training sind förderlich, damit verschiedene Lehrpersonen übereinstimmend verfahren.

2.2.2 Reliabilität

Reliabilität bzw. Zuverlässigkeit einer Messung bezeichnet ihre Genauigkeit. Auf die Korrekturarbeit der Lehrperson bezogen bedeutet dies: Inwieweit kann ich sicher sein, dass mein Messergebnis den wahren Ausprägungsgrad der Leistung repräsentiert und nicht von Messfehlern verfälscht wird? Dies bedeutet, dass Aufgaben so klar und konkret formuliert werden, dass alle Schüler*innen die Aufgabe gleich verstehen, dass also keine Fragen oder Unklarheiten offenbleiben. Bei der Konstruktion von Tests werden in der Testpsychologie zur Überprüfung der Zuverlässigkeit meist drei Methoden angewendet, die Wiederholungsmethode (d. h., derselbe Test wird nach einiger Zeit nochmals durchgeführt), die Halbierungsmethode (d. h., der Test wird in gleiche Hälften unterteilt und getrennt ausgewertet) und die Paralleltestmethode (d. h., zwei strukturgleiche Varianten eines Tests werden eingesetzt).

In der Schulpraxis ergeben alle drei Methoden wenig Sinn. Bei Wiederholungen sind Lerneffekte nicht ausgeschlossen, bei den anderen Methoden müsste man ja identisches Material prüfen. Da Studien zeigten, dass dieselben Lehrpersonen zu verschiedenen Zeiten auf dieselben Arbeiten verschiedene Noten geben (vgl. Ingenkamp, 1992, S. 112f.), sollten sich Lehrkräfte bewusst sein, dass der Messfehler von Zensuren im Allgemeinen eine halbe bis ganze Notenstufe nach oben und unten beträgt. Folgende Möglichkeit der Kontrolle bietet sich an.

Die Reliabilität von Prüfungen ist in der Regel umso höher, je mehr Aufgaben sie umfassen. Das leuchtet ein, eine mal missverständlich formulierte Aufgabe fällt dann weniger ins Gewicht. Paradies, Wester und Greving (2009, S. 44) zitieren ein Beispiel, welches das Gemeinte plakativ verdeutlicht: Wenn eine Deutschlehrkraft überprüfen will, ob die Schüler*innen sicher im Umgang mit „das“ und „dass“ sind, ist ein Diktat, in dem diese Unterscheidung nur dreimal getroffen werden muss, weniger reliabel als wenn ein Lückentext eingesetzt wird, bei dem die Schüler*innen an mehreren Stellen eine Entscheidung treffen müssen.

2.2.3 Validität

Validität bzw. Gültigkeit einer Messung ist dann gegeben, wenn gewährleistet ist, dass tatsächlich das gemessen wird, was man vorgibt zu messen. Man unterscheidet verschiedene Arten von Validität. Wir stellen hier einige davon vor – insbesondere jene, die im Kontext der schulischen Leistungsmessung relevant sind.

Inhaltsvalidität/curriculare Validität

In der Schule kann man nicht dieselben Kriterien an die statistische Überprüfung der Validität anlegen, wie sie in der empirischen Sozialforschung üblich ist. Im schulischen Kontext spricht man von einer curricularen Validität, soll heißen, es muss überprüft werden, was laut Lehrplan geprüft werden soll und auch entsprechend im Unterricht durchgenommen wurde. Da heute in der Schule die Aufmerksamkeit dem anzustrebenden Können der Schüler*innen und nicht so sehr den im Unterricht zu behandelnden Inhalten gilt, ist es wichtig, dass man inhaltlich genau diese Kompetenzen abprüft, die auch vermittelt wurden (zum Kompetenzbegriff später in diesem Punkt mehr, vgl. 2.5).

Prognosevalidität

Prognosevalidität liegt dann vor, wenn aus vorliegenden Messergebnissen auf Ergebnisse zukünftiger Messungen geschlossen werden kann. Fragen der Vorhersage des Schulerfolges sind deshalb an allen Nahtstellen der Schullaufbahn besonders virulent. Dies gelingt umso besser, je inhaltlich näher die zu testenden Inhalte beieinander liegen. Grundschullehrkräfte sind also angehalten zu berücksichtigen, welche Inhalte die weiterführenden Schulen setzen. Wenn bspw. in der Grundschule in Deutsch die Rechtschreibleistung und in Mathematik das Kopfrechnen über Gebühren in die Benotung miteinflössen, am Gymnasium aber in Deutsch mehr Gewicht auf guten Stil und in Mathematik auf logisches Denken gesetzt wird, dann hätte ein Übertrittszeugnis vermutlich eine geringe Prognosevalidität. Doch die geringen Zurückweisungszahlen belegen, dass die Übertrittszeugnisse der Grundschullehrkräfte sehr gut den Erfolg auf weiterführende Schulen vorhersagen. Generell kann man sagen, dass bisherige Schulleistungen relativ hoch mit späteren Schulleistungen korrelieren (Korrelation von $r \geq .50$).

Konstruktvalidität

Dieser Aspekt der Validität bezieht sich auf die Übereinstimmung der gemessenen Eigenschaften mit dem zu erfassenden theoretischen Konstrukt (Bühner, 2011; Ziegenspeck & Lehmann, 1999). Bezogen auf den Schulkontext würde dies bedeuten, dass der Prüfung theoretische Modelle zugrunde liegen müssten, die Vorstellungen darüber beinhalten, was als Leistung im vorliegenden Fach oder Bereich betitelt wird und nach welchen Niveaustufen man die gezeigten Merkmale unterscheiden bzw. abfragen kann

Exemplarisch würde eine geringe Konstruktvalidität vorliegen, wenn ein Mathematiktest die Rechtschreibleistung der Schüler*innen messen oder bei einer Aufsatzbewertung die äußere Form Einfluss auf den Messwert nehmen würde, obwohl dies nicht explizit Vorgabe der Prüfungsleistung war.

Validitätsproblematik

Abschließend zu dem zentralen Punkt der Validität soll nochmals grundsätzlich die Validitätsproblematik angesprochen werden.

Urteile über Eigenschaften von Schüler*innen werden häufig ganz automatisch gefällt. Dabei bedient man sich Indikatoren oder Merkmale, um diese psychologischen Konstrukte beurteilen zu können. Ein solcher Urteilsvorgang ist von Brunswik (1956) in seinem „Linsenmodell“ veranschaulicht worden. Beurteiler*innen verwenden ein Bündel beobachtbarer, von ihnen aus gesehen proximaler Merkmale, um nicht direkt beobachtbare (distale) Eigenschaften zu erschließen. Die Gültigkeit einer getroffenen Aussage hängt dann von der wissenschaftlichen Begründung der verwendeten proximalen Merkmale ab. Lukesch (1998) gibt zwei Beispiele (Abbildung 1 und 2), anhand derer man sehen kann, wie valide oder eben nicht eine Beurteilung ablaufen kann:

Das gewählte Beispiel zur Intelligenz passt deshalb gut zu einem Buch über professionellen Umgang mit Schulleistungen, weil vermeintliche Intelligenzzuschreibungen sich darüber, wie Lehrkräfte mit dem Melden von Schüler*innen umgehen, direkt auf die Schulleistung oder indirekt über Selbstwertattributionen auswirken können. Vielleicht kommt den Leser*innen folgende Szene aus ihrem Schulalltag bekannt vor: die Lehrkraft genervt: „Jetzt passt mal alle auf! Ich bringe eine Frage, die zu beantworten jede*r von euch imstande sein sollte. Lukas, bitte!“ Diese Aufforderung an Lukas sagt alles aus, was die Lehrkraft von ihm hält.

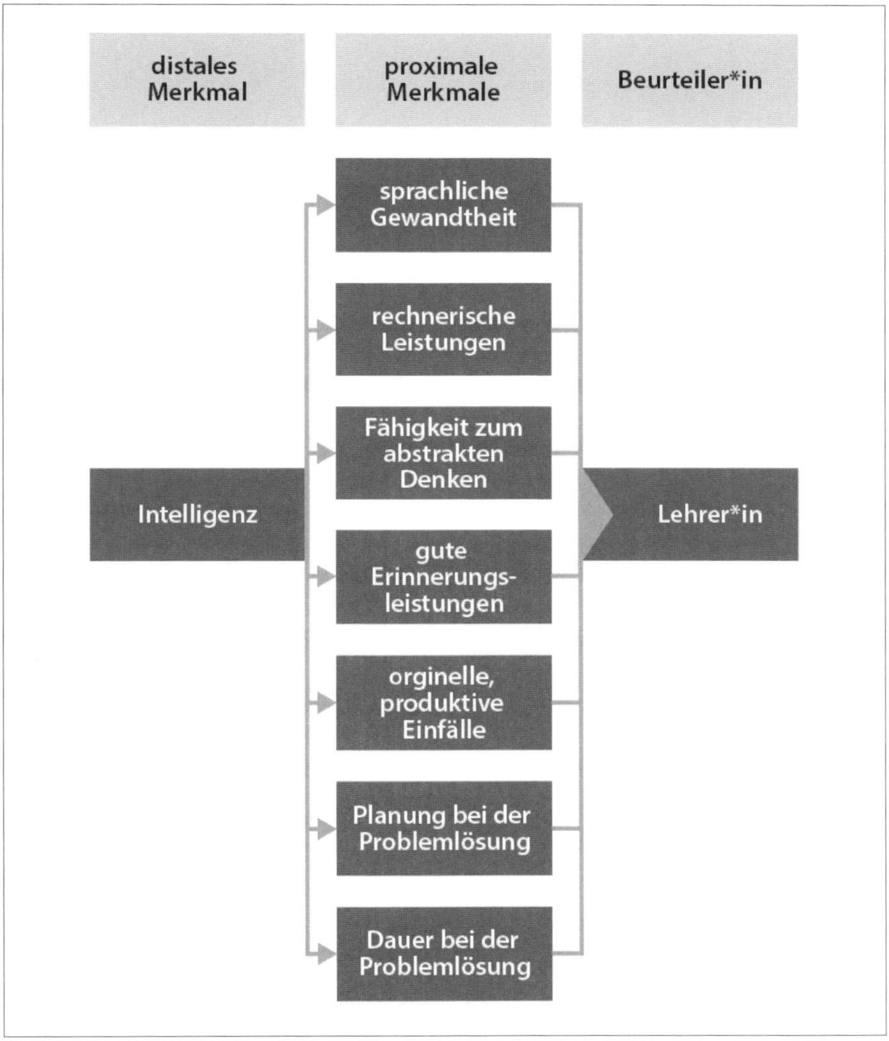

Abbildung 1: Valides Beispiel für das Linsenmodell von Brunswik (nach Lukesch, 1998, S. 164)

Hier werden dem Konstrukt Intelligenz seitens der Lehrkraft proximale Merkmale zugrunde gelegt, die wissenschaftlich begründbar und damit valide sind.

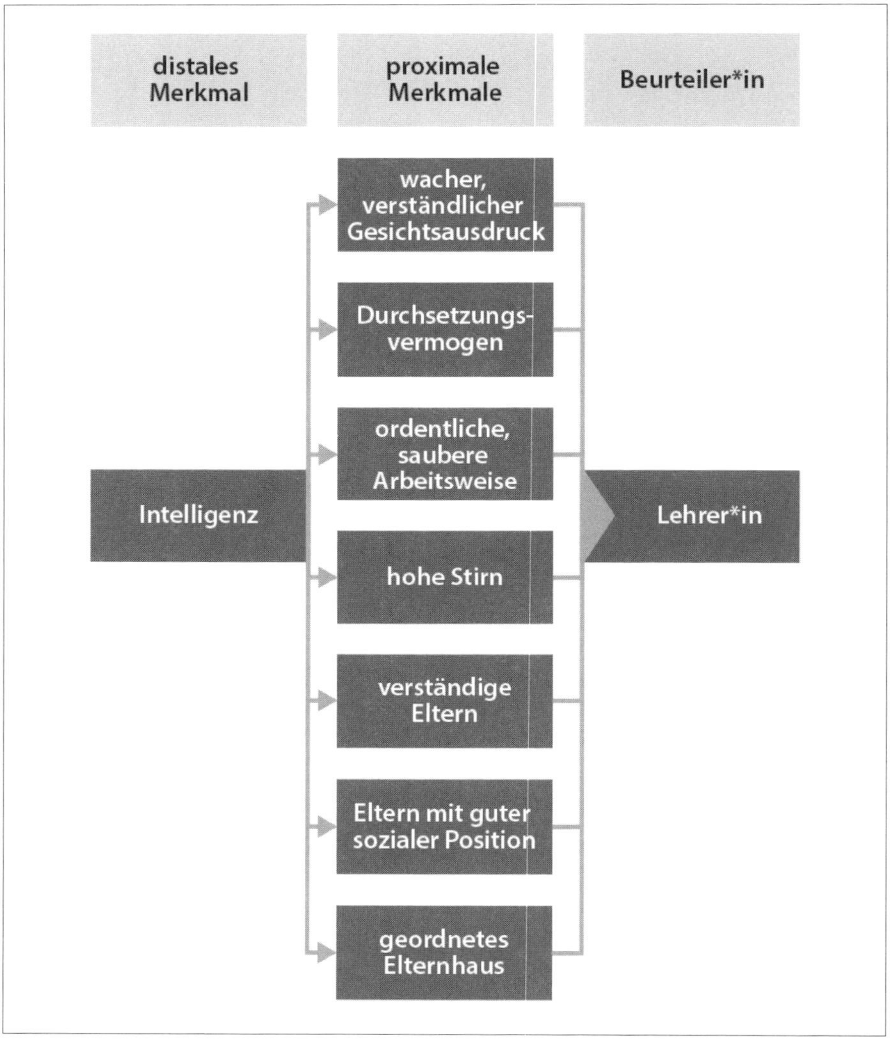

Abbildung 2: Invalides Beispiel für das Linsenmodell von Brunswik (nach Lukesch, 1998, S. 165)

In Abbildung 2 werden doch eher laienhafte Vorstellungen dem Konstrukt Intelligenz zugrunde gelegt, die keinesfalls einer wissenschaftlichen Begründung standhalten. Ein ähnliches Problem liegt vor, wenn man bspw. Noten verteilt. Wenn man ein „sehr gut" gibt und nicht genau festlegt, was ein „sehr gut" von einem „gut" unterscheidet, spricht man von einer hoch inferenten Ratingskala. Es handelt sich um ein Gesamturteil, das ähnlich wie beim Linsenmodell Indikatoren berücksichtigt, die nicht näher festgelegt sind. Umgekehrt wird bei niedrig inferenten Verfahren der Grad der Schlussfolgerungen durch die Beurteiler*innen möglichst geringgehalten. Die einzelnen Kategorien sind durch genaue Definitionen und Ankerbeispiele möglichst präzise unterscheidbar. Solche Konkretisierungen bringen die Vorteile mit sich, dass die Beurteiler*innen gezwungen sind, sich über alle Kriterien Gedanken zu machen, und dass die Kriterien nicht willkürlich gewählt sind, sondern theoretisch und empirisch begründet.

2.2.4 Nebengütekriterien

Praktikabilität bzw. Testökonomie, Testfairness sowie Nützlichkeit sind zentrale, für den Kontext schulischer Leistungserhebung relevante Nebengütekriterien, d.h., ihre Berücksichtigung ist nicht notwendig, aber wünschenswert.

Praktikabilität bzw. Testökonomie meinen, dass Durchführungszeit, Materialverbrauch, Handhabung und Auswertung sich in einem angemessenen Rahmen halten.

Testfairness meint mehr, als dass eine objektive Durchführung ermöglicht wird. Handreichungen müssen verständlich und nachvollziehbar sein. Schüler*innen haben ein außerordentlich gutes Gespür für Fairness in der Beurteilung. Was beurteilt wird, muss vorher auch gelernt und geübt werden. Das zu Überprüfende muss in angemessener Intensität vorher geübt werden, damit die Lernenden zeigen können, „was sie können“ und nicht das Gefühl haben, dass ihnen bloß gezeigt wird „was sie alles nicht können“. Um jedoch kein Missverständnis aufkommen zu lassen: Das soeben Gesagte bedeutet nicht, dass nicht über die Reproduktion hinaus gehende Prüfungsaufgaben gestellt werden dürfen. Doch wenn Lehrkräfte auch Transferwissen und problemlösende Denken abprüfen wollen, dann muss auch dies irgendwie im Vorfeld im Unterricht angebahnt worden sein (vgl. hierzu 5.2). Testfairness bedeutet weiterhin, dass keine Gruppe von Prüflingen benachteiligt werden sollte. In inklusiven Settings bedeutet Testfairness auch mal Nachteilausgleich und Notenschutz (vgl. 3.2.2).

Nützlichkeit meint, dass ein Persönlichkeitsmerkmal oder eine Verhaltensweise gemessen wird, für dessen oder deren Untersuchung ein praktisches Bedürfnis besteht.

2.3 Drei Bezugsnormen: Welche Stärken und Schwächen haben sie?

Zunächst ein Beispiel aus der Schule: Ein Englischschüler hat in der fünften Jahrgangsstufe, dem ersten Jahr am Gymnasium, den Anschluss verpasst und erhält in der ersten Klassenarbeit ein „Ungenügend“. Anschließend stellt er gemeinsam mit der Beratungslehrkraft der Schule einen Lernplan auf, strengt sich an, hat die Drohung des Vaters im Kopf, wenn die zweite Klassenarbeit wieder daneben geht, wird der Junge vom Gymnasium abgemeldet und geht auf die Realschule. Und sechs Wochen nach der ersten Klassenarbeit folgt die zweite und sieh da, wieder ein „Ungenügend“. Der Englischlehrer ist mit dem Jungen nicht unzufrieden, doch der traut sich kaum zu Hause von der Note zu berichten. Was ist da los? Ganz einfach, der Junge hatte in der ersten Arbeit 30 Fehler, in der zweiten eine Steigerung auf „nur“ 20 Fehler, doch beide mal ein „Ungenügend“.

Was war das nun zum zweiten Zeitpunkt für eine festgestellte Leistung? Leistung per se gibt es nicht. Eine Leistung lässt sich je nach Situation immer nur in Bezug auf eine Norm bestimmen. Unterschiedliche Maßstäbe prägen ein Urteil. Eine Bewertung erfolgt stets in Bezug auf eine Norm. Die Note wird von einer Norm aus bestimmt, die angibt, was als gut oder schlecht anzusehen ist. Für die Bewertung von Schüler*innenleistungen bilden folgende drei Bezugsnormen die möglichen normativen Grundlagen:

Soziale Bezugsnorm

Hier werden die Leistungen Einzelner innerhalb einer Klasse miteinander verglichen. Maßstab einer individuellen Leistung ist der Durchschnitt einer Klasse. Die Schüler*innen werden entsprechend ihrer erreichten Punkt-/Fehlerzahl in einer Rangreihe geordnet. Somit ist ein Vergleich mit den anderen in der Klasse gegeben, sie dient der Selbsteinschätzung, aber auch nur in Bezug zu der Referenzgruppe, der man angehört. Bei der Anwendung dieser Norm ist die Klasse das „Schicksal“ der einzelnen Schüler*innen. Denn die Zuordnung von Noten zu den einzelnen Punkten oder Fehlern erfolgt in Anlehnung an die Gaußsche Normalverteilung. Es wird so getan, dass es wenige gute und schwache Schüler*innen gibt und einen großen Bereich, der sich im Mittel befindet, immer unter der Annahme, dass eine Klasse repräsentativ für eine gesamte Jahrgangsstufe ist. In der Schulpraxis ist eine Benotung, die sich an der Normalverteilung anlehnt, immer noch vorzufinden.

Individuelle Bezugsnorm

Hier wird über einen bestimmten Zeitraum die ausschließlich individuelle Leistung erfasst. Individuelle Leistungen werden bewertet und rückgemeldet. Maßstab ist die eigene früher gezeigte Leistung. Die individuelle Bezugsnorm ermöglicht somit einen Vergleich mit eigenen, zuvor gezeigten Leistungen. Eine persönliche positive oder negative Entwicklung wird dadurch deutlich. Ein Vergleich mit den anderen Schüler*innen fällt hier weg. Das technische Problem hierbei ist, dass die Vergabe einer Note hier nicht genügt. Aufwändigere mündliche oder verbale Rückmeldungen oder andere Prüfungsformate wie Portfolio oder Lerntagebuch (vgl. P. 7) sind hier notwendig. Ein pädagogisches, an der Förderung des*r Einzelnen orientiertes Argument gegen diese Norm muss gesehen werden: Schüler*innen, die bisher sehr gute Leistungen gezeigt haben, haben weniger Möglichkeiten, sich noch zu verbessern, als solche mit bisher schwachen Leistungen. Bei ihnen ist eher Luft nach oben, was sich dann auch mit einer individuellen Norm abbilden lässt. Das Umgekehrte gilt bei der Verschlechterung von Leistungen.

Sachliche/kriteriale/curriculare Bezugsnorm

Hier bilden die Lernziele der einzelnen Unterrichtsfächer nach gültigem Schulrecht die Grundlage der Notengebung. Die Noten beziehen sich auf das Erreichen der Lernziele – diese sind der Maßstab. Sie ermöglicht einen Vergleich der erbrachten Leistung mit einem vorgegebenen Kriterium, dem Ziel des Lernens. Ungeklärt bleibt dabei die Frage, welchen Anteil richtiger Lösungen Schüler*innen erreichen müssen, um attestiert zu bekommen „Lernziel erreicht". Es geht um die Frage, wie hoch die Mindestkompetenz sein muss, damit man das Urteil abgeben kann, die Leistung genügt, um das Klassenziel zu erreichen oder in die nächsthöhere Jahrgangsstufe aufrücken zu dürfen.

Als eine Art psychometrische Weiterentwicklung der Lernziele, die hier kriterialen Normen unterliegen, gelten heute die Bildungsstandards, die ein Fach in Kompetenzbereiche gliedern und bisweilen eine Standardnorm bereitstellen, an der Schüler*innenverhalten gemessen werden kann (Näheres hierzu 2.5).

Tabelle 3 verdeutlicht das Gesagte:

Tabelle 3: Systematik der drei Bezugsnormen (Quelle: eigene Tabelle)

Bezugsnorm	Maßstab	Vergleich	Aspekt
soziale	Durchschnitt der Klasse	mit anderen/der Klasse	Selbsteinschätzung
individuelle	frühere eigene Leistung	mit sich selbst	Verlauf
sachliche/kriteriale/ curriculare	Lernziel	mit einem Kriterium	Ziel

Kiel (2022) stellt in drei Tabellen übersichtlich für alle drei Bezugsnormen Stärken, Schwächen sowie motivationale Wirkungen zusammen (S. 222ff.), auf die wir uns in der Tabelle 4 beziehen.

Tabelle 4: Stärken, Schwächen und motivationale Wirkung der Bezugsnormen (Quelle: eigene Tabelle)

Bezugsnorm	Stärken	Schwächen	motivationale Wirkung
soziale	– mit geringem Aufwand können innerhalb der Klasse Rangplätze vergeben werden. – mit Vergabe von Rangplätzen können Selektionsentscheidungen getroffen werden.	– die individuelle Leistung ist von der Stärke einer Klasse abhängig. – Lernzuwächse werden nur bedingt sichtbar. – Konkurrenz wird gefördert.	– Leistungsschwächere werden weniger motiviert, bei Leistungsstärkeren zeigen sich neutrale oder leicht positive Auswirkungen.
individuelle	– für alle Beteiligten werden Lernfortschritte sichtbar. – kleine Fortschritte können sichtbar gemacht werden. – Fördermaßnahmen können individuell eingeleitet werden. – Konkurrenzdenken hat kaum Stellenwert.	– Gruppenvergleiche sind nicht möglich. – eine Zuweisung zu weiteren Bildungs- und Ausbildungsgängen ist nicht möglich. – erfordert bisweilen einen hohen Kommunikationsaufwand.	– generell positive Wirkungen
sachliche	– erlaubt für alle ein Maximum an Transparenz. – Leistungen werden unabhängig von Gruppenzugehörigkeit fair bewertet.	– Konzentration auf messbare Leistungen – schwer operationalisierbare Leistungen werden ausgeblendet.	– positive Wirkungen – fördert die intrinsische Motivation.

Wirkungen der Bezugsnormen

Motivationale Auswirkungen sind in Tabelle 4 eingetragen.

Rheinberg und Fries (2018, S. 58f.) fassen die bis dato vorliegenden empirischen Befunde zusammen, die folgende positive Effekte einer individuellen Bezugsnormorientierung verglichen mit einer sozialen zeigen:

- geringere Furcht vor Misserfolg und mehr Hoffnung auf Erfolg
- weniger Prüfungsangst, weniger manifeste Angst und Schulunlust
- realistischere Zielsetzung, günstigere Attributionen und Selbstbewertungen
- höheres Selbstkonzept eigener Fähigkeit, mehr Selbstwirksamkeitserwartung und Verbesserungsmotivation und weniger Hilflosigkeit
- höhere Mitarbeitsfrequenz, mehr Spaß am Unterricht und bessere Leistungen.

Das Verhalten der sozial beurteilenden Lehrkräfte wirkt sich bei fähigeren Schüler*innen günstiger aus, sie genießen hinsichtlich ihrer Begabung einen Vertrauensvorschuss. Das Verhalten der individuell beurteilenden Lehrkräfte ist effektiver für schwächere Schüler*innen, aus kleinen Fortschritten wird ihnen weiteres Vorankommen zugetraut. Summa summarum lässt sich sagen, dass ein Verhalten sozial beurteilender Lehrkräfte zu einem Schereneffekt führen kann, d. h., die guten Schüler*innen immer besser und leistungsschwache Schüler*innen immer schwächer werden.

Welche ist nun die „richtige" Bezugsnorm?

Im skizzierten Anfangsbeispiel wäre für den Schüler die individuelle Bezugsnorm wohl die ideale gewesen. Doch war die sachliche Norm, wie sie wohl der Lehrer angewendet hat, auch nicht so falsch. Um jedoch den Vater vor der Kurzschlussreaktion eines Schulwechsels zu bewahren, wäre ein kurzer Kommentar des Lehrers unter der Arbeit sinnvoll gewesen nach dem Motto, das Anstrengen hat sich gelohnt, es ist dir gelungen, deine Fehlerzahl im Vergleich zur ersten Arbeit entscheidend zu verringern. Also was nun?

Unter dem Aspekt der Individualisierung von Unterricht ist ganz klar die individuelle Norm zu favorisieren. Wenn Schüler*innen differenziert und dazu noch auf unterschiedlichem Niveau arbeiten, kann man ihre Leistungen nicht mehr direkt miteinander nach einem einheitlichen Maßstab vergleichen. Wie sich ja individuelle Förderung am je individuellen Leistungsstand orientiert, so sollte sich logischerweise die Leistungsüberprüfung an der bisher erzielten Leistung orientieren. Die Benotung impliziert hier zwingend die Orientierung an der individuellen Bezugsnorm.

Da nach der geltenden Rechtslage Prüfungsbedingungen und Prüfungsinhalte für alle Schüler*innen gleich sein müssen, stimmen Leistungsbeurteilungen nach der sachlichen Norm mit den gegenwärtigen Verhältnissen in Schule und Gesellschaft sehr viel besser überein. Die sachliche Bezugsnorm ist dem Lernziel verpflichtet, an das sich auch eine Lehrkraft über die Lehrziele zu halten hat. Deshalb wird sie auch manchmal als Idealnorm angesehen.

Die Koppelung mit einer individuellen könnte in der Weise gelingen, dass die korrigierten Arbeiten mit individuellen Kommentaren versehen sind. Gerade bei leistungsschwachen Schüler*innen ist es ideal, mit einer verbalen Rückmeldung auf den individuellen Lernstand kurz einzugehen. Insbesondere bei ihnen führt die individuelle Bezugsnorm zu einem höheren Selbstkonzept, weniger Prüfungsangst und intensiverer Mitarbeit (Rheinberg & Fries, 2018).

2.4 Was ist der Unterschied zwischen einer summativen vs. formativen Leistungsdiagnostik?

In der Mathematik versteht man unter Summe das Ergebnis einer Addition sowie auch deren Darstellung. Auf die Diagnostik übertragen geht es bei der summativen Beurteilung um abschließende Zertifizierungsentscheidungen. Dazu zählen Noten, wie bspw. eine Schularbeit, die ja das Ergebnis einer längeren Lernstrecke beinhaltet. Als Darstellungsform können dann Zeugnisse dazu gezählt werden. Summatives hat etwas Endgültiges, Bleibendes an sich. Deshalb macht summative Leistungsdiagnostik in der Schullaufbahn dann Sinn, wenn es um Bildungswegentscheidungen wie Abschluss einer Jahrgangsstufe geht oder um Übergänge auf eine andere Schulart oder auch um Eignungsprüfungen bzw. Abschlussprüfungen wie mittleren Bildungsabschluss oder Abitur. Selektion und Zertifizierung stehen im Vordergrund.

Der summativen Leistungsdiagnostik hängt, wie bereits angemerkt, der Charakter des Endgültigen an. Und dieser Begriff hat in der Pädagogik erstmal keinen guten Ruf, „es lässt sich ja nichts mehr machen“. Dem ist es allerdings nicht so. Sogenanntes Endgültiges lässt auch im schulischen Bereich meist zukünftig noch weitere Bildungswege offen. Für so manche Eltern ist ein nicht ausgestelltes Übertrittszeugnis auf das Gymnasium für ihre Kinder eine „Katastrophe“. Wenn es in den letzten Jahren im Deutschen Schulsystem Fortschritte gegeben hat – bei aller Kritik an zu früher Selektion (vgl. 3.2.3) –, dann gehören dazu sicher die weiteren Weichenmöglichkeiten nach vermeintlichen endgültigen Entscheidungen. Die Autoren plädieren hier für mehr Gelassenheit, wenn es in der Schule um sog. endgültige Entscheidungen geht.

Drei Beispiele mögen das Gesagte verdeutlichen. Wenn diese auch Zuversicht ausstrahlen, so gehört allerdings zur Wahrheit auch, dass die Durchlässigkeit des Schulsystems fast ausschließlich von oben nach unten genutzt wird und eben nicht umgekehrt. Ist man erst mal in der Realschule, ist ein späterer Wechsel aufs Gymnasium einfach nicht sehr wahrscheinlich.

- Einer der Autoren hatte vor seiner Hochschullaufbahn mehrere Jahre als Schulpsychologe gearbeitet. Ein echtes „Erfolgserlebnis“ seiner geleisteten Arbeit waren Begegnungen folgender Art: Im Zug sitzend beginnt ein ca. 25-jähriger Mann: „Kennen Sie mich noch? Ich bin Ihnen so dankbar, dass Sie sich gegen den Willen meiner Eltern für einen Schulwechsel in der achten Jahrgangsstufe zum Halbjahreszeugnis an die Realschule eingesetzt haben. Der von Ihnen durchgeführte Intelligenztest damals ergab, dass ich mit zwei Fremdsprachen Englisch und Latein offenbar überfordert schien. In der Realschule zählte ich zu den Besten, bin nach dem Mittleren Bildungsabschluss an die Fachhochschule, machte mein Fachabitur und studiere nun an einer Technischen Hochschule.

- Ein Kollege von einem der Autoren begann an der Universität, an der er jetzt lehrt, mit der Verlegung von Heizungsrohren. Über das Abendgymnasium hat er sein Abitur nachgeholt, studiert, promoviert, habilitiert, und ist jetzt Hochschullehrer.
- Dass es auch ohne Abitur an die Universität geht, zeigt dieses Beispiel: Eine Absolventin hat nach ihrem mittleren Bildungsabschluss drei Jahre lang in einer dualen Ausbildung in einer Steuerberaterkanzlei und parallel in der Berufsschule ihren Abschluss zur Steuerfachangestellten erfolgreich absolviert. Nach einer Berufspraxis von drei Berufsjahren kann sie an der Universität Lehramt für die Sekundarstufe I mit den Fächern Mathematik und Wirtschaft studieren.

Wir möchten anhand von diesen Beispielen Bildungsabschlüsse an sich nicht bewerten, sondern aufzeigen, dass in der Praxis manchmal die hohe Durchlässigkeit unserer Systeme nach oben genutzt wird, wenngleich noch viel zu selten.

Bei der formativen Diagnostik geht es um die Darstellung laufender Lernprozesse mit dem Ziel, diesen zu einem befriedigenden Abschluss zu führen. Dabei stehen Fragen im Vordergrund wie

- Was ist dein Lernziel?
- Wo befindest du dich in deinem Lernprozess? Was hast du bereits erreicht? Was kannst du schon?
- Was brauchst du noch, damit du das Ziel erreichst? Welche Art von Unterstützung hilft dir weiter (Material, Methoden, personelle Ressource)?

Mittlerweile liegen auch gut erprobte Instrumente vor, um umfassend und professionell formativ beurteilen zu können. Bei der Darstellung der Prüfungsformen werden wir darauf zurückkommen, das Stichwort „neue Prüfungskultur" soll hier genügen (P. 6 und 7).

Doch Einsiedler (1998, S. 13) gibt zu bedenken, dass eine stärkere Berücksichtigung des Leistungsprozesses bei der Leistungsbeurteilung auch den Leistungsdruck erhöhen kann, weil sich Schüler*innen ständig auf dem Prüfstand fühlen. Diese Bedenken lassen sich damit ausräumen, dass im Unterricht Lern- von Leistungssituationen klar getrennt werden sollten. Schüler*innen müssen wissen, wann sie zwanglos, damit auch angstfrei lernen können, ohne dabei gleich abgeprüft zu werden. Weinert (2001) spricht in einem solchen Fall von einer „produktiven Lernkultur".

Produktive Lernkultur

Leisen und Höttecke (2011) führen aus, Lern- und Leistungssituationen sollten deshalb aus der Schüler*innenperspektive unterschieden und voneinander getrennt werden, da sie unterschiedlichen psychologischen Bedingungen unterliegen. Im Bewusstsein der Schüler*innen müssen sie so separiert werden, dass eine produktive Lernkultur entsteht, die eine Leistungskultur mitdenkt.

Den Lernenden muss klar sein, ob sie sich in einer Lernsituation oder einer expliziten oder impliziten Leistungs- und Beurteilungssituation befinden. Verbale und nonverbale Signale sind hier tauglich. Eine abfragende Gesprächsführung, wie sie im fragend-entwickelnden Unterrichtsgespräch häufig im Unterricht anzutreffen ist, erzeugt eine Atmosphäre der Überprüfung. Dagegen schafft eine diskursive Gesprächsführung mit offenen Fragestellungen oder kooperativen Sozialformen eine adäquate Lernsituation.

2.5 Welche Vorzüge hat die Verwendung des Kompetenzbegriffes?

Mit der Einführung der KMK-Bildungsstandards ab dem Jahre 2003 wurde bundesweit ein Bezugsrahmen beschrieben, in dem die Qualität der Ergebnisse schulischer Lehr- und Lernprozesse festgelegt wird. Die nationalen Bildungsstandards sind als Reaktion auf die unbefriedigenden Ergebnisse der internationalen Schulleistungsstudien (z. B. PISA, TIMSS, IGLU) entstanden. Bildungsstandards formulieren Anforderungen an das Lehren und Lernen in der Schule. Sie zeigen auf, was Schüler*innen in einem Lernbereich oder Unterrichtsfach an Fähigkeiten zu einem bestimmten Zeitpunkt erreicht haben sollen. Sie sollen die für die Bewältigung von Anforderungen in Schule mindestens notwendigen Kompetenzen festlegen und realistische Ziele formulieren.

Kompetenzdefinition

Heute wird von einem breiten Kompetenzbegriff ausgegangen, wie ihn Weinert 2001 definiert hat. Nach Weinert sind Kompetenzen „die bei Individuen verfügbaren oder durch sie erlernbaren kognitiven Fähigkeiten und Fertigkeiten, um bestimmte Probleme zu lösen, sowie die damit verbundenen motivationalen, volitionalen und sozialen Bereitschaften und Fähigkeiten, um die Problemlösungen in variablen Situationen erfolgreich und verantwortungsvoll nutzen zu können“ (S. 27).

Klassischerweise wird zwischen Sozial-, Personal-, Methoden- und Fachkompetenz unterschieden (Vogt, 2011). Weinerts Definition bildet demnach gleichermaßen die Grundlage sowohl für die fachlich orientierten Kompetenzmodelle als auch für Kompetenzmodelle, welche die beim Individuum vorzufindenden Lernvoraussetzungen im Sinne verfügbarer Personal-, Sozial- oder Methodenkenntnisse in den Blick nehmen.

Auf der Ebene der Fachkompetenz werden Modelle und teilweise Standards bereitgestellt, die das Fach in Kompetenzbereiche gliedern und bisweilen eine Standardnorm bereitstellen, an der Schüler*innenverhalten gemessen werden kann. Internationale Vergleichsstudien bedienen sich dieser Modelle, wonach durch Handlung bzw. Leistungsverhalten auf Kompetenz rückgeschlossen werden kann.

Beim kompetenzorientierten Unterrichten geht es darum, dass die Lehrkräfte den Unterricht vom Ende her planen. Es geht um die Frage, welche Kenntnisse die Schüler*innen erworben, welche Fähigkeiten und Fertigkeiten sie entwickelt haben sollen und welche Einstellungen und Motivationen befördert worden sein sollen. Es handelt sich also um eine Output-Orientierung im Gegensatz zu den klassischen Lernzielen, die Input orientiert waren.

Kompetenzmodelle

Um Kompetenzförderung in der Schule zu verankern, werden Kompetenzmodelle entwickelt (vgl. näher im P. 7.4). Sie beschreiben zum einen verschiedene Teildimensionen einer Kompetenz, zum anderen unterschiedliche Kompetenzniveaus bzw. Stufen der Kompetenzentwicklung, die angeben, welche Fähigkeiten für die jeweiligen Niveaus erforderlich sind (vgl. im Folgenden Becker-Mrotzek, 2012). Derartige Niveaustufen sind erforderlich, um sinnvolle Aussagen über eine kumulative Lernentwicklung machen zu können.

Das bedeutet, dass eine Person, die sich z. B. auf Stufe 3 der Lesekompetenz befindet und entsprechende Aufgabenstellungen zu bearbeiten vermag, grundsätzlich auch alle Aufgaben der niedrigeren Stufen 1 und 2, noch nicht aber Aufgaben der Stufen 4 und 5 erfolgreich lösen kann.

Somit kann entschieden werden, was die Schüler*innen in den unterschiedlichen Jahrgangsstufen erreicht haben sollen. Ein solcher Kompetenzbegriff nimmt in einem umfassenden Sinn die Bildung von Schüler*innen in den Blick, in sinnvollen Handlungskontexten Wissen zu erwerben.

Auch ganz konkret lassen sich leicht nachvollziehbare didaktische Empfehlungen formulieren. Wenn sich z. B. bei Vergleichsarbeiten die Mehrheit einer Schulklasse auf der dritten von insgesamt fünf Kompetenzstufen befindet, dann ist es wenig sinnvoll, im anschließenden Unterricht Aufgaben der obersten Stufe zu bearbeiten; stattdessen würde man zunächst Aufgaben der vierten Stufe zur Bearbeitung empfehlen (vgl. Leutner & Kröner, 2018).

Aufgaben

Im Zuge der Diskussion um Kompetenzen erfahren Aufgaben eine zentrale Bedeutung. Sie sind überschaubare Lernarrangements, die Leistungsanforderungen und Lernaktivitäten aufeinander beziehen. Sie sollen die gegebenen Fähigkeiten und das schon vorhandene domänenspezifische Wissen der Lernenden nutzen und die erwarteten Aktivitäten in einer Weise situieren, d. h., in einen Handlungszusammenhang stellen, dass es für die Lernenden plausibel ist, so zu agieren, wie es die Aufgabe verlangt.

Aufgaben sind zu unterscheiden nach Lern-, Übungs-, Leistungs- und Testaufgaben. Leistungsaufgaben (darunter versteht man Klassenarbeiten) und Testaufgaben (solche in formellen Tests) dienen dem Nachweis, dass die fraglichen Kompetenzen bei den Lernenden auch vorhanden sind und damit den Ausgangspunkt für weitere Lernschritte darstellen. Sie sollen nur dann lösbar sein, wenn die fraglichen Fähigkeiten tatsächlich vorhanden sind.

2.5.1 Kompetenzbegriff in der Berufsbildung

Der öffentlichen Aufmerksamkeit nach zu urteilen, kann man den Eindruck haben, dass das deutsche Schulsystem hauptsächlich aus dem Gymnasium besteht. Doch wenn man ein paar Eckzahlen betrachtet, ist die Wirklichkeit eine andere. Aus der Tabelle 5 werden die Bildungsteilnehmer*innen des Gymnasiums und aller berufsbildenden Schulen sowie beide Bildungseinrichtungen in Deutschland für das Schuljahr 2020/21 deutlich (Autorengruppe Bildungsberichterstattung, 2022, Tabelle B1-1web und Tabelle B1-2web).

Tabelle 5: Bildungsteilnehmer*innen sowie Einrichtungen 2020/21 (Quelle: eigene Tabelle)

	Gymnasium	alle beruflichen Schulen
Bildungseinrichtungen	3 146	8 337
Bildungsteilnehmer*innen	2 225 544	2 354 580

In Anlehnung an die aktuelle internationale wissenschaftliche Debatte geht es um folgende Zieldimensionen, die den Bezugspunkt für die Definition von Kompetenzen darstellen, die in der Berufsbildung vermittelt werden müssen (vgl. Achtenhagen & Baethge, 2007, S. 53):

1. die Entwicklung der individuellen beruflichen Regulationsfähigkeit – unter einer individuellen Nutzer*innenperspektive und dem zentralen Aspekt der personalen Autonomie;
2. die Sicherung der Humanressourcen einer Gesellschaft und
3. die Gewährleistung gesellschaftlicher Teilhabe und Chancengleichheit. [gendergerechte Sprache eingefügt durch die Autoren]

In der berufs- und wirtschaftspädagogischen Forschung wurde der Kompetenzbegriff mit dem Konzept der Schlüsselqualifikationen bereits in den 1970er Jahren eingeführt (Mertens, 1974). Die Diskussion um Schlüsselqualifikationen führte zu der Begründung eines neuen Leitziels, der beruflichen Handlungskompetenz.

„Die Rahmenlehrpläne für den berufsbezogenen Unterricht werden in Deutschland seit 1996 nicht mehr fachwissenschaftlich, sondern handlungs- und situationsorientiert in sogenannten Lernfeldern strukturiert. Lernfelder stellen didaktisch aufbereitete Handlungsfelder der beruflichen Praxis dar" (Bloemen & Schlömer, 2012, S. 119). Mit der Verankerung des Konzepts der Handlungsorientierung Mitte der 1990er Jahre in den Ausbildungsordnungen und Rahmenlehrplänen orientierten sich die Ziele beruflicher Bildung am Konzept der Handlungskompetenz. Diese ist definiert als „die Bereitschaft und Befähigung des Einzelnen, sich in beruflichen, gesellschaftlichen und privaten Situationen sachgerecht, durchdacht sowie individuelle und sozial verantwortlich zu verhalten" (KMK, 2007, S. 10).

In Anlehnung an das anthropologische Konzept von Roth (1971), das von Reetz (1999) für die berufliche Bildung modifiziert wurde, schlagen Achtenhagen und Baethge (2007) folgende Operationalisierungsschritte vor: ein Zusammenspiel von Selbstkompetenz mit den Dimensionen der Sach-, Methoden- und Sozialkompetenz.

- Selbstkompetenz: Es geht um die Erfassung allgemeiner Persönlichkeitsmerkmale, denen ein Einfluss auf die berufliche Leistung zugesprochen werden kann. Hierher gehören vor allem Einstellungen, Werte, Wahrnehmungen, Antriebe, Motivation und metakognitive Strategien.
- Sachkompetenz: Eine Differenzierung nach den Wissensarten deklaratives, prozedurales und strategisches Wissen ist sinnvoll.
- Methodenkompetenz: Methodenkompetenz bezeichnet die Bereitschaft und Befähigung zu zielgerichtetem, planmäßigem Vorgehen bei der Bearbeitung von Aufgaben und Problemen (z. B. bei der Planung der Arbeitsschritte).
- Sozialkompetenz: Sie umfasst die Gesamtheit der Fähigkeiten eines Individuums, die in kooperativen Situationen erforderlich sind, um im Umgang mit anderen sich bewegen und erfolgreich handeln zu können. Dabei lassen sich zwei Aspekte unterscheiden: Einerseits bezieht er sich auf das Potenzial eines Individuums, bestimmte Verhaltensweisen zeigen zu können, andererseits bezieht er sich auf das Verhalten von Individuen in konkreten, beobachtbaren Situationen.

Herausforderungen für die Kompetenzmessung in der Berufsbildung

Eine Kompetenzmessung im Bereich der Berufsbildung gestaltet sich komplexer als im Bereich der Allgemeinbildung. Die Differenz zwischen Messungen im Bereich der Berufsbildung und dem Bereich der Allgemeinbildung lässt sich in mehrfacher Weise beschreiben (vgl. Achtenhagen & Baethge, 2007, S. 55ff.):

- Messungen im Bereich der Berufsbildung sind immer handlungs- und aktivitätsbezogen: Eine reliable und valide Kompetenzmessung hat zusätzlich zur kognitiven Dimension die affektive und psychomotorische Dimension sowie die entsprechenden Persönlichkeitseigenschaften zu berücksichtigen.
- Handlungen und Aktivitäten im Bereich der Berufsbildung sind innerhalb der Berufe sehr spezifisch.
- Berufliche Kompetenzen müssen die Verschiedenheit von Wissensdimensionen berücksichtigen: Deklaratives Wissen ist auf das Wissen von Fakten, Strukturen und Wissensnetzen bezogen. Für den Bereich des prozeduralen Wissens wird die Wissensanwendung erfasst, das heißt das Operieren mit Fakten, Strukturen, Wissensnetzen und ihren entsprechenden Elementen. Die Entwicklung strategischen Wissens kann als eines der zentralen Ziele der beruflichen Bildung angesehen werden. Der Schwerpunkt liegt dabei auf den Bedingungen eines inhaltsbasierten Problemlösens, das auf vertieftes deklaratives und prozedurales Wissen zurückgreift.

- Berufliche Handlungen und Aktivitäten erfordern Kompetenzen, die auf berufliche Aufgaben am Arbeitsplatz sowie auf die gegebenen sozialen Beziehungen hin ausgerichtet sind. Diese Kompetenzen lassen sich unter der Überschrift „Employability“ fassen.

Fazit

Je nach Art eines Merkmals werden folgende Skalenniveaus unterschieden: Nominal-, Ordinal-, Intervall- und Verhältnisskala. Diese zeichnen sich dadurch aus, dass mit ihnen unterschiedliche Rechenoperationen erlaubt sind. Noten sind ordinalskaliert, und entgegen allgemeiner üblicher Praxis ist eine Mittelwertberechnung eigentlich nicht gestattet. Zu guter diagnostischer Praxis gehört, eine Reihe von Beurteilungskriterien zu beachten. Hierzu zählt das Wissen um Gütekriterien, d. h. Maßstäbe, die man in der Wissenschaft einzuhalten hat, um die Qualität einer Forschung sicherzustellen. Als Hauptgütekriterien zählen Objektivität, Reliabilität und Validität. Weiterhin gehört zu guter diagnostischer Praxis, die Bewertung an einer Bezugsnorm auszurichten. Darunter versteht man die Art des Maßstabs, nach dem eine Leistung beurteilt wird. Man unterscheidet die soziale, die individuelle und die sachliche Bezugsnorm, die je eigene Stärken und Schwächen haben. In der Leistungsdiagnostik wird zwischen formativ und summativ unterschieden, kurz gesagt zwischen einer bilanzierenden Bewertung oder einer, die während einer Lernaktivität auftritt.

Eine Auswirkung u. a. der PISA-Ergebnisse war, Unterricht kompetenzorientiert zu projektieren. Dies hat auch zur Folge, sich um die Messung von Kompetenzen Gedanken zu machen. Dabei handelt es sich um die bei Individuen verfügbaren oder durch sie erlernbaren kognitiven Fähigkeiten und Fertigkeiten, um bestimmte Probleme zu lösen, sowie die damit verbundenen motivationalen, volitionalen und sozialen Bereitschaften und Fähigkeiten, um die Problemlösungen in variablen Situationen erfolgreich und verantwortungsvoll nutzen zu können.

Reflexionsfrage für eine Lehrkraft

Welche Aussagekraft hat ein Mittelwert von Klassenarbeiten oder Abschlussarbeiten wie Abiturnoten?

Welche Beispiele gibt es jeweils für eine soziale, individuelle, sachlich/kriteriale/curriculare Bezugsnorm?

3 Noten/Zensuren

Es gibt Themen in der öffentlichen Meinung zu Schule und Unterricht, über die sich leidenschaftlich über das Pro und Contra debattieren lässt, da scheiden sich die Geister – zumindest medial -, ohne dass es zu einem Kompromiss kommt. Typisch hierfür sind Themen wie Pro und Contra Hausaufgaben bzw. Nachhilfeunterricht oder Sinn bzw. Unsinn von Latein. Eine ähnliche „never ending story“ ist die Diskussion über die schulische Leistungsbeurteilung, meist entzündet sie sich an der Diskussion Verbal- vs. Ziffernbeurteilungen. Lehrkräfte und Bildungswissenschaftler*innen haben in der Regel einen deutlich anderen Bezug zu diesem Thema als Eltern und Schüler*innen, deren Argumente meist stärker von der eigenen Befindlichkeit beeinflusst sind.

Und wenn schon Noten, dann erlebt man mitten in Europa ein babylonisches Zahlenwirrwarr von Noten. So entspricht in der Schweiz die Note 6 einer deutschen Note 1, in Italien ist eine 10 die beste Note. Man kann von einer willkürlichen Metrik von Noten sprechen.

Nach der Beantwortung dieser aufgeworfenen Frage Verbal- vs. Ziffernbeurteilungen (3.1) muss in diesem Zusammenhang auch die zentrale Frage beantwortet werden, wozu eigentlich Noten taugen, welche Funktionen sie haben (3.2).

3.1 Verbal- vs. Ziffernbeurteilungen?

Ein zentraler Auslöser für die Diskussion Verbal- vs. Ziffernbeurteilungen in Deutschland war der von dem Pädagogen Karlheinz Ingenkamp 1971 herausgegebene Sammelband „Die Fragwürdigkeit der Zensurengebung“. Die Befunde beschäftigten die Medien und lösten auch unter den Lehrkräften heftige Reaktionen aus. Der Band hatte bereits fünf Jahre später sechs Auflagen erreicht.

3.1.1 „Fragwürdigkeit der Zensurengebung“

Ingenkamp fasste die vorliegenden Forschungen über den Wert von Zensuren zusammen und beschrieb die Resultate im Blick auf vier Dimensionen:

- subjektive Fehlerquellen
- klasseninternes Bezugssystem
- Qualitätsunterschiede in den einzelnen Schulfächern
- prognostischer Wert

Der Topos dieser Fragwürdigkeit zieht sich seitdem wie ein roter Faden durch die deutschsprachige Forschungsliteratur zum Thema Notengebung. Prominent seien genannt die Werke der Autoren Ziegenspeck (1999) und Sacher (2014).

Kurz und prägnant charakterisiert Oelkers (2001) die vier Dimensionen:

Subjektive Fehlerquellen

Bei den subjektiven Fehlerquellen handelt es sich um persönlich gefärbte Urteile, nicht um objektive Bewertungen. Weil diese Aussage nicht trivial und bei der Notengebung weiterhin sehr bedeutsam ist, wird darauf im Punkt 4.2.2 eigens eingegangen. Die drei anderen Dimensionen lassen sich als Bedingungen und Folgen dieser Subjektivität begreifen.

Klasseninternes Bezugssystem

Der Erstautor wurde in einer Podiumsdiskussion mal gefragt, ob es sinnvoll sei, das eigene Kind in eine sog. Eliteschule zu schicken. Er antwortete sinngemäß, dass er seine Entscheidung primär vom Leistungsvermögen des Kindes abhängig machen würde. Für ein leistungsmäßig eher durchschnittlich begabtes Kind zahle sich eher eine Schule mit durchschnittlichem Leistungsniveau aus. Wissenschaftlich ausgedrückt spricht die pädagogisch-psychologische Forschung vom sog. Fischteicheffekt (big-fish-little-pond-effect), der besagt, dass Schüler*innen ein geringer ausgeprägtes Selbstkonzept entwickeln, wenn sie eine Schule besuchen, in der die meisten anderen besser begabt sind (kleiner Fisch im großen Teich), und ein höher ausgeprägtes Selbstbild, wenn sie eine Schule besuchen, in der die meisten anderen weniger begabt sind (großer Fisch im kleinen Teich). In einer Vielzahl von Studien hat sich gezeigt, dass schulische Fähigkeitsselbstkonzepte positiv mit der Schulleistung im Zusammenhang stehen (vgl. Dressel & Lämmle, 2017).

Die Antwort wirkte provozierend, war aber wohl nicht so verkehrt, wie die soeben kurz skizzierten Forschungen zum Selbstkonzept zeigen. Selbstverständlich kann es auch positive Effekte geben. Wenn gut gemacht, kann ja eine Förderung z.B. in Hochbegabtenklassen auch hilfreich sein, vor allem wenn sie sich temporär nur bilden. Und empirische Evidenz für seine Ansicht hatte der Erstautor aus der Erfahrung, wie in den 2010er Jahren bei der Einführung von Hochbegabtenklassen in Bayern verfahren wurde. Obwohl die leistungsstärksten Schüler*innen einer Stadt oder einer Schule in einer Klasse gemeinsam unterrichtet wurden, wurde die gesamte Notenskale ausgenutzt, wie man es von Regelklassen gewohnt ist, und nicht wie man hätte erwarten können, dass die Verteilung zugunsten der besseren Noten ausgefallen wäre. Womit hängt dies zusammen? Natürlich mit der Tatsache, dass Noten aufgrund des klasseninternen Bezugssystems, also der beobachteten und bewerteten Verteilung in einer bestimmten Klasse, gegeben werden. Doch der Wert einer erhaltenen Note berücksichtigt nicht dieses Problem, sondern bezieht sich immer auf das gesamte Schulsystem. Unterstellt wird die Vergleichbarkeit der Notengebung an allen Orten, während die tatsächlichen Bewertungen von Schule zu Schule, von Klasse zu Klasse variieren. Ein letztes: Auch leistungsstarke Schüler*innen, wie gezeigt in einer Klasse zusammen vereinigt, mit schlechteren Noten zu versehen, ist wenig sinnvoll. Denn Hauptaufgabe von Lehrkräften sollte sein, gute Leistungen zu entwickeln. Und schlechte Noten haben erstmal keine motivierende Wirkung. Es lässt sich also festhalten (vgl. im Folgenden Schrader & Praetorius, 2018): Lehrkäften gelingt es recht gut, eine Rangordnung oder Fähigkeitsabstufung zwischen den verschiedenen Schüler*innen in ihrer Klasse vorzunehmen. Doch Lehrkräften gelingt es nur unzureichend, das Niveau ihrer Klasse im Vergleich zu einem außenstehenden Kriterium einzuschätzen. Studien, die die mittlere Abweichung zwischen Lehrer*innenurteil und Leistungstestwerten bestimmen, weisen häufig auf eine Überschätzung der Schüler*innenleistung durch die Lehrpersonen hin. Gemessen an den Ergebnissen objektiver Leistungstests bewerten Lehrpersonen den gleichen Leistungsstand je nach Klassenzugehörigkeit völlig unterschiedlich. Der Grund dafür dürfte sein, dass sich Lehrpersonen an einem klasseninternen Bezugssystem orientieren und es für sie schwierig ist, klassenübergreifende Urteilskriterien zu entwickeln.

Qualitätsunterschiede in den einzelnen Schulfächern

Schulfächer sind nicht gleich Schulfächer. Formal werden nicht nur sog. Haupt- von Nebenfächern unterschieden. Sie werden auch von Schüler*innen sowie Lehrkräften unterschiedlich wahrgenommen. Haag und Götz (2012) bspw. konnten anhand einer Stichprobe von über 1000 Gymnasiast*innen nachweisen, dass die Schüler*innen einzelne Fächer bzw. Fachkulturen (z. B. Mathe und Physik) unterschiedlich im Hinblick auf Charakteristika (z. B. Schwierigkeit, Stoffmenge, Alltagsbezüge) dieser Fächer beurteilen. Jedoch schätzten sie die hier interessierende Kategorie „Wichtigkeit der Note" bei den abgefragten Fächern, die eine große Bandbreite an Kompetenz- und Inhaltsbereichen abdecken (Mathematik, Physik, Biologie, Deutsch, Englisch, Geschichte, Musik) mit Ausnahme des Faches Musik ähnlich hoch ein.

Die Noten variieren von Fach zu Fach. In verschiedenen Fächern wird mit unterschiedlicher Strenge zensiert, die Strenge nimmt mit der Bedeutung des Faches in der Stundentafel zu, „stark selektive Hauptfächer" haben die strengste Notengebung. In der Grundschule werden Deutsch und Mathematik am strengsten beurteilt, auf weiterführenden Schulen sind es daneben die Fremdsprachen; am mildesten werden die Fächer Religion, Kunst und Musik bewertet; die anderen Fächer liegen dazwischen (De Groot, 1971). Die Benotungsstrenge nimmt mit der Klassenstufe zu, bleibt in der Verteilung der Fächer aber gleich. Die Hauptfächer des Gymnasiums steigern die Anforderungen, die Zensurenverteilung in den Nebenfächern wird eher noch milder (Hopp & Lienert, 1976). Offensichtlich sollen die Schüler*innen in den „unwichtigen" Fächern durch gute Noten zur Mitarbeit und zum Lernen motiviert werden. Die Problematik dabei ist, dass die Varianz nicht ausgenutzt wird. Dadurch werden bei diesen Mildepol-Fächern wirklich gute Schüler*innen unfair behandelt, d. h., sehr gute Leistung wird nicht wirklich belohnt, weil ja alle Schüler*innen gute Noten bekommen.

Prognostischer Wert

Eine Prognose dient der Vorhersage zukünftiger Verhaltensweisen oder Leistungen einer Person. Somit impliziert die Notengebung in der Schule eine Vorhersage für zukünftige schulische Leistungen und die weitere (schulische) Laufbahn.

Generell lässt sich sagen, dass es an vielen Stellen sinnvoll ist, die Prognose auf Grundlage mehrere Prädiktoren vorzunehmen, die möglichst unabhängig voneinander sein sollten. Dies führt zu einem Zuwachs an Validität im Vergleich zu einem Einzelprädiktor (vgl. Steinmayr et al., 2018).

Der prognostische Wert von Schulnoten sei gering, schrieb Ingenkamp 1976. Zwar korrelieren innerhalb eines Schultyps die Zensuren in aufeinanderfolgenden Klassenstufen relativ hoch, aber das sei für die Prognose von Erfolg oder Misserfolg in nachfolgenden Schulen oder Stufen kaum von Bedeutung.

Die Schulnote ist ein multivariat determiniertes Konstrukt. So fließen neben Intelligenz, Lern- und Leistungsmotivation, Emotionen wie Leistungsängstlichkeit, Freude, Ärger oder Langeweile, bisherige Schulleistungen, schulische und familiäre Variablen in die Schulnote mit ein (Steinmayr et al., 2018). Daher verwundert es nicht, dass die Korrelationen zwischen Grundschulnoten und Noten auf einer weiterführenden Schule maximal im mittleren Bereich liegen (vgl. Marsh et al., 2018). Die Qualität der Noten ist zu unterschiedlich: Primarschulzeugnisse gewichten Elementarisierungseffekte wie die Rechtschreibleistungen oder auch Faktoren wie Fleiß und Wohlverhalten erheblich stärker als intellektuelle Fähigkeiten (Müller, 2013; Oelkers, 2001). Und deshalb sollte man den prognostischen Wert von Schulnoten aus theoretischer Sicht nicht überbewerten. Schulnoten reflektieren nur eingeschränkt zukünftige Erfolgschancen. Vielmehr dokumentieren sieerbrachte Lernleistungen.

Der Vollständigkeit halber sei hier gesagt, dass die Korrelationen zwischen Schulabschlussnote und Studienerfolg vergleichsweise hoch sind. Aus Abiturnoten lassen sich Studienleistungen mit einem Korrelationswert von $r = .52$ vorhersagen. Somit haben Noten in der Schule eine gewisse Vorhersagekraft für die Noten im Studium (Trappmann et al., 2007). Das ist damit gut erklärbar, dass es in beiden Lernmilieus auf ähnliche Fertigkeiten wie Selbstorganisation und gute Arbeitshaltung ankommt und dass die Anforderungen, die gestellt werden, sich ähneln. Demgegenüber besteht zwischen Noten und Erfolg im Beruf offensichtlich gar keine Korrelation. „Schulnoten stellen also gute Prädiktoren weiterer Bildung, also Lernleistung, dar, während sie sich zur Vorhersage praktischer Ausbildungs- und Berufsleistungen in geringerem Maße eignen“ (Schuler & Schult, 2018, S. 651).

3.1.2 Verbalbeurteilungen (Verbalzeugnis, Berichtszeugnis)

Aufgrund der soeben genannten heftigen Kritik an der Zensurengebung wurde nach den Empfehlungen der Kultusministerkonferenz von 1970 in der BRD Schritt für Schritt das Ziffernzeugnis in den ersten beiden Grundschulklassen durch Verbalbeurteilungen in Form eines Berichtszeugnisses ersetzt (Birkel & Tarnai, 2018). Dieser Verzicht auf Notengebung und die Einführung der verbalen Beurteilung sind Kernstücke der Grundschulreform der siebziger Jahre des letzten Jahrhunderts, die auf individuelle Förderung aller Kinder, ermutigende Erziehung und Anhebung der Chancengleichheit abzielte. Die Zensur ist informationsarm: Sie sagt nichts über Stärken und Schwächen in einzelnen Teilbereichen, nichts über die verwendeten Lernstrategien, nichts darüber, ob sie als Durchschnitt aller Leistungen summativ oder unter Abschätzung verschiedener Informationen zustande gekommen ist (Valtin & Rosenfeld, 1997). Mit der „Zensurenfreiheit“ wurden folgende Intentionen verbunden, wie die Autorinnen konstatieren (S. 293/4):

> Überwinden der Selektionsfunktion und Zurückgewinnung einer pädagogischen Dimension, ermutigende Erziehung statt Leistungsdruck, Wegfallen des fragwürdigen Konkurrenzkampfes und Förderung der sozialen Kooperation, Erhöhung der Chancengleichheit, umfassendere Beurteilung der Schüler*innen im Vergleich zur Beschränkung auf den Leistungsbereich, individuelle Förderung (differenziertere Rückmeldung, Erleichterung pädagogischer Einwirkungen, Kennzeichnung der individuellen Lernverläufe sowie der Stärken und Schwächen), Verbesserung der Beziehungen zwischen Lehrer*innen und Eltern sowie Schüler*innen.

Im Folgenden werden Begründungen aufgeführt, die für und gegen Verbalzeugnisse sprechen (vgl. Haag & Streber, 2017; Lütgert et al., 2001; Sacher, 2014):

Gründe für Verbalzeugnisse

Folgende Probleme von Ziffernnoten und Potenziale von Verbalzeugnissen werden gesehen:

- Ziffern sind nur ein grobes Raster und damit wenig aussagekräftig.
- Ziffern informieren über die Gesamtleistungen, nicht über das Leistungsprofil. Sie geben nur Aufschluss über Endleistungen, nicht über Lernfortschritte oder Lernrückschritte.
- Ziffern geben keine weiterführenden Hinweise für zukünftiges Lernen.
- Zumindest in den Anfangsklassen wird durch Verbalzeugnisse der Leistungsdruck gemindert.
- Ein Wegfall der Ziffernnote fördert in der Klasse die soziale Kooperation statt Konkurrenzverhalten.

- Die Schüler*innen werden an ihren eigenen Fortschritten statt am Durchschnitt der Klasse bewertet. Hierzu sei jedoch angemerkt, dass eine individuelle Bezugsnorm theoretisch auch bei Ziffernnoten angewendet werden könnte.

Dagegen zeigen die unterschiedlichsten Studien, dass die Anzahl der Eltern, die sich anstelle von Berichtszeugnissen Notenzeugnisse für ihre Kinder wünschen, mit den Jahrgangsstufen deutlich ansteigt. Ab der 3. Jahrgangsstufe wünschen die Eltern eher Notenzeugnisse (vgl. Haenisch, 1996; Landesinstitut, 1997; Sacher, 2014). Dies hängt damit zusammen, dass sich Eltern offenbar schwer damit tun, anhand von Berichtszeugnissen eine realistische Einschätzung ihrer Kinder vornehmen zu können.

Gründe gegen Verbalzeugnisse – Vorteile von Ziffernnoten

Ziffernnoten erfüllen folgende Funktionen (vgl. auch 3.1.3):

- Der Vorteil von Ziffernnoten besteht in ihrer Eindeutigkeit, da sie keiner weiteren alltagssprachlichen Interpretation bedürfen.
- Somit vermitteln Noten klare Informationen über die fachlichen Leistungen und den weiteren Bildungsweg.
- Weiterhin erlauben Noten einfache Vergleiche und damit die Festlegung von Leistungshierarchien. Lernende und Eltern sehen gleichermaßen, wo die Schüler*innen im Leistungsspektrum einer Klasse stehen und ob und wie sie den Anforderungen der Schule entsprechen.

Bei all den Pros und Contras bleibt es eine empirische Frage, ob und wie sich Verbalbeurteilungen auf das Leistungsselbstkonzept und die Leistungsängstlichkeit der Schüler*innen auswirken.

Die Vertreter*innen des Notenzeugnisses auch in der Grundschule befürchten, dass ohne den Notendruck die Lernmotivation fehlen könnte, während die Vertreter*innen der Verbalbeurteilungen meinen, dass die Noten schnell zu Entmutigung und Ängstlichkeit bei Schüler*innen führen könnten.

Diesen Fragen gingen Wagner und Valtin (2003) in einer Längsschnittuntersuchung nach. Dabei zeigte sich, dass Kinder, die Ziffernnoten erhalten, und Kinder mit Verbalbeurteilungen sich in relevanten Persönlichkeitsvariablen, so auch in ihrer Schulangst, nur wenig voneinander zu unterscheiden scheinen.

Im Folgenden das Abstract zur Studie von Wagner und Valtin (2003, S. 27):

> In einer längsschnittlich angelegten Studie wurde die Hypothese geprüft, dass sich die verbale Beurteilung gegenüber der Notenbewertung förderlich auf die Schulleistungen und die leistungsbezogene Persönlichkeitsentwicklung auswirkt und dies besonders bei Kindern mit niedrigen Schulleistungen sichtbar wird. Die Panelstichprobe umfasste

> 241 Grundschulkinder aus West- und Ostberlin, die von der 2. bis zur 4. Klasse in halbjährlichem Abstand zur Lernfreude, zum Fähigkeitsselbstbild, zur Leistungsmotivation sowie Leistungsangst befragt wurden. Erfasst wurden außerdem die Intelligenz und jährlich die Schulleistungen (Leistungstests) in Deutsch und Mathematik. Die Ergebnisse bestätigen die Hypothese der entwicklungsfördernden Wirkung der verbalen Beurteilung gegenüber der Notengebung nicht. Notenkinder und Kinder mit verbalen Beurteilungen unterscheiden sich nur wenig in den Persönlichkeitsmerkmalen sowie den Schulleistungen. Die Entwicklung von Kindern mit niedrigen Schulleistungen wird durch verbale Beurteilungen nicht wesentlich begünstigt.

Mit diesen Ergebnissen wurden die Hoffnungen der Befürworter*innen der Verbalbeurteilungen zwar enttäuscht, genauso wie auch die Befürchtungen der anderen Partei. Es gibt keine empirischen Belege für die befürchteten negativen Auswirkungen von Verbalzeugnissen auf die Lernbereitschaft und den Lernerfolg der Schüler*innen (Lütgert et al., 1999; Wagner & Valtin, 2003; Brügelmann, 2006).

Varianten von Verbalzeugnissen

Mittlerweile wurden unterschiedliche Formen von Verbalzeugnissen entwickelt. Es lassen sich vier Varianten verbaler Beurteilung unterscheiden (Sacher, 2014, S. 171f.):

1. Rasterzeugnisse, hier werden Alternativen angekreuzt, z. B.:

Schüler*in X kann seine*ihre eigene Meinung artikulieren.
-3 -2 –1 0 1 2 3
Schüler*in X legt Sachverhalte klar dar.
-3 -2 –1 0 1 2 3
Eigentlich sind Rasterzeugnisse jedoch keine Verbalzeugnisse, weil hier für einzelne Teilebereiche jeweils eine Art Note vergeben wird.

2. Bausteinzeugnisse

Aus Formulierungsbausteinen wird ein fortlaufender Text zusammengesetzt, z. B.:

- Lesen: Melanie kann einen Text wortgetreu und flüssig lesen. Sie kann den Sinn des Textes erfassen.
- Rechtschreiben: Melanie hat geübte Diktate mit wenigen Fehlern geschrieben, sie hat Rechtschreibhilfen angewendet.

3. Berichtszeugnisse

Es handelt sich um frei formulierte Berichte über die Schüler*innen an die Erziehungsberechtigten.

4. Zeugnisbriefe

Auch sie sind frei formuliert, aber an die Schüler*innen adressiert.

Vorschläge für die Gestaltung von Verbalzeugnissen

Verbalzeugnisse sollen nicht nur Fachleistungen, sondern auch Lernprozesse und Entwicklungsverläufe abbilden, Anregungen und Hilfen geben. Wenn man sie kategorisieren möchte, lassen sich alle Aussagen ganz grob dem Sozial-, Lern- und Arbeitsverhalten zuordnen (vgl. Tabelle 6; in Anlehnung an Sacher, 2014, S. 174)

Tabelle 6: Gesichtspunkte für Verbalzeugnisse (Quelle: eigene Tabelle)

Sozialverhalten	Lern- und Arbeitsverhalten
Gesprächsverhalten	Regelmäßigkeit, Pünktlichkeit
Hilfsbereitschaft, Rücksichtnahme	Ordnung
Kontaktfähigkeit	Fleiß
Kooperationsverhalten	Arbeitstempo
Integrationsfähigkeit	Anstrengungsbereitschaft
Selbstvertrauen	Interesse, Neugier
Konfliktverhalten	Aufmerksamkeit, Mitarbeit
Kritikfähigkeit	Auffassungsgabe
Verlässlichkeit	Systematisches Lernen
Disziplin	Kreativität

Dabei sollten folgende Hinweise für die Formulierung von Verbalberichten befolgt werden (vgl. Sacher, 2014, S. 174ff.):

- Es sollten keine Persönlichkeitseigenschaften, sondern Verhaltensweisen beschrieben werden, z. B. nicht: „Martin ist ein freundliches Kind“, sondern: „Martin begegnete seinen Mitschüler*innen freundlich“.
- Vergleiche mit anderen Schüler*innen sollten vermieden werden.
- Anstelle der Verben „lernen, können“ sollte treffender formuliert werden „verstehen, wiedergeben, begründen“.
- Anstelle unspezifischer Empfehlungen wie „Du sollst dem Unterricht aufmerksam folgen“, sollten präzise Verhaltensvorschläge formuliert werden wie „Wenn Du den Arbeitsplatz besser in Ordnung hältst, kannst Du leichter aufpassen“.
- Unbedingt sind doppelte oder komplizierte Negationen zu vermeiden, also keine Äußerungen wie „Es fällt Martin nicht schwer …“, sondern: „Martin kann …“.
- Negativprognosen sollten unbedingt vermieden werden: Statt „Wenn Du weiterhin Deine Hausaufgaben so unordentlich machst …“, eher „Wenn Du Dich bei Deinen Hausaufgaben um eine ordentliche Schrift bemühst, wirst Du auch weniger Fehler machen“.

Abschließend soll hier betont werden, dass in einen Verbalbericht vielfältige Leistungs- und Entwicklungsdaten miteinfließen können. Hierunter fallen sorgfältig erhobene Beobachtungsdaten, auch traditionell erhobene schriftliche Leistungen, mündliche Abfragen, Werkgestaltungen, Aufführungen, Ergebnisse von Gesprächen mit den Schüler*innen und vieles mehr.

3.1.3 Ziffernbeurteilungen (Ziffernzeugnis)

„Nach seiner amtlichen Definition stellt das seit 1968 verbindliche Klassifikationsschema eine verbal verankerte numerische Schätzskala mit unklarer Metrik dar, die zudem ‚gegenläufig gepolt' ist, weil ein Mehr an Leistung einher geht mit einer numerisch geringeren Zensur" (Birkel & Tanai, 2018, S. 905). Kiel (2022) spricht historisch betrachtet bei der Notengebung von „Kontinuitäten" (S. 210). In Tabelle 25. (S. 211) bringt er ein Beispiel einer Zensurenskala aus dem Jahre 1642, den Gothaer Schulmethodus. Bei den Unterrichtsgegenständen, vergleichbar mit den heutigen Fachnoten, werden fünf Stufen unterschieden. „Wenn man bedenkt, dass unser gegenwärtiges Notensystem mit sechs Stufen meist nur fünf nutzt, dann ist eine solche formale Kontinuität von fast 400 Jahren tatsächlich überraschend" (Kiel, 2022, S. 211). Kiel greift diese Überraschung weiter auf und weist darauf hin, dass heutige Internetbewertungen üblicherweise mit fünf Sternen eine fünfstufige Skala abbilden. Hier ist eine Mitte möglich, die weder positiv noch negativ ist. Das Urteil einer „goldenen Mitte" verletzt nicht und ist bei unsicherer Meinungslage am nächsten an den extremeren Urteilen dran. „Vielleicht macht das die Popularität dieser Skalen aus" (S. 211). Dabei sollen Zensuren das Ausmaß widerspiegeln, in dem Leistung den Anforderungen entspricht. Unter der Bedingung, dass für alle die gleichen Anforderungen gelten, ist die traditionelle Notenskala faktisch an die Verwendung der sozialen Bezugsnorm gekoppelt. Sie gibt die relative Position eines*r Schüler*in im Vergleich zu den Mitschüler*innen an. Mit der Einführung der reformierten Oberstufe der Gymnasien (Vereinbarung der Kultusministerkonferenz vom 7. Juli 1972) wurde die Notenskala zwecks feinerer Differenzierungen zu einer 15-stufigen Skala mit Regeln zur Umrechnung auf die Sechserskala erweitert. Doch Birkel und Tarnai (2018) geben zu bedenken, dass nicht die Ziffern 1 bis 6 bzw. 1 bis 15 das eigentliche Übel sind, sondern die Urteilsprozesse, die zu diesen Ziffern hinführen. Versteht man unter Noten die Beschreibung von Leistungen im Blick auf Aufgaben während einer bestimmten Periode der Beurteilung, dann stellen sich für Oelkers (2001, S. 13) eigentlich nur drei wirkliche Probleme:

1. Wie vergleichbar sind die Aufgaben?
2. Wie transparent sind die Beurteilungen?
3. Wie berechnet sich die Lernzeit und so die Chance, die Aufgabe zu lösen?

Hierzu führt er aus, dass an der Kritik der Zensurengebung der Hinweis gerechtfertigt ist, dass Noten sich auf ein „klasseninternes Bezugssystem" beziehen, aber Allgemeingültigkeit beanspruchen. „Aber es wäre ein Stück Schulentwicklung, die Inhalte anzupassen und Aufgaben vergleichbar zu bestimmen, denn immerhin verhelfen die Noten zu gleichen Berechtigungen" (S. 13). Transparent sind für Oelkers Beurteilungen nur dann, wenn zugleich das Lernpensum kalkuliert werden kann, und dies vor Beginn der Beurteilungsperiode. Schüler*innen kennen nicht nur die lehrerspezifischen Beurteilungsstrategien nicht, ausgenommen, was sie davon im Unterricht erleben, sie wissen vor allem nicht, was im Beurteilungszeitraum genau auf sie zukommt. „Hier wären transparente Programme mit möglichst realistischer Zeiterwartung zu entwickeln (S. 13).

Er nennt folgende Vorteile von Ziffernnoten (S. 2; s. auch 3.1.2):

1. Eine Skala von fünf oder sechs Noten erlaubt die Beschreibung einer Normalverteilung in der Klasse.
2. Die Beschreibung ist kurz und eindeutig.
3. Das Notenschema ist ein öffentlicher Standard und wird nicht nur in der Schule verwendet.
4. Das Schema lässt sich auf ökonomische Weise einsetzen und kommunizieren.
5. Probleme der Ausdeutung sind gering.

Wir führen noch folgende Argumente an:

- Wer sehr gute Noten erreicht, weiß, was er geleistet hat, und auch umgekehrt, wer schlechte erzielt, weiß, dass wenig bis nichts geleistet wurde – ohne viele Worte, für alle, auch Eltern verständlich und nicht verletzend – diese Sozialisation gelingt irgendwie und garantiert keine Vieldeutigkeit.
- Damit ein zweites: Anhand einer solch nüchternen Rückmeldung einer Ziffernnote und da immer auf ein Unterrichtsfach bezogen auch anhand eines sehr spezifischen Feedbacks, sehen die Schüler*innen und Eltern auch sofort ohne Aufhebens, wie die Schüler*innen innerhalb des Leistungskontinuums der Klasse liegen und ob und wie sie den Anforderungen der Schule entsprechen – auch hier: realistische eigene Einschätzung, Chancenabwägung im Vergleich zu den Mitschüler*innen, also Kontrolle und Selektion gelingen – irgendwie.
- Eine 1 auf dem Papier, mehr Ermutigung geht nicht! Eine 5 oder 6, mehr Klarheit geht auch nicht – und Forschungsergebnisse, die positive Auswirkungen von Verbalzeugnissen auf Lernfreude bestätigen könnten, sind wohl in der Breite eher ein Wunsch als empirische Realität. Dies hängt vielleicht damit zusammen, dass Schulangst vor allem bei Schüler*innen im unteren Leistungsbereich vorkommt – egal wie benotet wird! Wir sehen: Ein Ersatz von Ziffernoten durch verbale Urteile ist

allein nicht die Lösung, da braucht es eine andere Lernkultur – unabhängig von der Benotungsfrage.

Wir folgern: Aus einem lediglich formalen Messen wird ein inhaltliches Bewerten, die Unterscheidung von Zielerreicher*innen und Zielverfehler*innen gelingt – irgendwie.

3.1.4 Was könnte also die Lösung sein?

Bei einer Abwägung Verbal- vs. Ziffernbeurteilungen kommen Birkel und Tarnai (2018, S. 912ff.) zu folgender praktikablen Schlussfolgerung: Verbalbeurteilungen machen eigentlich nur Sinn in einem schülerorientierten und binnendifferenzierten Unterricht, der auf die individuelle Förderung der Schüler*innen ausgerichtet ist. Dabei weisen sie darauf hin, dass die individuelle Förderung durch Binnendifferenzierung und das Abfassen von Zeugnissen in Zukunft noch schwieriger werden dürfte. Als Argumente führen sie an, dass durch inklusiven Unterricht die Heterogenität in den Grundschulklassen noch deutlich größer werden könnte.

Wenn auch Ziffernnoten zu „Pseudoarithmetik“ (S. 914) verleiten, so sind sie doch ökonomisch, überschaubar und verständlich.

Der Informationsgehalt ist im unteren Skalenbereich (d. h. bei sehr guten Leistungen) geringer als im oberen. Einser Schüler*innen wissen wohl, was „richtig“ ist. Schlechte Noten besagen nichts über Art und Behebung des Defizits. „Daher sind vor allem im unteren Bereich Kommentare angebracht“ (S. 914). Die Autoren motivieren die Lehrkräfte dazu, sich selbst sowie den Schüler*innen die jeweilige Bezugsnormorientierung (vgl. 2.3) klarzumachen. Weiterhin warnen sie ausdrücklich: „Weitreichende Entscheidungen ohne das Korrektiv valider Tests zu treffen, ist unverantwortlich“.

Zusammengefasst lässt sich sagen, dass Verbalzeugnisse messtheoretisch nicht besser als Ziffernnoten sind. Denn eine Änderung der Mitteilungsform bedeutet für die Güte des diagnostischen Prozesses überhaupt nichts. Ein Ersatz von Ziffernnoten ausschließlich durch verbale Urteile ist nicht die Lösung. Da braucht es eine andere Lernkultur – unabhängig von der Benotungsfrage. Ein Fortschritt wäre es, wenn das Leistungs-Etikett Ziffernnote von Lernenden auch noch inhaltlich mit Kommentaren angereichert werden könnte.

Das letzte Wort zu diesem Punkt bekommt das Autorenteam um Lütgert (2001), die aufgrund ihres Forschungsprojekts über die Leistungsbeurteilung und -rückmeldung zu vorliegender Frage Verbal- vs. Ziffernbeurteilungen große empirische Expertise besitzen. So liegen Daten aus unterschiedlichen Hamburger Schularten von über 1400 befragten Schüler*innen, über 600 Lehrkräften und 1300 Eltern vor. Was hier über das Notenzeugnis ausgesagt ist, gilt auch für jede nach einer Schularbeit erteilten Note. „Notenzeugnisse mit Kommentarbogen sind, das zeigt die vorliegende Untersuchung, eine entwicklungsfähige, aber auch entwicklungsbedürftige Variante der Kombination von Zensur und erläuterndem Text. Sie wird von allen Befragten (Lehrkräften,

Schülerinnen und Schülern sowie Eltern) als eine Zeugnisform betrachtet, die Vorzüge von Berichtszeugnissen mit denen von Notenzeugnissen kombinieren kann“ (S. 43).

3.2 Welche Funktionen haben Noten?

Das Zitat von Oelkers (2001, S. 14) bildet eine Überleitung des soeben behandelten Punktes zu Folgendem:

> Der Ersatz {gemeint sind Verbalnoten} ist immer eine Reduktion, meistens von Leistungsanforderungen, die mit dem Verzicht auf Noten ihre Klarheit verlieren und mit endlosen Differenzierungen immer neue Aequivalente erzeugen. Letztlich geht es bei dieser Entwicklung um die Frage, ob eine selektive Leistungsschule gewollt ist oder nicht. Ist sie gewollt, verlangt sie möglichst eindeutige Systeme der Beschreibung und Beurteilung von Leistungen, also weder des Charakters noch der Person, sondern ausschliesslich dem, was Lehrkräfte offenbar gut können, nämlich die Verteilung der individuellen Leistungsfähigkeit im Blick auf ihre Klasse.

Neben dieser auf die Leistungsgesellschaft abzielende Funktion der Selektion kennen die Leser*innen möglicherweise aus eigener Schulerfahrung auch folgende Situation: Eine Lehrkraft hat eine Note nicht aufgrund einer erbrachten Leistung gegeben, sondern beispielsweise als „Disziplinierungsmaßnahme“ erteilt. Wie es da den Einzelnen ergangen ist, wissen diese Personen selbst am besten (vgl. P. 3.2.2).

Beide einleitenden Beispiele verdeutlichen, dass wir uns heute Schule ohne Leistungskontrollen und damit Zeugnisse gar nicht vorstellen können. Doch die Schulgeschichte zeigt, dass Schule lange Zeit ohne Leistungsbewertung ausgekommen ist (3.2.1). Schon der kurze Aufriss macht deutlich, dass Leistungserhebungen an Schulen durchaus verschiedene Funktionen erfüllen. Heute kann man sagen, dass im Laufe der Geschichte zwei Funktionen von Noten der Schule zugefallen sind, es wird unterschieden nach pädagogischen (3.2.2) und gesellschaftlichen (3.2.3). Ausführlich setzt sich Sacher (2014, S. 22ff.) mit den Funktionen von Noten auseinander, auf den wir uns hier unter anderem beziehen.

3.2.1 Geschichtlicher Exkurs

In der frühen Neuzeit hatten Zeugnisse die Funktion von Stipendien. Wichtige Vorläufer der heutigen Zeugnisse sind die Benefizienzeugnisse, die seit dem 16. Jahrhundert verbreitet waren. Darin bescheinigte man den Schüler*innen, dass sie auf Grund ihrer charakterlichen Eigenschaften und Leistungen verdienten, kostenlose Verpflegung und ein Stipendium zu erhalten. Die Benefizienzeugnisse erlaubten es also, unter den bedürftigen Schüler*innen diejenigen auszuwählen, die sich durch ihr Verhalten und ihre Leistungen als besonders förderungswürdig erwiesen. Kinder wohlhabender Eltern waren auf solche Zeugnisse nicht angewiesen und brauchten sich einer Auslese durch sie deshalb nicht zu stellen.

Eine ähnliche Funktion hatte ursprünglich das Abitur. Mit dem Abiturreglement von 1788 führte Preußen diese Prüfung ein, die von den Student*innen benötigt wurde, die ein Stipendium für die Universität beantragen wollten. Hinsichtlich der Studienberechtigung erfüllte das Abitur erstmals nur eine Selektionsfunktion für die unteren Schichten der Bevölkerung. Gleichzeitig wollte der preußische Staat mit Einführung des Abiturs das Niveau seines Beamt*innennachwuchses sicherstellen. Das Abitur erfüllte eine Qualifikationsfunktion also zunächst nicht für den Zugang zu den Universitäten.

3.2.2 Pädagogische Funktionen

Unbestritten in ihrer Bedeutung sind die nun folgenden ersten beiden zu nennen:

- **Rückmeldefunktion:** Anhand der Notenverteilung sollen Lehrkräfte den Erfolg ihres Unterrichts ablesen können. Für Schüler*innen und Eltern informieren die Noten über den Leistungsstand. Eine Note ist eine Art evaluatives Feedback. Dabei geht es um den Leistungsstand oder über die Korrektheit der Lösung. Seit Hatties Metaanalysen ist im Gegensatz zu früheren Sichtweisen der Fokus dieser Funktion inzwischen auch verstärkt auf das Lehrkräftefeedback gerichtet. „Lernen sichtbar machen" (Hattie, 2013) meint eben nicht nur, dass die Schüler*innen selbst um ihr eigenes Lernen Bescheid wissen, sondern eben auch die Lehrkräfte um den Lernprozess und Wissensstand ihrer Schüler*innen. Deshalb ist Feedback heute so wichtig und wird in diesem Buch in einem eigenen Punkt behandelt: „8. Feedback als Mittel zur Leistungserziehung und Motivation". Hiermit ist bereits eine weitere Funktion von Noten angesprochen:
- **Motivierungsfunktion:** Noten dienen den Schüler*innen als äußerer Anreiz, sich mit dem Lernstoff zu beschäftigen. Dabei ist hilfreich, neben Noten zusätzliche Informationen zu geben, wie es zur Note kam, was die Gründe hierfür sind (informatives Feedback). Doch es mag zunächst überraschend klingen, dass diese Funktion auch kritisch gesehen werden muss. Forschungsarbeiten zeigen, dass intrinsische Motivation durch extrinsische Beurteilung, hier in Form von Noten, verringert werden kann (Deci & Ryan, 1993). Will man bspw. bei Jugendlichen das Interesse an Büchern wecken, so erreicht man durch das Abprüfen von Fakten oft genau das Gegenteil. Bücher werden als Stressoren angesehen, was ursächlich zu Stress und schlechten Noten führt. Auch den sog. Korrumpierungseffekt kann man hier nennen. Damit ist gemeint, dass eine ursprünglich intrinsische Motivation durch extrinsische Motivation reduziert werden kann. Beispielsweise sind Schüler*innen motiviert, Bilder zu malen. Die Lehrkraft meint es gut und gibt hierfür auch gute

Noten. Doch wenn sie irgendwann nicht mehr jede Maltätigkeit positiv benotet, können die Schüler*innen ihre ursprüngliche Lust am Malen verlieren.

- **Disziplinierungsfunktion:** Über Rückmeldungen können gerade schlechte Noten einzelne Schüler*innen zu mehr Engagement und Aufmerksamkeit veranlassen. Die Betonung hier liegt auf „können". Dies ist eher dann der Fall, wenn sich Leichtsinn und Oberflächlichkeit breit zu machen drohen. Hier ist es auch pädagogisch angezeigt, einzelnen Schüler*innen oder einer Klasse als Ganzes anhand des Ergebnisses einer Prüfung zu demonstrieren, dass zusätzliche Anstrengung, höhere Konzentration und Sorgfalt vonnöten sind, um den Anforderungen zu genügen. Unter dieser Funktion darf nicht verstanden werden, Noten als Mittel beispielsweise von Disziplinierungsmaßnahmen zu erteilen In solchen Fällen sind Lehrkräfte als Erzieher*innen gefordert, sich mit pädagogischen Mitteln zu behelfen. Es darf nicht sein, dass Lehrkräfte ihre Machtposition ausnützen, indem sie ihre „pädagogische Freiheit" bei Prüfungen und Leistungserhebungen gezielt zum Nachteil aufmüpfiger Schüler*innen verwenden.
- **Nachteilsausgleich und Aussetzen der Note:** Eine Problematik inklusiven Unterrichts zeigt sich spätestens bei der Leistungsbewertung (vgl. im Folgenden Heimlich & Bjarsch, 2020, S. 271ff.). Das Autorenteam sieht als Lösung allein die Verwendung eines pädagogischen Leistungsbegriffs. Dieser bezieht sich auch auf die Leistungserhebungen. Hier gibt es je nach Bundesland unterschiedliche Regelungen. In Bayern bspw. greifen bei Lernzielgleichheit Nachteilausgleich und Notenschutz. Unter Nachteilausgleich versteht man Maßnahmen wie Zeitverlängerung, Vorlesen von Prüfungsaufgaben, Einsatz von speziellen Arbeitsmitteln wie Nutzung eines Laptops oder Extraraums. Ein Nachteilausgleich kann auch dazu führen, dass die damit erbrachten Leistungen als ungerecht empfunden werden.
  Notenschutz meint, dass unter gewissen Voraussetzungen bei der Benotung eines Faches ein bestimmter Bereich ausgespart werden kann (z.B. Hörverstehensprüfung in einer Fremdsprache bei Hörschädigung). Beide Fälle greifen nur bei Lernzielgleichheit. Ist es auf Grund eines individuellen sonderpädagogischen Förderbedarfs angezeigt, für Fächer andere Lernziele zu definieren, wird der Lehrplan des jeweiligen Förderschwerpunktes zu Rate gezogen und die Ziffernnote werden durch Verbalbeurteilungen ersetzt. Auch bei einer akuten psychischen Belastung kann temporär eine Note ausgesetzt werden.

3.2.3 Gesellschaftliche Funktionen

Die folgenden Funktionen stehen dem alltäglichen Tätigkeitsfeld der Lehrkräfte wesentlich ferner und dienen überwiegend außerunterrichtlichen und nichtpädagogischen Zwecken.

- **Berechtigungsfunktion:** Zensuren dokumentieren und legitimieren gegenüber befugten Dritten. Schulnoten sind ein einfaches und verständliches Mittel seitens der Politik, um die von ihnen getroffenen Entscheidungen zu begründen und zu rechtfertigen. Diese Funktion wird gerade beim Schreiben dieses Buches deutlich. Einerseits machten die Bildungs- und Gesundheitswissenschaften auf die Folgen der physischen und psychischen Spätschäden der in Folge der Pandemie geschlossenen Schulen aufmerksam. Andererseits verweist die Bildungspolitik auf die über alle Bundesländer hinweg sehr guten, z. T. besten Abiturdurchschnitte, die im Nachkriegsdeutschland je erzielt wurden. Möglicherweise hat hier der Milde-Effekt eine Rolle gespielt, nach dem Motto, die Jugendlichen hatten es schon schwer genug. So sind in die Noten verschiedene Faktoren eingeflossen, und bessere Abiturnoten bedeuten nicht automatisch, dass die Schüler*innen auch höhere Kompetenzen erworben haben.
- **Kontrollfunktion:** Zertifikate machen die Einhaltung der Schulpflicht sowie die Effekte schulpolitischer, organisatorischer und pädagogische Maßnahmen transparent. So werden die Lehrkräfte von der Dienstaufsicht ebenso wie von den Eltern in ihrem Tun kontrolliert. Wie widersprüchlich diese Funktion bei Lehrkräften ist, zeigt folgendes Dilemma: Einerseits gelten im Allgemeinen gute Noten als Indiz für erfolgreiches Unterrichten und Lernen, anderseits wird ein gewisser Anteil an schwachen Noten als Argument dafür genommen, dass die Lehrkraft etwas verlangt.
- **Sozialisationsfunktion:** Durch das Prüfungs- und Benotungssystem wird die nachwachsende Generation in die Leistungsorientierung eben einer Leistungsgesellschaft eingeübt – für viele ein Argument für Leistungsfeststellungen. Schulen bereiten auf kompetitive Strukturen vor, indem sie kompetitive Strukturen auch dort schaffen. Freilich könnten von Schulen aber auch Veränderungen ausgehen, d. h., sie müssten sich dem nicht vollständig beugen. Dies hat zur Folge, dass es primär darauf ankommt, Leistungen in Noten und dann Zeugnissen testiert zu bekommen, in dem der Nachweis tatsächlicher Kompetenz nachgeordnete Bedeutung hat. Noten leisten einen entscheidenden Beitrag zum sog. „cooling out". Eine Leistungsgesellschaft lebt davon, dass zunächst alle motiviert sind, zum Wettbewerb um die begehrten Positionen anzutreten. Davon hängt die Konkurrenzfähigkeit auf dem Weltmarkt ab. Bei den Erfolglosen muss eine Abkühlung der Motivation, eben das „cooling out" erfolgen, ihnen muss eine realistische Einschätzung ihrer Fähigkeiten vermittelt werden, sie müssen mit ihrem Misserfolg ausgesöhnt werden, allerdings verbunden mit den Kosten, dass dies für die Selbstkonzepte schädlich ist. Ein Weg hierzu ist über die Noten möglich: Die Ablehnung bei einer Bewerbung wird nach Möglichkeit einer Objektivierung unterworfen. Eine Ablehnung wird leichter akzeptiert, wenn man davon ausgeht, dass sie nicht auf willkürlichen Entscheidungen beruht. Einer Scheinobjektivität und Scheinexaktheit der Ziffernbenotung

kommt eine enorme Bedeutung zu, auch wenn die Wirklichkeit der Notengebung dem nicht immer entspricht (vgl. P. 4.2).
Im Hinblick auf Inklusion ist fraglich, ob bei allen Schüler*innen diese Funktion greifen kann, ob nicht gerade bei Schüler*innen mit Förderbedarf die Entwicklung der individuellen Möglichkeiten im Vordergrund steht.

- **Allokationsfunktions-, Klassifikations-, Selektionsfunktion:** Mit Zertifikaten werden Ausbildungs- und Arbeitsplätze oder Zugangsberechtigungen nach Leistung vergeben. Fend beschreibt die Allokationsfunktion in „Neue Theorie der Schule“ (2008, S. 50):

> Die dritte gesellschaftliche Funktion des Bildungswesens {nach Enkulturations- und Qualifikationsfunktion} bezieht sich direkt auf die Sozialstruktur einer Gesellschaft. Unter Sozialstruktur wird die soziale Gliederung einer Gesellschaft nach Bildung, Einkommen, Kultur und sozialen Verkehrsformen verstanden. Für die Zuordnung des Bildungswesens zur gesellschaftlichen Arbeitsteilung ist besonders das System von Positionsverteilungen einer Gesellschaft wichtig, das unterschiedliche Qualifikationen erfordert. Das Bildungswesen schafft über das Prüfungswesen Zuordnungen zwischen den Leistungen der Schüler*innenschaft und ihren beruflichen Laufbahnen. Wie die empirische Bildungsforschung gezeigt hat, ist dieser Prozess von der sozialen Lage des Elternhauses beeinflusst, sodass bei aller Offenheit der Bildungswege auch hier Reproduktionsformen der sozialen Struktur der älteren Generation in der jüngeren sichtbar werden. [Anmerkung: Sprache im Hinblick auf gendergerechte Formulierungen durch Autoren verändert]

Prüfungen und Berechtigungen etablieren bei den Schüler*innen die Stellung in der schulischen Leistungshierarchie, was sich dann auf die Sozialstruktur in der Gesellschaft auswirkt. Und Fend weiter: „Der Allokationsfunktion korrespondiert die Möglichkeit, den beruflichen Aufstieg und die berufliche Stellung durch eigene Lernanstrengungen und durch schulische Leistungen in die Hand zu nehmen. Das Bildungswesen wird dadurch zum Kontext der Planung individueller Bildungs- und Berufsbiografien, es wird zum zentralen Instrument der Lebensplanung“ (S. 53).
Gerade die Selektion in Deutschland nach der vierten Jahrgangsstufe von der Grundschule auf weiterführende Schulen (Ausnahmen Berlin und Brandenburg) ist vielfacher Kritik ausgesetzt. Sie erfolge zu früh, sei ungerecht, weil schichtspezifisch, setze zu sehr auf Prognose, zu wenig auf Bewährung, die Abgewiesenen würden stigmatisiert. Generell sei unsicher, ob nach Leistung selegiert werde, so der allgemeine Tenor derer, die eine frühe Selektion ablehnen.
Erst im Rahmen der PISA-Studien wurde sichtbar, dass das Bildungssystem in Deutschland am Maßstab westlicher Bildungssysteme gemessen zu dem selektivsten zählt und Kindern aus Facharbeiter*innenkreisen die geringsten Chancen eröffnen. In Deutschland sind für ein Kind der Bildungsschichten die Chancen 4-mal so hoch wie die eines Arbeiter*innenkindes, ein Gymnasium zu besuchen. Wenn man Jugendliche mit gleichen kognitiven Grundfähigkeiten und Lesekompetenz

vergleicht, bleibt die Chance immer noch 3-mal so hoch (Deutsches PISA-Konsortium, 2001, S. 357). Neuere Erhebungen schreiben diese Datenlage weitgehend fort: Aus dem Bericht „Bildung in Deutschland 2018" (Autor*innenengruppe Bildungsberichterstattung, 2018) geht hervor, dass Kinder der Altersgruppe ab 15 Jahren von Eltern mit Hochschulabschluss zu 58 % ein Gymnasium besuchen, jedoch nur 24 % der Kinder von Eltern mit einer Berufsausbildung oder einem vergleichbaren Abschluss (vgl. Abbildung B4-2, S. 54). Folgende Tabelle 7 ergibt ein ähnliches Bild.

Tabelle 7: Verteilungen von Schüler*innen auf Gymnasium und Hauptschule, differenziert nach Schulabschluss der Eltern (in %) (aus: Betz et al., 2022, S. 7)

Anteil Kinder von Eltern mit	am Gymnasium	in der Hauptschule
(Fach-)Abitur	66	17
Hauptschulabschluss/ohne Abschluss	8	55

„Der Abbau sozialer Ungleichheit stellt eine der dringendsten Aufgaben im Bildungswesen dar", so beginnt die Zusammenfassung einer aktuellen Expertise zur (Re-)Produktion sozialer Ungleichheit in der Schule im Auftrag der Bertelsmann Stiftung (Rutter & Weitkämper, 2022, S. 7). Doch dass dies nicht nur ein aktuelles Problem ist, zeigt bereits die Diagnose von Meulemann (1979). Soziale Ungleichheit im Bildungssystem ist „ein Stück sozialer Realität" und Chancengleichheit „ein normatives Postulat" (S. 15).

Den Einfluss der Eltern auf die Schulleistungen ihrer Kinder werden wir im Punkt 4.4 unter theoretischer Perspektive nochmals beleuchten.

Fend (2008) weist darauf hin, dass es nicht ausgeschlossen ist, dass vor Übergangsentscheidungen Lehrer*innenerwartungen eine subtile Rolle spielen. „Wir wissen bereits aus den alten Studien über die Objektivität der Notengebung, dass Informationen zur sozialen Herkunft von Schüler*innen die Beurteilung zu Gunsten von Kindern aus gehobenem Bildungshintergrund beeinflussen und dass Lehrer*innenerwartungen Leistungen steuern können (... Rosenthal & Jacobson, 1968)" (S. 43). „Wie die Konstruktion von ‚Gymnasialfähigkeit' von Kindern – etwa im Verlauf des 3. und 4. Schuljahres – erfolgt, ist bisher noch wenig untersucht. Hier spielen die Akteure Lehrerinnen und Lehrer, Eltern und auch Peers zusammen, wenn es um den Willen und die konstruierte Fähigkeit des ‚Gymnasiasten' bzw. der ‚Gymnasiastin' geht" (S. 43/44). Studien geben Hinweise, dass mit sinkender schulischer Ausbildung der Eltern die Punktezahl in Tests steigt, die erforderlich ist, um eine Gymnasialempfehlung zu bekommen (Allmendinger & Aisenbrey, 2002, S. 48). Hat der Vater einen Hochschulabschluss, dann reichen 65 Punkte, hat er nur einen Hauptschulabschluss, dann sind für die gleiche Empfehlung 82 Punkte nötig. Sacher (2014) macht darauf aufmerksam, dass mit der Selektion nicht nur die Zuweisung von Berechtigungen, sondern vielfach auch die Stigmatisierung der Abgewiesenen verbunden ist. Wenn die Hauptschule immer wieder in der Presse als Resteschule bezeichnet wird, müssen sich diese Schüler*innen als mehr oder weniger minderwertig abgestempelt fühlen – mit katastrophalen Folgen für die Persönlichkeitsentwicklung.

Da diese Problematik sozialer Ungleichheit im Augenblick besonders unter der Migrationswelle diskutiert wird, wird ein Exkurs eingefügt, an dem man die Vielschichtigkeit von Schulleistungen sehen kann und welche Beeinflussungen sich daraus ergeben.

Exkurs: Benachteiligung von Schüler*innen mit Migrationshintergrund

Der Sachverständigenrat deutscher Stiftungen für Integration und Migration hat Fakten zur Benachteiligung von jungen Menschen mit Migrationshintergrund im deutschen Bildungssystem in einem Papier zusammengestellt (Sachverständigenrat, 2019):

- Bei den drei- bis sechsjährigen Kindern ohne Migrationshintergrund liegt die bundesweite Betreuungsquote seit 2013 konstant zwischen 96 und 99 %. Bei den gleichaltrigen Kindern mit Migrationshintergrund lag sie 2018 bei 82 %. Vor dem Hintergrund, dass 63 % aller vier- bis sechsjährigen Kinder mit Migrationshintergrund zu Hause kein Deutsch sprechen, wird deutlich, dass die Kitas als Schlüsselposition, als erste Station zur „neuen Welt" verstanden werden.
- Jugendliche mit Migrationshintergrund sind an Hauptschulen über- und an Gymnasien unterrepräsentiert. Zudem belegen die verschiedenen Schulleistungsuntersuchungen, die in den letzten Jahren durchgeführt wurden, dass die Leistungen von jungen Menschen mit Migrationshintergrund weiterhin erheblich hinter denen von Gleichaltrigen ohne Migrationshintergrund zurückbleiben. Und diese Tatsache ist vor dem Hintergrund bedeutsam, dass Schulen Lebenschancen vergeben. Grund hierfür ist vor allem die Tatsache, dass Jungen und Mädchen mit Migrationshintergrund häufiger aus sozial benachteiligten Familienverhältnissen kommen und dort oft nicht die gleiche Unterstützung erfahren wie viele Gleichaltrige ohne Migrationshintergrund. Bei gleichem Bildungshintergrund der Eltern und gleicher sozioökonomischer Lage erzielen Jungen und Mädchen aus bestimmten Herkunftsgruppen (z. B. der spanischen oder vietnamesischen Herkunftsgruppe) sogar überdurchschnittlich gute Ergebnisse. Auch in der Schule treffen Schulkinder mit Migrationshintergrund öfter auf leistungshemmende Lernumgebungen. Besonders in Großstädten lernen sie häufig an sog. segregierten Schulen, die überwiegend Schüler*innen mit Migrationshintergrund und sozialer Benachteiligung unterrichten. Dabei hat der Zuwanderer*innenanteil an einer Schule für sich allein genommen keinen leistungshemmenden Effekt. Entscheidend sind vielmehr die soziale Zusammensetzung und insbesondere das durchschnittliche Lernniveau im Klassenzimmer.

Stellvertretend für Studien, die migrationsbedingte Benachteiligungen bei der Benotung zeigen, werden hier zwei relativ aktuelle Studien vorgestellt.

Ein Forscher*innenteam (Bonefeld et al., 2017) prüfte, ob sich Disparitäten bei der Leistungsbewertung von Schüler*innen mit Migrationshintergrund nach dem Übergang auf das Gymnasium zeigen. Untersucht wurde der Effekt des Migrationshintergrundes von Schüler*innen auf die Leistungsbewertung im Fach Mathematik bei Klassenarbeiten und Zeugnissen. Daten von 1487 Gymnasiast*innen und deren 56 Lehrkräften im Fach Mathematik zu fünf Messzeitpunkten (Beginn der fünften Klasse bis zum Ende der sechsten Klasse) zeigten, dass Schüler*innen nicht-deutscher Herkunft auch unter Kontrolle von Leistungen in standardisierten Tests signifikant schlechtere Klassenarbeits- und Zeugnisnoten erhielten. Der Effekt blieb im Zeitverlauf stabil. Diese Ergebnisse unterstützen die Hypothese, dass sich Urteilsfehler bei der Benotung von Leistungen von Schüler*innen mit nichtdeutscher Herkunft zeigen.

In Anlehnung an die klassische Studie zum Pygmalioneffekt im Klassenzimmer von Rosenthal und Jacobson aus dem Jahre 1968 konnten Bonefeld und Dickhäuser (2018) zeigen, dass angehende Lehrkräfte schlechtere Diktat-Noten für Schüler mit ausländischen Namen vergeben. 204 Studierende einer Pädagogischen Hochschule im Alter von durchschnittlich 23 Jahren haben an dieser Studie teilgenommen. Ihnen wurden identische Diktat-Texte vorgelegt, sie wiesen Fehler an den gleichen Stellen auf. Mal war das Diktat aber angeblich von einem Jungen namens Max, mal von einem Murat verfasst worden. Ausschlaggebend für die unterschiedliche Benotung war allein der Name dieser männlichen Schüler: Während die eine Gruppe ein Diktat von „Max“ benotete, erhielt die andere Gruppe ein identisches Diktat, allerdings von „Murat“. Die Anzahl der gefundenen Fehler war dabei gleich, unabhängig davon, ob das Kind vermeintlich Deutsch oder Türkisch war. Dennoch leiteten die Beurteiler*innen aus der gleichen Anzahl von Fehlern unterschiedliche Noten ab – mit Nachteil für den vermeintlich türkischen Schüler Murat. Offensichtlich liegt das Problem also nicht in der Ermittlung der Fehler, sondern in der Notensetzung (dazu nähere Ausführungen in 4.2).

3.2.4 Ein Abwägen der unterschiedlichen Funktionen

Leistungsbeurteilung, d. h. Noten und Zeugnisse, greift zu kurz, wenn man sie nur als Erfordernis und Abbild der Leistungsgesellschaft versteht. Sie muss auch und insbesondere den Lernenden bei der Entwicklung von Individualität, Mündigkeit und Selbstständigkeit helfen. Auf dem Weg dorthin geht es darum, die einzelnen Schüler*innen zu fördern und sie dabei zu unterstützen, den für sie richtigen Berufsweg zu finden. Leistungsbeurteilung ist damit auch im Dienste pädagogisch-diagnostischer Entscheidungen zu sehen. Bei der Verwirklichung in der Praxis zeigt sich hierbei ein andauerndes Spannungsfeld zwischen schulischer Leistungsbewertung und individueller Persönlichkeitsentwicklung, wie es bei der Behandlung des pädagogischen Leistungsbegriffs aufgezeigt wurde (1.2.1).

Breidenstein (2018) plädiert dafür, beide Positionen der pädagogischen und gesellschaftlichen Funktionen im Blick zu haben, nämlich erstens radikale Kritik an Notengebungen, vor allem gespeist aus reformpädagogischen Traditionen und zweitens Legitimität für die Praxis der Notengebung.

Da Schule in den Rahmen einer leistungsorientierten Gesellschaft eingebettet ist, wird klar, dass schulische Bildung trotz aller pädagogischen Zielsetzungen zwangsläufig immer einen selektiven Charakter annimmt und so auch gerechtfertigt wird. Viele Pädagog*innen sehen das anders, wie mehrere Beiträge des Friedrich Jahresheftes 2022 zum Thema „Leistung: ermöglichen & beurteilen“ zeigen: Peter Fauser spricht in seinem Artikel vom „pädagogischen Weckruf,“ und Krassimir Stojanov titelt seine Überschrift „Warum ‚Leistung‘ kein tragendes Prinzip von Bildungsgerechtigkeit sein kann“.

Für Fauser (2022) scheint die Tatsache, dass Noten zur Schule gehören, „wie in Stein gemeißelt, trotz aller Kritik daran, dass sie nicht halten, was sie versprechen“ (S. 32). Als radikalste Erklärung hierfür bietet er die Analyse der französischen Soziologen Bourdieu und Passeron in „Die Illusion der Chancengleichheit“ (1971). Die Schule suggeriert einen strukturell verankerten Schein von Gleichheit. Alle Schüler*innen sind gleich alt, in der gleichen Klasse, haben dieselben Lehrkräfte, den identischen Stoff und werden nach den gleichen Maßstäben bewertet. Bei dieser Gleichbehandlung aller müssen Erfolg und Versagen als das Ergebnis individueller Leistung erscheinen. Doch zunehmende Wachstumsgrenzen und digitale Globalisierung führen zur Auflösung der Mittelschicht mit der Folge, dass der gesellschaftliche Tauschwert zertifizierter Leistungen verfällt. „Die Koppelung zwischen Leistungsgesellschaft, Leistungsprinzip und Leistungsbeurteilung verliert ihren elementaren Anker, auch in der Schule“, so analysiert Fauser (S. 33). Der Blick müsste sich, so Fauser, weg vom Problem einer rationalen Leistungsbeurteilung hin auf die Frage nach Leistungen richten, die das Überleben und menschenwürdige Verhältnisse sichern. Dies bedeute, dass Kinder für ihr Lernen weder Noten noch Vergleichsurteile bräuchten. Sie bräuchten Schulen, die mit Vielfalt und Diversität proaktiv umgehen. An die Stelle der Konkurrenzgesellschaft müsste eine Kultur der Solidarität treten.

Stojanov (2022) nennt eine leistungsgerechte Bildungsverteilung eine „Antiutopie“ und führt hierfür zahlreiche Argumente an, obwohl sie von den meisten Bildungspolitiker*innen und Bildungswissenschaftler*innen als Ideal postuliert wird:

- Schüler*innen sind in aller Regel noch unmündige Menschen, die als nicht eigenverantwortlich für ihre bildungsbezogenen Handlungen angesehen werden können. Schulen setzen Eigenverantwortlichkeit und Leistungsfähigkeit voraus, die sie jedoch erst kultivieren müssen.

- Was als Leistung in der Schule gilt, ist durch ihre institutionelle Logik mitbedingt, die wiederum den soziokulturellen Mainstream abbildet. Unterprivilegierte Schichten werden exkludiert.
- Entwicklung von Leistungsfähigkeit und -bereitschaft hängt stark von Herkunft und familiärer Sozialisation der Kinder ab.
- Herkunftsbenachteiligungen sind gut dokumentiert sowie die von Lehrkräften ausgehenden persönlichen Sympathien bzw. Vorurteile (vgl. die soeben angeführten beiden Studien in 3.2.3).
- Wichtige Bildungsdimensionen wie Selbstreflexion sind wegen ihrer Individualität und Kontextualität in einem quantifizierbaren Vergleich nicht bewertbar.
- Leistungsstarke Schüler*innen werden durch quantifizierbare Leistungsvergleiche gezwungen, sich in der Schule ausschließlich auf ihre Noten zu fixieren, und so verzichten sie darauf, das Schulleben auch als einen Bereich ihrer Persönlichkeitsbildung zu betrachten.
- Damit sich die Aneignungen von Inhalten in vergleichbare Notengebungen quantifizieren lassen, sehen sich Lehrkräfte gezwungen, die Fachinhalte verarmend zu vermitteln. So lässt sich ein tiefgreifendes Verständnis dieser Inhalte und ein Interesse an ihnen kaum wecken.
- Lehrkräften wird eine Doppelrolle aufgezwungen. Einerseits sind sie eine vertrauensvolle Bezugsperson für ihre Schüler*innen, andererseits sind sie staatlich beauftragte Chancenverwalter*innen.

Stojanov sieht Bildungsgerechtigkeit nicht als „Leistungsgerechtigkeit“, sondern als „Anerkennungsgerechtigkeit“.

Im Sinne der soeben aufgezeigten pädagogischen Positionen gibt Beate Wischer (2022) ihrem Artikel die Überschrift „... die Sympathie gilt ‚stets der Erziehung und nicht der Selektion‘“. Sie belässt es jedoch nicht bei dieser Sichtweise und geht im Sinne einer Ausbalancierung „den pädagogisch unliebsamen Zusammenhängen näher auf den Grund“ (S. 16). Das gesellschaftliche Platzierungsproblem bleibt bestehen, auch wenn ein von gesellschaftlicher Allokation befreites Schulsystem als „Eintritt in das pädagogische Schulparadies“ (Terhart, 2001, S. 106) erscheinen könnte. Es muss ein Kriterium geben, mit dem sich angesichts des meritokratischen Leistungsprinzips auf Leistung bezogene Unterschiede abbilden lassen. So gäbe es Möglichkeiten, schulisches Lernen von berechtigungsrelevanten Beurteilungen zu entlasten. Denkbar wären Prüfungen erst ganz am Ende der Schulzeit. Auch aufnehmende Institutionen könnten Prüfungen ansetzen. Einer der Autoren erinnert sich gut, dass nicht die damals genannte Volksschule über einen Wechsel an ein Gymnasium entschied, sondern das aufnehmende Gymnasium eine sog. mehrtätige Aufnahmeprüfung durchführte, bei der ein Aufsatz, ein Diktat und eine Rechenprüfung zu absolvieren waren. Wischer geht auf zwei Argumente ein, die die Legitimität von Entscheidungen betreffen. Schüler*innen lernen das Regelsystem der Zuordnung zu unterschiedlichen Leistungspositionen besser zu akzeptieren, wenn ihnen frühzeitig vorgeführt wird, dass solche Zuordnungen auf Unterschiede in der Leistung zurückzuführen sind. Entscheidungen für Fördermöglichkeiten im Bildungssystem sind permanente Auswahlentscheidungen im Hinblick darauf, welches Angebot für welche Schüler*innen geeignet oder nicht geeignet ist. Empirisch bleibt die Frage offen, ob bei einer Auslagerung der Selektionsfunktion aus der Schule das milieuspezifische Reproduktionsmuster nicht noch stärker der Fall wäre. Dadurch schwinden nämlich die Möglichkeiten einer pädagogisch wünschenswerten Korrektur auf die soziale Ungleichheit von Platzierungsprozessen. Wischer schließt ihren Beitrag mit der Empfehlung, „dass man das Verhältnis von Erziehung und Selektion doch besser stets im Blick behalten sollte“ (S. 19).

Was sich abschließend sagen lässt: Sachers Satz, der noch 2014 in seinem Punkt „Selektion und Stigmatisierung“ schreibt: „Die Selektionsentscheidungen sind meist viel zu endgültig“ (S. 23), möchten wir gerne heute umschreiben: Die Selektionsentscheidungen sind heute in einem zunehmend durchlässigeren Schulsystem nicht mehr so endgültig. Sie haben den Charakter der Stigmatisierung weitgehend verloren. Das Schulsystem zeigt sich offen für Korrekturen bezüglich einstmals vielleicht zu früh getroffene Schullaufbahnentscheidungen. Dabei sollte die Durchlässigkeit nach oben noch stärker genutzt werden. Wer hierfür Belege und Beispiele sucht, sei auf den Punkt 2.4 verwiesen.

Fazit

Verbal- oder Ziffernbeurteilungen? Die Antwort dieser Frage löst das messtheoretische Grundproblem nicht. Denn eine Änderung der Mitteilungsform bedeutet für die Güte des diagnostischen Prozesses zunächst überhaupt nichts. Ein Ersatz von Ziffernnoten ausschließlich durch verbale Urteile ist nicht die Lösung. Da braucht es eine andere Lernkultur – unabhängig von der Benotungsfrage.

Die Funktionen der Leistungsfeststellung sind sehr vielfältig. Bei genauem Hinsehen werden auch diametral entgegengesetzte Anforderungen an die Praxis deutlich: Für die Selektions- bzw. Auslesefunktion sind Leistungsdaten erforderlich, doch für Förderfunktionen wie Motivierung sind wohl eine differenzierte Leistungsentwicklung und verbale Informationen über den aktuellen Leistungsstand sinnvoller.

Reflexionsfragen für eine Lehrkraft

Was spricht dafür, dass ich die Ziffernnoten meiner Schüler*innen jeweils auch noch inhaltlich mit kurzen Kommentaren anreichere? Was spricht dagegen?

4 Beeinflussungsfaktoren der Beurteilung von Schulleistungen

Das „Angebots-Nutzungs-Modell der Wirkungsweise von Unterricht“ stellt das der-zeit wohl prominenteste Wirkmodell innerhalb der empirischen Schul- und Unterrichtsforschung dar (Helmke, 2012; 2022) (vgl. Abbildung 3). Über den engen Horizont von Unterricht hinaus wird in diesem Modell Unterricht als ein umfassendes systemisches Phänomen betrachtet. Die Bedingungen des Erfolgs von Unterricht werden nicht nur im absichtsvollen Handeln von Lehrkräften gesehen, sondern Erfolg ist das Ergebnis komplexer Rahmenbedingungen.

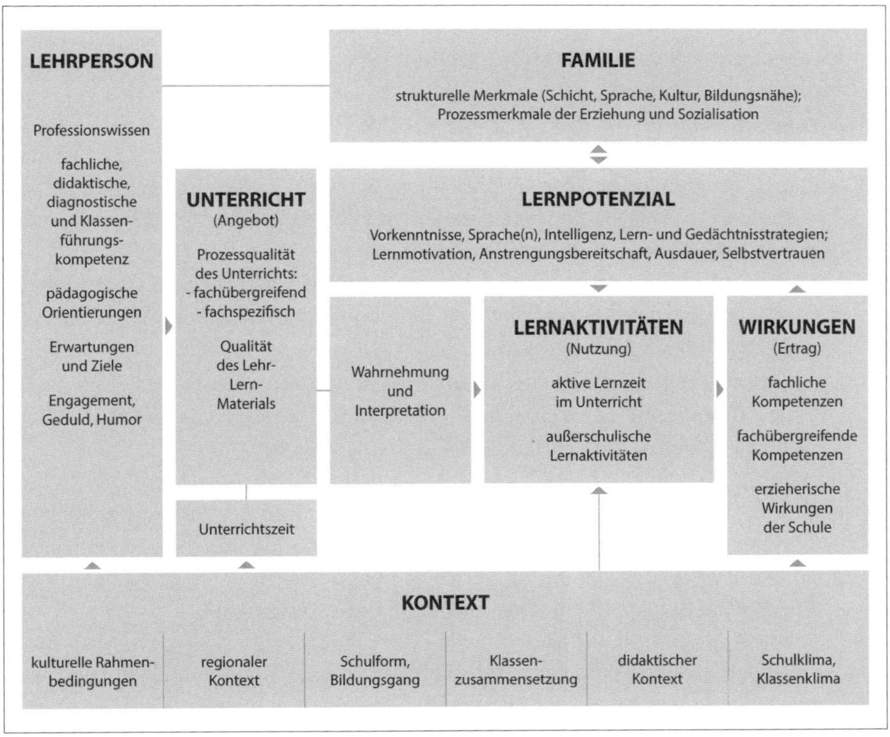

Abbildung 3: Angebots-Nutzungs-Modell der Wirkungsweise von Unterricht (nach Helmke, 2012, S. 71)

Es erfasst zentral den Unterricht als Angebot, die Lernaktivitäten der Schüler*innen als Nutzung und die fachlichen und überfachlichen Wirkungen des Unterrichts als Ertrag. So kommt es zum Begriff des Angebots-Nutzungs-Modells. Zugleich integriert es Merkmale auf der Personenebene von Lehrkräften und Schüler*innen und unterschiedliche Kontextmerkmale. Zentral sind folgende Erklärungsblöcke:

- **Lehrperson:** Hier geht es vor allem um die unterrichtsrelevante Expertise, die eine Lehrperson besitzt: Dazu zählen die fachwissenschaftliche und fachdidaktische Expertise, ergänzt um die Expertise in den Bereichen Klassenführung und Diagnostik. Zum anderen gehören hierher Personenmerkmale wie schul- und unterrichtsrelevante Werte, Ziele und Orientierungen, eigene Vorstellungen zu Konzepten des Lehrens und Lernens, die Bereitschaft zur Selbstreflexion und ein berufsbezogenes Selbstvertrauen.
- **Unterrichtsqualität:** Hier geht es um Merkmale guten Unterrichts, wie sie Meyer (2004) oder auch Hattie (2009) aus der Literatur abgeleitet haben. Wie gesagt, Unterricht führt nicht automatisch zur erwünschten Wirkung. Über die Lehrkräfte wird ein Angebot gemacht. Der Nutzen führt über das Lernpotenzial und die Lernaktivitäten der Schüler*innen.
- **Lernpotenzial/Individuelle Eingangsvoraussetzungen:** Hier sind die individuellen Eingangsvoraussetzungen, d. h. die kognitiven, motivationalen und volitionalen Lernvoraussetzungen der Schüler*innen gemeint, konkret die Intelligenz und das Vorkenntnisniveau, Lernstrategien, Fähigkeitsselbstkonzept, Leistungsangst und Lernmotivationen sowie Lernemotionen.
- **Lernaktivitäten:** Hier geht es um die aktive Lernzeit innerhalb und außerhalb des Unterrichts. Und diese Lernaktivitäten führen letztendlich dann erst zu den Wirkungen des Unterrichts.
- **Kontextvariablen/Familie:** Hierher gehören zunächst Merkmale der Einzelschule wie die Zusammensetzung der Klasse, die räumliche/personale Ausstattung, die Zusammenarbeit im Kollegium, die Rolle der Schulleitung und gemeinsame Zielsetzungen. Hierunter zählen als weitere Kontextmerkmale lokale und gesellschaftliche Rahmenbedingungen, wie z. B. Strukturmerkmale des Bildungswesens wie Gliedrigkeit des Schulwesens, Lehrplanvorgaben, Qualifikation des Lehrpersonals. Auch der Einfluss der Familie ist hier zu verorten. Es geht um das soziale und kulturelle Kapital der Familie und um elterliche Unterstützung.

Das Modell verdeutlicht, dass Unterrichten immer nur im Kontext aller Ebenen sinnvoll betrachtet werden kann. Unterrichtliches Handeln, und damit auch die Leistungsbeurteilung, die zentrale Variable im vorliegenden Buch, lassen sich nur mit Blick auf den sie rahmenden Kontext verstehen. Fend (2008) thematisiert in seiner „neuen Theorie der Schule“ eigens den Leistungsaspekt von Schule. Er analysiert den Kontext von Leistungserwartungen und auch -beurteilungen und folgert, dass Schüler*innen in Schulen keinem anonymen Regelsystem der Leistungsbeurteilung begegnen. Sie erleben es vielmehr in Handlungsweisen und Deutungsmustern durch Lehrkräfte, die Mitschüler*innen und die Eltern. Diese Bezugspersonen von Schüler*innen können dem Prüfungs- und Selektionssystem eine sehr unterschiedliche Färbung geben (S. 103/104):

- Lehrkräfte können Leistungsbeurteilungen nutzen, um Schüler*innen für Disziplinierung zu missbrauchen, Schüler*innen damit Missachtung entgegenbringen oder sie können sie emotional abfedern, das Positive von Leistungen betonen, Ermutigung in den Vordergrund stellen.
- Auch Mitschüler*innen können auf gute oder eher schwache Leistungen unterschiedlich reagieren, sie ebenfalls positiv oder negativ aufnehmen (Fend, 1977).
- Für Eltern trifft dies noch verstärkt zu, da sie existentiell an guten Leistungen ihrer Kinder interessiert sind. So können sie ihre Kinder zusätzlich bestrafen, indem sie Leistungsprobleme ihrer Kinder tadeln oder sie können kompensierend ihre Kinder emotional stützen.
- Auch der kulturelle Kontext des Lebensraumes, in dem Kinder aufwachsen, kann den Einfluss von Schule moderieren. In ländlichen Kreisen mögen noch andere Werte im Vordergrund stehen als im „modernen" urbanen Kontext.

Fend weist also darauf hin, dass moderierende Kontexterfahrungen im sozialen Umfeld auf die Leistungsbewertungen von Schüler*innen einwirken. Schulische Erfahrungsfelder konstituieren also das Selbst einer Person, welches in der Gestalt von Einschätzungen der eigenen Leistungsfähigkeit das Handeln – das ganze Leben hindurch – beeinflussen kann. Dabei entwickeln Heranwachsende Theorien darüber, wie ihre Leistungen zustande kommen, warum sie etwas nicht gut können (Attributionsstile). Im unglücklichsten Falle erklären sie alles zu ihren Ungunsten, auch Erfolge, Misserfolg natürlich erst recht. Da es in diesem Buch vorrangig um Leistungsbeurteilungen geht, sind Leistungserfahrungen von Schüler*innen nur ein Ausschnitt aus der Gesamtheit von Begegnungen im sozialen Kontext. Stichworte wie Erfahrungen mit der Kultur eines Gemeinwesens oder mit sozialen Beziehungen sollen hier genügen.

In Anlehnung an diese Ausführungen von Fend und Orientierung an Helmkes Angebots-Nutzungs-Modell werden in diesem Punkt näher die zentralen Faktoren Schule (4.1), Lehrkräfte (4.2), Mitschüler*innen (4.3) und Eltern (4.4) unter der Perspektive untersucht, welchen Einfluss sie auf die Beurteilung von Schulleistungen haben. Es geht ausdrücklich nicht um eine Darstellung der Determinanten von Schulleistung. Hierzu mangelt es nicht an Publikationen. Eine sehr kompakte und doch umfassende Zusammenfassung bieten bspw. die Artikel von Brühwiller et al. (2017) oder von Brühwiller und Helmke (2018). Vielmehr werden Faktoren behandelt, die die Beurteilung von Schulleistungen beeinflussen – zugegebenermaßen lassen sich beide Sichtweisen nicht überschneidungsfrei trennen.

4.1 Wie beeinflusst Schule die Schulleistungen?

Die Schule hat institutionell die Pflicht, in ihren Beurteilungsstrategien von anderen Kriterien als denen der Leistung abzusehen. Herkunft, Sympathie oder Hautfarbe dürfen offiziell keine bewertungsrelevanten Merkmale sein. Ferner ist für die Beurteilung einer Person nicht ihr gesamter Charakter heranzuziehen; es muss vielmehr eine Beschränkung auf Leistungsmerkmale erfolgen. Dass die Wirklichkeit anders aussieht, konnten wir in 3.2.3 nachweisen.

Weiterhin ist Schule so organisiert, dass Schüler*innen nach Alter homogen zusammengesetzt werden. So entsteht innerhalb von Schulklassen ein Vergleichsstandard. Dadurch kann jede(r) Schüler*in an diesem Vergleichsstandard gemessen werden und sich gleichzeitig mit allen andern anhand dieses Maßstabes vergleichen. Diese nach Alter homogene Zusammensetzung ermöglicht weiterhin allen Schüler*innen die Erfahrung, im gleichen Boot wie die andern zu sitzen, insbesondere was die Merkmale der sozialen Umgebung und die Art der Behandlung durch die Lehrkräfte angeht.

Dreeben (1980) thematisiert auf der Grundlage des Leistungsprinzips in homogenen Gruppen mögliche negative Nebenwirkungen der Organisation Schule. Aufgrund der Tatsache, dass viele Tätigkeiten in der Klasse öffentlich beurteilt werden, werden die Schüler*innen mit Botschaften konfrontiert, die ihnen signalisieren, was sie geleistet haben und wie gut sie sind. Als Ergebnis spielt die Schule mit dem Selbstrespekt ihrer Schüler*innen. Sie sind dem Urteil von Autoritätspersonen und dem der Altersgleichen ausgesetzt, die ihnen in vielerlei Hinsicht ähnlich sind. Sie sind durch dieses Urteil verletzbar. „Wenn das Kind zu Hause herauszufinden versucht, ob es geliebt wird, so versucht es in der Schule, Sicherheit zu gewinnen, ob es eine wertvolle Person ist (Dreeben, S. 38).

Fend (2008) nennt das Bildungssystem einen Entwicklungskontext der Humangenese (S. 56). Er bezieht sich auf Dreeben (1968; 1980), der nicht davon ausgeht, dass die leistungsorientierten Werthaltungen und Kompetenzen gezielt von Lehrkräften gelehrt werden. Sie sind kein von ihnen didaktisch aufbereitetes Programm. Nicht die Menschen erziehen in Bildungssystemen, sondern die situativen Strukturen und die damit zusammenhängenden institutionellen Reglemente trainieren die in ihnen enthaltenen Normen und Werte. „Nicht was Schülerinnen und Schüler hören, sondern was sie erfahren, prägt ihre Haltungen“ (Fend, 2008, S. 77). Die vorfindbare schulische Ordnung lässt sich als Erziehungskontext bewerten. Und Fend fragt nun, wer sich in diesem Kontext besonders wohl fühlt und sich behaupten kann. Dabei verweist er auf einen Aufsatz von Mannheim aus dem Jahre 1930 mit dem Titel „Über das Wesen und die Bedeutung des wirtschaftlichen Erfolgsstrebens“. Darin unterscheidet Mannheim den „nach Erfolg strebenden“ vom „kontemplativen“ Menschentyp. Und ersterer Typ wird von dem existierenden Schulsystem belohnt: „Es liegt auf der Hand, dass so über Hunderte von Stunden und Prüfungen die Haltung des Erfolgsstrebens in Seele und Körper des heranwachsenden und bildsamen Menschen eingeschrieben wird“ (Fend,

2008, S. 81). Demgegenüber wird das Leben des „Kontemplativen" in der Schule zur peinigenden Qual, er neigt zur Minimierung der eigenen Aktivität im Gegensatz zu den nach Erfolg Strebenden, die nicht in sich gehen, sondern auf Eindruck und Wirkung ausgerichtet sind. Dies beeinflusst Lehrkräfte in ihrer Beurteilung ihrer Schüler*innen.

Schule, repräsentiert in Lehrkräften, beeinflusst also die Beurteilung von Schulleistungen.

In der Summe lassen sich folgende Wirkungsbereiche im Umfeld von schulischen Leistungsforderungen festhalten (vgl. Fend, 1997, S. 107):

- Die Schule ermöglicht den Aufbau von Zielen und Aspirationen zu Bildungslaufbahnen und zu Berufswegen und strukturiert damit den Lebenslauf.
- Schulische Erfahrungsfelder konstituieren das Selbst einer Person mit, das in der Gestalt von Einschätzungen der eigenen Leistungsfähigkeit das Handeln – das ganze Leben hindurch – beeinflussen kann. Dabei entwickeln Heranwachsende Theorien darüber, wie ihre Leistungen zustande kommen, warum sie etwas nicht gut können (Attributionsstile). Im unglücklichen Falle erklären sie alles zu ihren Ungunsten, auch Erfolge, Misserfolg natürlich erst recht. Diese Erklärungstheorien beeinflussen auch das Ausmaß der Selbstakzeptanz und der Selbstwertschätzung.
- Die Schule übt in das System der Arbeitserledigung ein, in die komplexe Regulation der Aufgabenerledigung, also Ausdauer, Persistenz, Genauigkeit, Durchhaltevermögen usw.
- Sie konditioniert emotionale Reaktionen in Anforderungssituationen und in Autoritätssituationen, die in der Form von Angst oder Unerschrockenheit, in der Form von Stolz oder Scham sich ins Leben fortpflanzen.

4.2 Wie beeinflussen Lehrkräfte die Schulleistungen?

Ach, wären die Klassen doch kleiner, dann würde mir neben den ganzen Fördermöglichkeiten auch die Beurteilung der Leistungen meiner Schüler*innen leichter fallen, ein typisches Stöhnen von Lehrer*innenseite. Diese Fehlannahme möchten wir hier gleich zu Beginn thematisieren, weil die Beurteilung von Schulleistungen von anderen Faktoren abhängig ist.

Wild und Rost (1995) gehen der Frage nach, ob Lehrkräfte kleinerer Klassen die kognitiven Fähigkeiten ihrer Schüler*innen genauer einschätzen können als Lehrkräfte größerer Klassen. Zudem untersuchen sie, ob die Anzahl der wöchentlichen Unterrichtsstunden in der Klasse und die Berufserfahrung mit der Güte der Leistungsbeurteilung zusammenhängen. Bei 6120 Drittklässler*innen aus 331 Klassen wurden verschiedene Facetten kognitiver Fähigkeiten erfasst. Unabhängig davon schätzten die Klassenlehrkräfte die kognitiven Fähigkeiten ihrer Schüler*innen ein. Die Genauigkeit der Lehrkräftediagnostik weist eine erhebliche Spannweite auf, die von annähernd zufälligen Übereinstimmungen zwischen Test- und Lehrer*innenurteil bis hin zu nahezu perfekten Vorhersagen der klasseninternen Rangreihe intellektueller Fähigkeiten reicht. In kleineren Klassen sind die Fähigkeitseinschätzungen unzutreffender als in größeren Klassen.

Übrigens deutet der von Hattie (2009) berichtete insgesamt nur schwach positive Effekt einer kleineren Klassengröße auf den Lernerfolg (d = 0.21) darauf hin, dass Schulleistungen nicht einfach von der Klassengröße abhängig sind. Vielmehr ist entscheidend, dass das Potenzial kleinerer Klassen auch wirklich genutzt wird, etwa durch eine stärkere Individualisierung des Unterrichts (vgl. Brühwiler & Helmke, 2018). Natürlich haben kleine Klassen auch potenzielle Vorteile. Beispielsweise ist das Unterrichten in kleineren Klassen weniger anstrengend. Und weil das so ist, wird oft von Lehrkräften kritisiert, dass man die Klassengröße allein vor dem Hintergrund der Leistung thematisiert.

Die Befunde beider aufgeführter Studien besagen nicht notwendigerweise, dass es in größeren Klassen nicht doch schwieriger sein könnte, die Fähigkeiten einzelner Schüler*innen treffend einzuschätzen. Möglicherweise, so folgern die Autoren Wild und Rost, werden solche mit größeren Klassen verbundenen Schwierigkeiten durch vermehrten Aufwand der Lehrer*innen kompensiert. So belegt die Literatur, dass in kleineren Klassen die Wahrnehmung des Unterrichts positiver ist als in großen, dies betrifft auch die Häufigkeit der Schüler*innenkontakte und die Vertrautheit mit der Lehrkraft (Ditton, 2002). Umgekehrt sind in größeren Klassen individuelle und informelle Beurteilungsvorgänge eher weniger möglich.

4.2.1 Diagnostische Kompetenz als eigenständige Kompetenz

Diagnostische Kompetenz meint die Fähigkeit von Lehrkräften, Schüler*innen treffend zu beurteilen (vgl. Schrader, 2006, S. 95).

Die Diagnose des Lern- und Leistungsverhaltens hat die Verbesserung des Lernens und die zutreffende Erteilung von Qualifikationen zum Ziel (Ingenkamp, 1992). Diese Definition impliziert auch eine prognostische Kompetenz, d.h. eine Einschätzung der künftigen Entwicklung von Schüler*innen, wie sie z.B. bei Übertrittsentscheidungen notwendig ist.

Schrader (1989) führte im deutschsprachigen Raum eine große Untersuchung zur diagnostischen Kompetenz von Lehrkräften durch. Im Rahmen der Scholastik-Längsschnittstudie analysierte er 39 Hauptschulklassen der 5. Jahrgangssutfe mit insgesamt 811 Schüler*innen. Dabei ließen sich keine Zusammenhänge nachweisen zwischen der diagnostischen Kompetenz einerseits und Personenmerkmalen wie allgemeiner Berufserfahrung, jahrgangsspezifischer Unterrichtserfahrung, Fachkompetenz oder individueller Bezugsnormorientierung andererseits. Dies dürfte an dem relativ großen Erklärungsabstand zwischen der Diagnosekompetenz und den verhaltensfernen Lehrer*innenmerkmalen liegen. Ebenfalls gibt es keine Zusammenhänge zu ausgewählten Unterrichtsaspekten wie Klassenführung, Klarheit, Lehrkräfteengagement oder Lehrkraft-Schüler*innen-Beziehung. Die Fähigkeit einer Lehrkraft, guten Unterricht zu halten, hängt nicht mit ihrer diagnostischen Kompetenz zusammen.

Schrader und Helmke (1987) konnten zeigen, dass zwischen der diagnostischen Kompetenz und dem Lernerfolg der Schüler*innen keine einfache lineare Beziehung besteht, sondern das Ausmaß der Förder- und Strukturierungsmaßnahmen berücksichtigt werden muss: „Ist die diagnostische Kompetenz hoch und werden viele Strukturierungshilfen gegeben, ist das für den Lernerfolg [...] optimal“ (S. 93). Demgegenüber fällt die Leistungssteigerung besonders niedrig aus, wenn trotz hoher diagnostischer Kompetenz keine didaktischen Förder- und Strukturierungsmaßnahmen ergriffen werden. Helmke (2003) bezeichnet die Diagnosekompetenz deshalb als „Katalysatorvariable“ (S. 94).

Die vorliegenden Ergebnisse deuten darauf hin, dass folgende Wirkungskette lang und eher komplex als linear ist: Diagnostische Kompetenz – aktuelle Diagnostik – didaktisches Handeln – Lernaktivitäten der Schüler*innen – Schüler*innenleistungen.

Schraders Studie zeigt, dass Diagnoseleistungen unabhängig von zahlreichen Personenmerkmalen einer Lehrkraft und Unterrichtsmerkmalen sind, d. h., diagnostische Kompetenzen sind kein einfaches Korrelat von Merkmalen, die eine „gute“ Lehrkraft ausmachen. Sie lassen sich von anderen unterrichtsrelevanten Merkmalen abgrenzen und bilden eine eigenständige Kompetenz.

In Bezug auf Intelligenz kann festgestellt werden, dass Korrelationen zwischen Lehrkräfteurteilen und Intelligenzmaßen der Schüler*innen meist in leicht geringerer oder vergleichbarer Höhe liegen wie Korrelationen zwischen Lehrkräfteurteilen und Schüler*innenleistungen. Wild (1991) fasst den Schwankungsbereich mit $.40 < r < .70$ zusammen. Der mögliche Schluss, dass Lehrkräfte gute Diagnostiker*innen der Schüler*innenintelligenz seien, relativiert sich jedoch vor dem Hintergrund, dass sich Lehrkräfte bei der Beurteilung intellektueller Potenziale sehr stark an der schulischen Performanz orientieren (Rost & Hanses, 1997).

Die Übereinstimmung zwischen Lehrkräfteurteilen und motivationalen bzw. affektiven Schüler*innenmerkmalen wurde selten unter dem Aspekt der Akkuratheit von Lehrkräfteeinschätzungen untersucht (vgl. Spinath, 2005). Für schulische Fähigkeitsselbstwahrnehmungen bestehen zwischen Schüler*innenselbstberichten und Lehrkräfteeinschätzungen mittlere Zusammenhänge ($.30 < r < .60$). Die Stärke der Zusammenhänge nimmt dabei mit zunehmendem Alter der Schüler*innen ab. Bei schulischer Lernmotivation ergeben sich nur geringe positive Zusammenhänge ($r < .30$). In Bezug auf schulische Leistungsängstlichkeit bestehen keine oder nur sehr schwache positive Zusammenhänge. Zusammenfassend ist festzustellen, dass die Zusammenhänge zwischen Lehrkräfteeinschätzungen und Schüler*innenmerkmalen scheinbar umso stärker sind, je enger das einzuschätzende Merkmal mit schulischen Leistungen einhergeht.

Diese Befunde konnten in einer Studie von Spinath (2005) repliziert werden. Von 723 Grundschulkindern wurden Intelligenzkennwerte sowie Selbstberichte über schulische Fähigkeitsselbstwahrnehmungen, Lernmotivation und Schulängstlichkeit herangezogen. Die zeitgleiche Einschätzung der 43 Klassenlehrkräfte für die vier untersuchten Schüler*innenmerkmale erreichte durchschnittlich nur geringe Akkuratheit. Aufgrund ihrer Ergebnisse schlägt Spinath vor, auf die Verwendung des Begriffs der diagnostischen Kompetenz zu verzichten, solang „damit die Fähigkeit zu treffenden Beurteilungen von Personenmerkmalen gemeint ist. Aussagen bezüglich der Genauigkeit von Lehrkräfteurteilen müssen nach Schüler*innenmerkmal und Akkuratheitskriterium spezifiziert werden" (S. 94).

Rost und Hanses (1997) gehen der Frage nach, ob Lehrkräfte in der Lage sind, die besonders herausragende intellektuelle Kompetenz von Schüler*innen unabhängig von ihren gezeigten, eher schwächeren Schulleistungen zu erkennen. Es geht also um die Frage, ob Lehrkräfte sog. hochbegabte Underachiever identifizieren können, also Schüler*innen, die aufgrund ihrer Intelligenz mehr leisten müssten als sie tatsächlich leisten. Klassenlehrkräfte beurteilten die intellektuelle Kompetenz von über 7000 Kindern der dritten Jahrgangsstufe. Die Identifikation hochbegabter Schulkinder mit überdurchschnittlichen Schulleistungen fällt recht passabel aus, Hochbegabte mit nur durchschnittlichen oder unterdurchschnittlichen Schulleistungen werden jedoch nicht als solche erkannt: Je schlechter der Notendurchschnitt der Hochbegabten, desto schlechter die Identifikationsleistung. Dieser Befund scheint darin begründet zu sein, dass die Lehrkräfte für ihre Entscheidung die Performanz (Schulleistung) implizit stärker gewichten als die Kompetenz (intellektuelle Fähigkeiten).

Komponenten diagnostischer Urteile

Fragt man nach der Genauigkeit diagnostischer Urteile, so sind drei voneinander unabhängige Komponenten zu unterscheiden (vgl. Helmke, 2003, S. 96f.):

- Niveaukomponente: Wie zutreffend ist das Lehrer*innenurteil? Schätzt eine Lehrkraft die Schüler*innen im Mittel zu gut, gerade richtig oder zu schlecht ein?
- Streuungskomponente: Hier geht es um den Vergleich der Verteilungsform zwischen einem Kriterium (z.B. Testergebnis) und den Lehrkraftangaben. So mögen Beurteiler*innen die Tendenz zur Mitte haben und Randurteile vermeiden.
- Rangordnungskomponente: Schätzt eine Lehrkraft die Rangordnung oder Fähigkeitsabstufung zwischen verschiedenen Schüler*innen richtig ein?

4.2.2 Beurteilungsfehler

Erwartungseffekte

Bei der Behandlung der Benachteiligung von Schüler*innen mit unterschiedlicher sozialer Herkunft und mit Migrationshintergrund wurde das Phänomen der Erwartungseffekte bereits angesprochen (3.2.3).

Der Erwartungseffekt kann sich auf Schüler*innenleistungen auswirken und somit als Hebel fungieren, positiv wie negativ auf die Schüler*innenleistung einzuwirken. Die Bedeutung, die der Erwartungseffekt in den Sozialwissenschaften hat, mag man an der Vielzahl gebräuchlicher Begriffe ablesen. Synonym werden gebraucht: „sich selbst erfüllende Prophezeiung" („self-fulfilling prophecy"), „Rosenthal-Effekt", „Versuchsleiter-Effekt", „Pygmalioneffekt".

Die beiden amerikanischen Psychologen Rosenthal und Jacobson (1968) führten in einem Feldexperiment zu Beginn eines Schuljahres einen Intelligenztest bei allen Kindern der 18 Klassen einer Grundschule durch. Dann gaben sie den Lehrkräften die Namen einzelner Schüler*innen, die dem Testergebnis zufolge eine „ungewöhnlich gute schulische Entwicklung" nehmen sollten (insgesamt 20% der Schüler*innen). Die Namen der „Hochbegabten" waren wiederum streng nach dem Zufallsprinzip ausgewählt. Acht Monate nach dem ersten IQ-Test wurde dieser wiederholt. Dabei war die IQ-Steigerung bei den 20 % der Schüler*innen, die eine „ungewöhnlich gute schulische Entwicklung" nehmen sollten, deutlich größer als bei dem Rest der Schüler*innen. Da außer der Information an die Lehrkräfte über das vermeintliche Leistungspotenzial alle anderen Bedingungen konstant gehalten wurden, kommt als einziger Grund für die IQ-Steigerung die Erwartungshaltung der Lehrkräfte gegenüber diesen Schüler*innen infrage. Während bei den höheren Schulklassen die Lehrer*innenerwartung nur einen geringen Einfluss auf die IQ-Leistung der Schüler*innen hatte, war der Effekt bei den Schüler*innen der ersten und zweiten Klassen am größten.

Exkurs

Wenn man um die Bedeutung von Pygmalion in der griechischen Mythologie weiß, wird klar, weshalb der soeben beschriebene Effekt auch Pygmalioneffekt genannt wird. Pygmalion war ein Bildhauer aus Zypern. Er schafft eine Frauen-Statue aus Elfenbein, in die er sich verliebt. Am Festtag der Göttin Venus bittet er sie beim Opfer am Alter, die Statue zum Leben zu erwecken und ihm zur Frau zu geben. Er kommt heim und beim Erfühlen des Pulses erkennt er ihre angebliche Belebung. Schließlich beginnt die Statue zu sprechen. Pygmalion wird sein größter Wunsch erfüllt. (Nachzulesen bei Ovid in den Metamorphosen)

Wenn auch die aufsehenerregende Pygmalion-Studie zu Effekten der Lehrer*innenerwartungen im Laufe der Zeit Zweifel an der urspr. Wirksamkeit aufkommen ließ, so sieht man dieses Phänomen heute deutlich differenzierter. Derjenige Effekt der Lehrer*innenerwartung, von dem die Pygmalion-Forschung ihren Ausgangspunkt nahm, nämlich die Wirkung auf die Intelligenz der Schüler*innen, fällt am schwächsten aus. Belegt sind Auswirkungen auf die Schulleistungen, Einstellungen und Schüler*innenverhalten. Hughes (2012) spricht von „students' behavioral adjustment and academic achievement" (S. 319). Die Studien von Schweer und Thies (vgl. Schweer et al., 2017) zeigen, dass das Vertrauen der Lehrkraft in die Arbeit der Schüler*innen mit deren Zufriedenheit und pädagogischem Erfolg verbunden ist.

Erklärung von Erwartungseffekten

Wie kommt es nun zu den Erwartungseffekten? Intensiv wurde in der Forschung nach Mediator-Variablen gesucht. Das vermittelnde Verhalten des Pygmalioneffekts lässt sich auf die Dimensionen von Emotion und Anstrengung reduzieren (Ludwig, 2010). Demnach bringen Lehrkräfte ihre positiven Erwartungen zum Ausdruck, indem sie eine positivere emotionale Beziehung zu den entsprechenden Schüler*innen aufbauen und sich stärker um diese kümmern.

Dabei sind Lehrkräfte- und Schüler*innenerwartungen als ein zirkulärer Prozess aufzufassen:

- Leistungsbezogenes Selbstvertrauen ist abhängig von der Lehrkräfte-Schüler*innen-Beziehung: Lehrkräfte lassen ihr Bild von Schüler*innen in deren Beurteilung eingehen, was sich wiederum auf die Selbsteinschätzung der Schüler*innen auswirkt.
- All diese Lehrer*innenreaktionen beziehen Schüler*innen auf sich und beziehen diese bei ihren Überlegungen mit ein. Sie führen eine Art „Hochrechnung“ durch, wie ihr schulischer Erfolg möglicherweise aussehen wird (vgl. Brunner & Noack, 2010, S. 425f.). Ihr Handeln wird bestimmt von einem Abwägen des antizipierten Erfolges gegen die antizipierten Kosten.

Halten wir also fest: Erwartungseffekte der Lehrkräfte lenken die Wahrnehmung und Beurteilung des Verhaltens der Schüler*innen und wirken so wiederum auf das Verhalten der Lehrkraft gegenüber einzelnen Schüler*innen zurück.

Weitere Beurteilungsfehler

Im Laufe der Jahrzehnte wurden zahlreiche Studien zur Beurteilung von Schüler*innenleistungen initiiert. Zu den empirisch gut belegten Fehlern bei der Urteils- und Eindrucksbildung zählen

- Referenzfehler: Schüler*innen werden in Kategorien eingeordnet oder in Schubladen gesteckt. „Er ist ein guter Mathematiker“, dies Urteil mag für die Klasse passen, in der er gerade sitzt, jedoch nicht generell. Dieser Fehler resultiert i. d. R. aus der Orientierung an einer sozialen Bezugsnorm (vgl. 2.3).
- Halo-Effekt: Ein globaler Allgemeineindruck bestimmt die Wahrnehmung einzelner Merkmale. Man schließt von einer oder mehreren bekannten Eigenschaften einer Person auf unbekannte. Ein vorherrschender Eindruck strahlt auf andere Merkmale ab. Etymologisch geht dieses Ausstrahlen auf das englische Wort halo = Heiligenschein zurück, welches sich wiederum vom altgriechischen halos, dann

lateinisch halos über das Mittellateinische = Hof des Mondes herleitet. Deshalb wird der Halo-Effekt auch Hof-Effekt genannt.

- Logischer Fehler: Dieser ähnelt dem Halo-Effekt. Von einem beobachteten Merkmal wird auf ein anderes geschlossen, das mit dem beobachteten als verbunden angenommen wird. So schließt bspw. eine Lehrkraft von einem differenzierten mündlichen Ausdruck auf gute schriftliche Gesamtleistungen. Oder wenn Schüler*innen vorzügliche Leistungen in Mathematik erbringen, dann wird angenommen, dass ihre Leistungen auch in Physik sehr gut sein müssen. Wenn solche Schlüsse im Allgemeinen zwar auch nicht unsinnig sind, so können sie im Einzelfall doch in die Irre gehen.
- Beharrlichkeitstendenz: Lehrkräfte rücken von einem bereits gefällten Urteil bei späteren Beurteilungen nicht ab.
- Reihungseffekt und rhythmische Schwankungseffekte: Unter dem Eindruck, „Es können doch nicht alle gleich schlecht sein“ werden nach anfänglicher strengerer Beurteilung im Laufe bessere Noten gegeben, oder das Gegenteil kann der Fall sein.
- Kontrasteffekt: Nach einer Serie von sehr guten Leistungen wird eine mittelmäßige Leistung tendenziell als schlecht bewertet
- Milde- oder Strenge-Effekt/„motivierende“ versus „selektive“ Notengebung: Darunter versteht man die Beurteilungstendenzen, entweder sehr schlechte oder sehr gute Noten zu vermeiden.
- Tendenz zur Mitte/zentrale Tendenz: Auch dies ist eine Beurteilungstendenz, bei der eine Lehrkraft das Geben von Extremwerten zu vermeiden sucht.
- Wissen-um-die Folgen-Fehler: Es erfolgt eine mildere Beurteilung bei absehbar negativen Folgen für die Schüler*innen, nicht umgekehrt.
- Physische Attraktivität: Diese kann ein Vorteil bei der Vergabe von Noten darstellen, wie das Autorenteam Dunkake, Kiechle, Klein und Rosar (2012) in einer Studie nachgewiesen hat.

Merkmale der Beurteiler*innen: Implizite Theorien

Alle Beurteilungen, und damit auch Lehrkräfteurteile, basieren auf hochkomplexen Wahrnehmungs- und Verarbeitungsleistungen, von denen hinlänglich bekannt ist, dass sie keine unvoreingenommene und vollständige Abbildung der objektiv gegebenen Umwelt leisten. Verschiedene Forschungsansätze stellen Bezüge zur Urteilsbildung von Lehrkräften her (vgl. Hofer, 1986).

Hofers viel zitierte Untersuchung aus dem Jahr 1981 zeigt, dass Lehrkräfte bei der Beurteilung ihrer Schüler*innen auf implizit angenommene Eigenschaftsstrukturen zurückgreifen. Sie greifen auf Schüler*innentypen zurück, die weitgehend zeitstabil sind. Bei der Analyse ergaben sich fünf Cluster, die aus der Sicht der Lehrkräfte als Typen von Schüler*innen interpretiert wurden:

- die Intelligenzler, die als begabt, fleißig, diszipliniert und aktiv eingeschätzt wurden;
- die Arbeiter*innen, die als bescheiden, ruhig und sensibel und mit hoher Begabung, Anstrengung und Disziplin wahrgenommen wurden;
- die Indifferenten, die als verschlossen, schüchtern und ruhig beschrieben wurden;
- die Quirle, die als aktiv, mit schlechtem Arbeitsverhalten und niedriger Disziplin galten;
- die Schlechten, die bei unzureichender Begabung und mangelnder sozialer Aktivität als desinteressiert eingeschätzt wurden.

Hier werden noch zwei weitere Studien angeführt, die auf Ungleichbehandlung unterschiedlicher Schüler*innengruppen seitens der Lehrkräfte hindeuten.

- Brophy und Good (1976) konnten aufgrund von Interaktionsbeobachtungen nachweisen, dass Lehrkräfte, die ihre Schüler*innen leistungsmäßig besser einschätzten, anders behandelten. Sie bemühten sich z. B. bei den leistungsstärkeren Schüler*innen mit mehr Geduld um eine Antwort, bei den leistungsschwächeren tendierten sie dazu, die gestellte Frage selbst zu beantworten oder ein anderes Kind aufzurufen.
- Petillon (1982) beschäftigte sich mit der Frage, welche Schüler*innen bei den Lehrkräften beliebt sind und welche nicht. Seine Studie führt er anhand einer Stichprobe von 60 Grundschulklassen durch, die Ergebnisse sind also erstmal nicht auf andere Schularten übertragbar. Nach der Einschätzung der befragten Lehrkräfte verteilen sich die Schüler*innen auf folgende vier Gruppen:
  - sehr beliebte: 16 %
  - beliebte: 30 %
  - weniger beliebte: 26 %
  - unbeliebte: 28 %

Auf folgende zwei Zusammenhänge wird hier eingegangen: Der Zusammenhang zwischen Beliebtheit und Leistung wird aus Tabelle 8 ersichtlich. Die sehr beliebten Schüler*innen haben bessere Noten, sind folgerichtig seltener Klassen-Wiederholer*innen und erhalten mehr Übertrittsempfehlungen für das Gymnasium.

Tabelle 8: Zusammenhang zwischen Beliebtheit und Leistung (aus: Ulich 2001, S. 97, Abbildung 23)

	Notendurchschnitt	Klassenwiederholer*innen	Übertrittsempfehlung für		
			Hauptschule	Realschule	Gymnasium
sehr beliebte	2,3	2 %	15 %	23 %	62 %
unbeliebte	3,9	31 %	88 %	5 %	7 %

In Tabelle 9 wird der Zusammenhang zwischen Beliebtheit und Konformität deutlich. Beliebt sind die Schüler*innen, die sich gegenüber den schulischen Normen und den entsprechenden Lehrkräfteerwartungen konform verhalten.

Tabelle 9: Zusammenhang zwischen Beliebtheit und Konformität (aus: Ulich, 2001, S. 98, Abbildung 24)

	Konformität		
	hoch	mittel	niedrig
sehr beliebte	67 %	26 %	7 %
unbeliebte	7 %	17 %	76 %

Bei diesen von Petillon berichteten Ergebnissen geht es nicht um eine Ursache-Wirkungskette, doch allein die Ergebnisse sind gut verständlich: Warum sollen Lehrkräfte gerade die Schüler*innen mögen, die schwache Leistungen erzielen und deren Arbeit eher missbilligen? Und ebenso: Warum sollen Schüler*innen, die für ihre schwachen Leistungen und für nonkonformes Verhalten getadelt werden, dadurch zum Lernen motiviert werden und zur Lehrkraft ein positives Verhältnis aufbauen können?

Vang (2013) hat unterschiedliches Lehrkräfteverhalten systematisch untersucht. Anhand vieler Beispiele (S. 150/1) zeigt er auf, wie Lehrkräfte gerade leistungsschwächere Schüler*innen benachteiligen. Gründe hierfür liefert er auch gleich mit, die natürlich auch als nachträgliche Rationalisierungen seitens der Lehrkräfte verstanden werden können. In Tabelle 10 wird eine Auswahl vorgestellt.

Tabelle 10: Benachteiligung von leistungsschwachen Schüler*innen im Unterricht (Quelle: eigene Tabelle)

Beispiele	Gründe
wenig Zeit geben, um Fragen zu beantworten	Annahme, dass die Schüler*innen die Frage sowieso nicht verstehen oder nicht beantworten können
für Fehler kritisieren	bloßstellen, was sie noch nicht wissen
weniger häufig loben für erbrachte Leistungen	diese Leistungen werden als selbstverständlich erachtet
weniger offenes Feedback geben	Vorurteile gegen zu „einfache" Leistung
den Schüler*innen weniger Aufmerksamkeit schenken	Orientierung am Durchschnitt oder den Leistungsstärkeren
weniger häufig aufrufen	für weniger kompetent halten
weiter nach hinten setzen	in der Komfortzone bleiben, mit Leistungsstarken arbeitet es sich leichter
weniger verlangen	sowieso unterschätzen (Vorurteile)
engmaschig beobachten	die Schüler*innen könnten ja nicht aufpassen
weniger freundliche Interaktionsmuster	eher negative Einstellungen
kürzeres Feedback geben	die Antwort war ja eh nicht so gut und wichtig
weniger Raum für eigene Ideen geben	die Schüler*innen werden eher als Zuhörer*innen, weniger als Akteur*innen wahrgenommen

4.2.3 Lehrkräfte – inkompetente Diagnostiker*innen? Was tun?

Sind also Lehrkräfte inkompetente, weil „ungenaue" Diagnostiker*innen? Um ein Maß für die Urteilsgenauigkeit zu bilden, bedarf es eines Vergleichskriteriums. Im Bereich schulrelevanter Leistungen sind dies meist Schulleistungstests. Doch Helmke (2003) warnt vor einem unreflektierten Bezug auf solche Vergleichsstandards:

> Je nach Testsituation und Rahmenbedingungen können in die Testleistung auch andere Personaspekte mit eingehen, z. B. Leistungsängstlichkeit […] oder einfach Anstrengungsbereitschaft. […] Es ist keineswegs von vorneherein gesagt, dass Testleistungen ‚bessere' oder ‚verlässlichere' Messungen als das Lehrkräfteurteil sind. Welche der beiden Zugänge die geeignetere Messung ist, […] ist je nach den Umständen und dem Urteilsgegenstand unterschiedlich zu beantworten (S. 93).

Möglichkeiten zur Verbesserung der diagnostischen Kompetenz

Neben einem grundsätzlichen Wissen um die in diesem Punkt besprochenen Effekte lässt sich bei der Notengebung eine dreifache Forderung ableiten:

1. Die subjektive Beurteilung muss durch eine objektive ersetzt werden. Dies setzt Standards oder einen übergreifenden „Bezugsmaßstab“ voraus.
2. Das objektive Kriterium sind die vom Lehrplan geforderten Lernziele, unabhängig von den in einer Klasse vorhandenen Leistungsunterschieden.
3. Dafür müssen am Lehrplan orientierte diagnostische Instrumente entwickelt werden.

Dies sind natürlich von Wissenschaftler*innen vorgetragene Maximalforderungen. Demgegenüber steht die gelebte Praxis, die zeigt, dass die Lehrkräfte in ihrer täglichen Arbeit mit dem Geschäft der Notengebung relativ souverän umgehen können.

Es wurde bereits angesprochen, dass Lehrkräfte bei ihrer Wahrnehmung von Schüler*innen auf Schüler*innentypen zurückgreifen, die weitgehend zeitstabil sind (Hofer, 1981). Lehrkräfte sollten während des Unterrichts stets sensitiv sein gegenüber Verhaltens-, Wissens- und Motivationsänderungen der Schüler*innen. Grundlage der Diagnose sollte das jeweils beobachtete Verhalten und kein allgemeines (scheinbares) Wissen über die jeweiligen Schüler*innen sein. Diese Offenheit für das jeweilige, situationsspezifische Verhalten von Schüler*innen – z. B. die Wahrnehmung erwartungskonformer und erwartungswidriger Veränderungen der Schulleistungen – ist eine Grundvoraussetzung kompetenten diagnostischen Handelns. Damit sind keine formalen Diagnoseleistungen gemeint, bei denen es unter Einhaltung der psychometrischen Gütekriterien um theoriegeleitete und kontrollierte Datenerhebungsprozesse geht. Im Mittelpunkt stehen vielmehr informelle Diagnoseleistungen, die beim alltäglichen erzieherischen Handeln vollzogen werden. In ihrer Gesamtheit ermöglichen diese eine zutreffende Diagnostik und die Einleitung von Fördermaßnahmen.

Seit der Diskussion um die „Fragwürdigkeit der Zensurengebung“ gibt es Versuche, die Messqualität mündlicher und schriftlicher Arbeiten zu verbessern. Die Vorschläge reichen von Kriterienkatalogen, durch die festgelegt wird, welcher Leistungsaspekt wie zu werten ist, von detailliert ausgearbeiteten Fehleranalysen bis hin zur Konstruktion formeller und informeller Schulleistungstests, die sich im Grad der unterschiedlichen Einhaltung der klassischen Gütekriterien unterscheiden (vgl. Ingenkamp, 1992).

Nach Schrader (1989) können die Voraussetzungen für eine zutreffende Diagnostik bereits bei der Vor- und Nachbereitung des Unterrichts geschaffen werden:

> Durch eine genaue Durchdringung des Stoffs, etwa den Versuch, mögliche Verständnis- und Vermittlungsschwierigkeiten zu antizipieren, kann der*die Lehrer*in indirekt auch bessere Voraussetzungen für eine differenzierte Informationsaufnahme und damit für eine genaue Leistungsbeurteilung schaffen (Schrader, 1989, S. 49; gendergerechte Sprache durch die Autoren).

Im Sinne eines „Micro-Teaching“-Trainings haben Wahl, Weinert und Huber (1984) praktische Übungen für Lehrkräfte vorgeschlagen: Dabei stellt eine Lehrkraft den Schüler*innen selbstständig zu lösende Aufgaben, sagt dann, wie die Klasse als Ganzes, aber auch einzelne Schüler*innen bei diesen Aufgaben abschneiden werden, und vergleicht schließlich die eigenen Vorhersagen mit den tatsächlich erzielten Ergebnissen.

Möglicherweise führt bereits der selbst auferlegte Zwang, präzise Vorhersagen zu formulieren, zu einer Verbesserung diagnostischer Kompetenz. Weitere Verbesserungen sind zu erwarten, wenn Lehrkräfte Diskrepanzen zwischen vorhergesagten und tatsächlich eingetretenen Leistungen dazu nutzen, nach Gründen für diese erwartungswidrigen Ergebnisse zu suchen. So identifizieren sie beispielsweise nicht vermutete Kenntnislücken und Lernschwierigkeiten. Das Einleiten von Fördermaßnahmen, die sorgfältige Beobachtung ihrer Wirkungen und die daraus resultierenden Korrekturen dürften eine günstige Strategie sein, um die diagnostische Kompetenz zu verbessern.

Trotz aller Bemühungen: Bei einer Beurteilung lassen sich Fehlurteile nicht verhindern. Letztendlich kommt es auch hier darauf an, ein Gespür zu haben, das zwischen theoretischem Wissen und dem konkreten Fall vermittelt. Dieses Gespür hat Herbart den „pädagogischen Takt“, Kant die „Urteilskraft“ genannt.

4.3 Wie beeinflussen (Mit-)Schüler*innen die Schulleistungen?

Bräu (2022) weist in ihrem Aufsatz darauf hin, wie sowohl Lehrkräfte als auch Schüler*innen über die Art und Weise, wie sie Rückmeldungen im Unterricht gestalten, Schulleistungen beeinflussen können. So können gute Leistungen solche Schüler*innen für sich verbuchen, „die zum einen entschlüsseln, welche Verhaltensnorm gerade gilt, also welche Spielräume genutzt werden können und welches Verhalten sanktioniert wird, und zum anderen, was inhaltlich gefragt ist“ (S. 10). Schüler*innen also, die die expliziten und impliziten Leistungskriterien und Verhaltensnormen erkennen und das gefragte Wissen dann in regelkonformer Weise präsentieren – seien es allein ein Stichwort oder ausformulierte Sätze als Antwort oder das Mitliefern von Begründungen – sind gerade im Unterrichtsgespräch und/oder in mündlichen Prüfungen im Vorteil. So pflegt jede Lehrkraft für sich zu regeln, was für sie als gute Leistung gilt, und kommuniziert dies bewusst oder unbewusst in der Klasse. Man spricht hier von sog. Orientierungspraktiken.

Auf Lehrer*innenseite nennt Bräu noch sog. Kulanzpraktiken, wenn sie großzügig über Fehler hinwegsehen, ungenaue Antworten korrigieren oder nur „gute Leistungen“ betonen und über schwächere hinwegsehen.

Auf Schüler*innenseite spricht Bräu von sog. Imagepraktiken. Darunter versteht sie, wenn Schüler*innen sich selbst als fleißig, klug und aufmerksam inszenieren. Kulanz ist ja eigentlich etwas Positives. Doch wenn nun je nach solchen Imagepraktiken Lehrkräfte unterschiedlich Kulanz pflegen, können sich Leistungszuschreibungen festigen, Leistungsunterschiede manifestiert werden, obwohl sie nicht eindeutigen Maßstäben folgen.

Fend (2008, S. 71) konnte empirisch nachweisen, dass sich in Klassen Normstrukturen ergeben, d. h. Kriterien der Wertschätzung und Ablehnung. In Schulklassen findet ein Prozess statt, in dem die Leistungsforderungen der Schule entweder positiv oder eher negativ interpretiert und verarbeitet werden. Um Leistungsbeurteilungen und um akzeptiertes Leistungsverhalten drehen sich unzählige Gespräche und Anspielungen unter Mitschüler*innen, die deren Leistungsbereitschaft unterschiedlich beeinflussen können.

Fend weist weiter auf Zusammenhänge zwischen unterschiedlichen Wertkulturen in Klassen und deren moderierenden Einfluss auf Noten hin (S. 110ff.). Sie gruppieren sich häufig um die Art und Weise, wie auf die formellen schulischen Erwartungen reagiert wird. Es gibt Klassen, in denen Schüler*innen mit guten Noten geachtet und solche, in denen sie geächtet werden. In Klassen, die schulfreundlich und leistungsfreundlich sind, harmonieren Gefühle des Stolzes auf die eigene Leistung mit einer Anerkennung durch Mitschüler*innen. Gute Noten erhöhen die Zufriedenheit und stärken eine positive Haltung zur Schule. In Klassen, in denen die dominante Kultur unter Mitschüler*innen eher schulfeindlich ist, löst sich diese Harmonie auf (Specht & Fend, 1979). Leistung und soziale Anerkennung bei Mitschüler*innen geraten in Konflikt mit der Konsequenz, dass dieser Konflikt zu Lasten von Schulleistungen endet.

4.4 Wie beeinflussen Eltern/Familien die Schulleistungen?

Fend (2008, S. 113) kann basierend auf seinen Forschungen konstatieren, dass, wenn es um eine Wirkungsanalyse der Schule ging, die Eltern anfangs nicht im Zentrum des Interesses standen. Dies sollte sich im Verlauf der verschiedenen Untersuchungen ändern. Die Forschung zur Art und Weise, wie „Schule“ im Raum der Familie verarbeitet wird, rückte immer deutlicher in den Vordergrund. Und es ergaben sich klare Hinweise auf die große Bedeutung der Eltern. Wie Informationen über schulischen Erfolg und Misserfolg in der Familie aufgenommen und an die Kinder in der Form von Belohnung und Anregung, von Beaufsichtigung und Kontrolle weitergegeben werden, wirkt sich auf die Leistungsangst und das Selbstvertrauen der Kinder deutlich aus. Fend spricht davon, dass die Möglichkeiten der Eltern asymmetrisch sind: Verhalten sie sich positiv, kann sich der schulische Anforderungskontext wie hoher Leistungsdruck selbstwertdrückend und angsterzeugend auswirken. Sie können also in der Sprache Fends ausgedrückt „ihre Kinder durch positives ‚Coaching‘ nicht generell vor belastenden Erfahrungen in der Schule schützen“ (S. 113). Sind sie dagegen umgekehrt aber eher überfordernd und negativistisch unzufrieden, dann wird auch ein positiver schulischer Kontext neutralisiert.

Fakt ist: Bildung und Lernen beginnen nicht erst in der Schule. Es existieren diverse institutionelle Bildungskontexte. So erbringen Familien spezifische Leistungen, die mit dem Zugang zu Kultur und Bildung zu tun haben. In Abschnitt 3.2.3 haben wir Auswirkungen des sozioökonomischen Status auf die Schullaufbahn der Kinder besprochen. Hier gehen wir auf die Bildungsprozesse ein, wie sie in Familien ablaufen.

Bildungsprozesse in Familien

Brake (2011) nennt einige Besonderheiten, die den Bildungsort Familie von anderen institutionellen Bildungskontexten unterscheidet: Die Familie bleibt die als zeitlich langandauerndste Instanz bildungsrelevant.

- Die Mitglieder einer Familie adressieren sich wechselseitig in ihrer individuellen Ganzheitlichkeit, d. h. hinsichtlich der leiblichen, sozialen, emotionalen und kognitiven Entwicklung.
- Die Bildungsprozesse in Familien sind in den Vollzug des gemeinsamen Alltags eingelassen, der je nach materiellen, räumlichen, zeitlichen, sozialen und kulturellen Ressourcen der Familie eine spezifische Ausgestaltung zeigt.
- In der Bildungsforschung ist seit einem halben Jahrhundert bekannt, dass der Einfluss der Familie auf die Leistungs- und Verhaltensentwicklung von Kindern sehr groß ist. So wurde beispielsweise durch die PISA-Studien gezeigt, dass gerade in Deutschland die kulturellen und sozialen Ressourcen der Herkunftsfamilie einen entscheidenden Einfluss auf den schulischen Erfolg der Kinder nehmen.

Einfluss der Familienform auf die schulische Leistung

Veränderungstendenzen des familiären Zusammenlebens in den letzten Jahrzehnten wurden in den öffentlichen Medien immer wieder als Krisenszenarien erlebt. Brake (2011) untersuchte anhand dreier Familienfaktoren, inwiefern sich Zusammenhänge mit schulischem Bildungserfolg ergeben.

- **Familienform**: Anhand der PISA-Daten wurden Jugendliche, die in einer Kernfamilie mit ihren Eltern seit Geburt aufwachsen, verglichen mit Jugendlichen, die in Ein-Eltern-Familien, und mit Jugendlichen, die mit einem Elternteil und einer weiteren Person (sog. Stiefmütter oder Stiefväter) zusammenleben. Weder konnte ein Zusammenhang zwischen der familiären Konstellation und der Wahrscheinlichkeit, das Abitur oder einen höheren Bildungsabschluss zu erreichen, nachgewiesen werden noch zwischen der Konstellation und den Kompetenzmaßen. Annahmen, die von einer familien-strukturellen Defizithypothese für die kindliche Entwicklung ausgehen, konnten empirisch keine Bestätigung finden.
- **Anzahl der Geschwister**: Es wurde untersucht, welche Bedeutung Geschwisterkinder für die kognitiv und psychosoziale Entwicklung von Kindern haben. Einzelkinder haben im Vergleich zu Kindern mit drei und mehr Geschwistern eine 1,5 bis 2,5-fach höhere Chance, ein Gymnasium zu besuchen (unter Kontrolle des Migrationshintergrundes). Für den schulischen Kompetenzerwerb trifft dieser Zu-

sammenhang nicht zu, Jugendliche im Gymnasium unterscheiden sich hier nicht in Abhängigkeit ihrer Geschwisterzahl. Andererseits wird Geschwisterkindern eine Ressource in der Bewältigung ihres Alltags nachgesagt (z. B. soziale Kompetenzen wie Kompromissbereitschaft, Aushandlungskompetenz, Rücksichtnahme). Auch hier deutet nichts darauf hin, dass Einzelkinder sich weniger wohl in ihren Familien fühlen oder schlechter in Freundschaftskreisen oder Schule integriert sind.

- **Mütterliche Erwerbstätigkeit**: Mit der steigenden Erwerbstätigkeit von Müttern und vor allem der damit verbundenen außerfamiliären Betreuung ist häufig die Sorge verbunden, dass die Kinder in ihrer Entwicklung Schaden nehmen könnten. Auch unter Kontrolle von Kovariaten, wie Sozialschicht oder Migrationshintergrund, hat die Häufigkeit und Struktur von mütterlicher Erwerbstätigkeit keine Auswirkungen auf den Kompetenzerwerb der Heranwachsenden.

> Zusammenfassend kann für die drei beobachteten familienstrukturellen Merkmale davon ausgegangen werden, dass sie nicht per se in einem Zusammenhang stehen mit den Bildungschancen der Kinder, sondern – wenn überhaupt – wirksam werden über nachteilige ökonomische und andere Ressourcenlagen in den Familien mit berufstätigen Müttern, die vielleicht zudem noch alleinerziehend sind (Brake, 2011, S. 98).

Sozioökonomischer Status und Bildungskapital

Die soeben skizzierte Perspektive auf die Familie als Ort des Heranwachsens wird zunehmend abgelöst durch ein Interesse an Familie als Akteur in Sachen Bildung. So hat sich der französische Ethnologe, Soziologe und Philosoph Pierre Bourdieu (1930–2002) mit der Frage beschäftigt, in welchem Ausmaß und auf welche Weise in der Familie der Austausch und die Weitergabe jener Ressourcen ihren Ort finden, die für die soziale Platzierung ihrer Mitglieder eine entscheidende Rolle spielen.

Mit dem Begriff Status wird genau die Platzierung bezeichnet, die eine Person innerhalb einer Rangordnung der gesellschaftlich vorhandenen Positionen einnimmt. Die Einordnung in die gesellschaftliche Hierarchie bezieht sich auf die Wertschätzung, die einer Position hinsichtlich gesellschaftlich relevanter Merkmale beigemessen wird. Die Einteilung in soziale Positionen kann sich auf unterschiedliche Modelle der Gliederung einer Gesellschaft beziehen. Die traditionell wichtigsten Ansätze hierbei sind Klassen- und Schichtungstheorien. Das Gemeinsame beider Begriffe ist, dass sie Menschen in ähnlicher sozioökonomischer Lage zusammenfassen. Der Hauptunterschied ist, dass sich Klassentheorien allein an ökonomischen Kriterien orientieren und so im Sinne von Marx die Gesellschaft in Besitzende und Ausgebeutete aufteilen. Das Schichtkonzept teilt die Gesellschaft nicht in Gegenpole, sondern beschreibt die Sozialstruktur einer Gesellschaft durch verschiedene Schichten. Einteilungskriterium können die Berufsposition, das Einkommen oder das Qualifikationsniveau sein.

Exkurs: Erhebungsverfahren

Häufig verwendet man in der Empirischen Bildungsforschung allerdings nicht einzelne, sondern Bündelungen von Merkmalen, um die Platzierung in der gesellschaftlichen Hierarchie zu bestimmen. Der sozioökonomische Status (SES; engl. Socio-economic Status) wird dabei in der Regel über den Beruf, das Einkommen und das Bildungsniveau definiert. „Um den SES zu ermitteln, werden in der Empirischen Bildungsforschung kontinuierliche (z. B. ISEI) und kategoriale Klassifikationssysteme (z. B. EGP-Klassen) verwendet" (Ditton & Maaz, 2011, S. 196). Während bei kategorialen Systemen eine begrenzte Anzahl von Ausprägungen vorliegt, sind bei den kontinuierlichen Systemen vielerlei Abstufungen denkbar.

ISEI (Ganzeboom et al., 1992) steht als Abkürzung für International Socio-Economic Index of Occupational Status. Dieser Index wurde auf der Basis umfangreicher Erhebungen von Ganzeboom. De Graaf und Treiman (1992) entwickelt und vor allem in international vergleichenden Schulleistungsstudien wie PISA oder IGLU verwendet. Die Definition des ISEI basiert auf Angaben zu Beruf, Einkommen und Bildungsniveau. Die Konstruktion des ISEI geht von der Annahme aus, dass jede berufliche Tätigkeit einen bestimmten Bildungsstand erfordert und bestimmte Chancen eröffnet (Einkommen, Einflussnahme, Erringen von Privilegien). Der ISEI ist ein kontinuierliches Maß und kann Werte zwischen 16 (landwirtschaftliche Hilfskräfte, Reinigungskräfte) und 90 (Richter*innen) annehmen (Ditton & Maaz, 2011, S. 194).

EGP (Erikson et al., 1979) steht als Abkürzung für Erikson-Goldthorpe-Portocarero-(Klassen)-Schema (EGP) und ist ein kategoriales System.

Auch die EGP-Klassifikation geht von der beruflichen Tätigkeit aus und berücksichtigt den Beschäftigungsstatus sowie die Stellung im Beruf. Zugrunde liegt auch hier die Annahme, dass das Beschäftigungsverhältnis ein zentrales Element der Klassenlage in modernen Gesellschaften ist. Unterschieden wird zwischen Arbeitgeber*innen, Selbstständigen und Arbeitnehmer*innen. Eine Rolle spielt die Art der Tätigkeit (manuell, nicht-manuell, landwirtschaftlich), die Stellung im Beruf (selbstständig, abhängig beschäftigt) und die Weisungsbefugnis (keine, geringe, große). Im Basismodell werden elf Klassen unterschieden, häufig werden aber weniger verwendet (in der Regel sechs Klassen) (Ditton & Maaz, 2011, S. 195).

Zwischen den sozialen Schichten bzw. Klassen bestehen jeweils erhebliche Unterschiede in der Bildungsteilhabe und im Bildungserfolg.

Bildungsteilhabe

Bourdieu (1987) bildet die gesellschaftliche Stellung von Akteur*innen in zwei aufeinander bezogenen Räumen ab: Im Raum der sozialen Positionen und im Raum der Lebensstile. Die soziale Position kann nach Bourdieu über das verfügbare ökonomische, kulturelle, soziale und symbolische Kapital bestimmt werden.

Das **ökonomische Kapital** ist unmittelbar an Geld gebunden und kann jederzeit in Geldwert verwandelt werden. Das **kulturelle Kapital** eignet sich besonders zur Inkorporierung, Institutionalisierung von Machtstrukturen. Bildungsabschlüsse und Zertifikate dokumentieren Ansehen und Prestige im sozialen Raum. Das kulturelle Kapital ist also ein wichtiges Kapital für den Karriereweg – es eröffnet allererst bestimmte Lebensläufe oder schließt sie aus. Das **soziale Kapital** speist sich aus sozialen Netzwerken und der Zugehörigkeit zu bestimmten Gruppen. Profite können sich daraus ergeben, welche Menschen man kennt, welchen Umgang man hat und welche Beziehungen man pflegt. Für die Reproduktion des sozialen Kapitals ist eine unaufhörliche Beziehungsarbeit notwendig. Wertschätzung, Ehre, Anerkennung oder gesellschaftlicher Status sind Kennzeichen des **symbolischen Kapitals.** Das symbolische Kapital ist also stets mit den anderen Kapitalformen verwoben, wenn soziale Akteure und ihr Kapital in einem spezifischen Feld Anerkennung erfahren. In diesem Falle steigert es den Wert der anderen Kapitalformen.

> Mit der Klassenzugehörigkeit sind vorherrschende Deutungsmuster, ein spezifischer Klassenhabitus (vorherrschende Wahrnehmungs-, Denk- und Handlungsschemata) sowie ein je spezifisches Klassenethos (Vorstellungen richtiger Lebensführung) verbunden. Diese werden über die Erziehung in einem Prozess der sozialen Vererbung an die Kinder weitergegeben und bestimmen deren individuellen Habitus (Ditton & Maaz, 2011, S. 197).

Hier spricht Bourdieu vom Raum der Lebensstile, der auf den unterschiedlichen ästhetischen Urteilen, den kulturellen Praxisformen und Wahrnehmungen und Klassifikationen der Akteure basiert.

> Verbunden damit sind im Vergleich der Klassen nicht nur unterschiedliche Muster der Lebensführung, sondern auch spezifische Bedürfnisse, Wünsche und Präferenzen. Differenzen zwischen den Klassen bestehen von daher auch in der Entscheidungsneigung und der Entscheidungslogik (Risikofreude vs. Risikoaversion) bei der Wahl von Bildungslaufbahnen. Die Reproduktion sozialer Ungleichheit erfolgt somit über die ungleiche Ausstattung mit Kapital, die unterschiedlichen Möglichkeiten, Investitionen in die Zukunft (und Bildung) zu tätigen, sowie mit der Wahl mehr oder weniger geeigneter Praktiken, die eigenen Ziele zu verfolgen (Ditton & Maaz, 2011, S. 197).

Chancengleichheit und **Bildungsgerechtigkeit** sind in einem sozialen Raum, der durch Ungleichheit und Ungerechtigkeit konstituiert wird, nicht realisierbar.

„Eine Herausforderung künftiger sozialwissenschaftlicher Bildungsforschung liegt in der expliziten Betrachtung des gesamten Lebensverlaufs. Dies betrifft unter anderem die Frage, wie vormals getroffene Bildungsentscheidungen im weiteren Lebensverlauf korrigiert werden können“ (Ditton & Maaz, 2011, S. 204). So wäre die Frage interessant, ob zum Beispiel für einen späteren beruflichen Erfolg eher die Zertifikate oder die objektive Leistung ausschlaggebend sind.

Fazit

Schule, Lehrkräfte, Mitschüler*innen und Eltern haben ihren Anteil an der Beurteilung von Schulleistungen.

Die vorfindbare schulische Ordnung ist ein Erziehungskontext, der sich je nach individueller Konstitution der Schüler*innen auf diese unterschiedlich auswirkt.

Die diagnostische Kompetenz ist als eine eigenständige Kompetenz der Lehrkräfte anzusehen. Sie kann durch eine Reihe gut belegbarer Beurteilungsfehler wie bspw. den Erwartungseffekten oder auch durch implizite Theorien beeinflusst werden. Das heißt jedoch nicht, dass die Lehrkräfte inkompetente Diagnostiker*innen sind.

In Schulklassen können sich die unterschiedlichsten Wertkulturen herausbilden, die je nach dem Grad der Leistungsfreundlichkeit einen positiven oder negativen Einfluss auf die Noten haben.

Ebenfalls beeinflussen die Eltern in der Art, wie sie mit schulischen Erfolgen oder Misserfolgen umgehen, das Leistungsverhalten ihrer Kinder. Ein zu enges Beaufsichtigen und Kontrollieren des nachmittäglichen Tuns bspw. wirkt sich negativ auf das Selbstvertrauen und damit indirekt auf die Schulleistungen aus. Je nach Familienstand lassen sich unterschiedliche Bildungsprozesse beobachten. In einem sozialen Raum, der durch Ungleichheit und Ungerechtigkeit konstituiert wird, sind Chancengleichheit und Bildungsgerechtigkeit nicht realisierbar.

Reflexionsfragen für eine Lehrkraft

Nehme ich aufgrund der nachgewiesenen Beurteilungsfehler als Grundlage meiner Diagnosen das jeweils beobachtete Verhalten und kein allgemeines (scheinbares) Wissen über die jeweiligen Schüler*innen? Zeige ich mich offen für das jeweilige situationsspezifische Verhalten meiner Schüler*innen, z. B. für die Wahrnehmung erwartungskonformer und erwartungswidriger Veränderungen der Schulleistungen?

5 Konzeption und Durchführung von Schulleistungserhebungen

Unterricht und Beurteilung sind gemeinsam zu betrachten. Bevor es im Unterricht zu einer Beurteilung des durchgenommenen Stoffes kommt, muss dazwischen eine Prüfung geschaltet werden. Und von deren Inhalt und Gestaltung hängt dann ab, inwiefern folgende Komplikationen überhaupt entstehen und in Folge dann gemeistert werden können:

Prüfungsangst, das sagt der Begriff, kommt vor und während einer Prüfung auf (vgl. 10). Der Leistungsbegriff im inklusiven Unterricht muss regelmäßig im Unterricht hinterfragt werden (1.2.2). Auf die Einhaltung der Gütekriterien ist bereits bei der Konzeption einer Prüfung zu achten (2.2). Sachers Zitat fasst das Gemeinte treffend zusammen: „Die wichtigeren Entscheidungen fallen vielfach schon bei der Gestaltung und Durchführung von Prüfungen. ... Und eine ungünstig angelegte Prüfung wird auch durch die ausgeklügeltste Benotung nicht kompensiert" (2014, S. 204). Der Schweizer Pädagoge und Psychologe Hans Aebli stufte den Wert von Prüfungen folgendermaßen ein: „Die Gestaltung der Prüfungen ist kein Schulproblem zweiten Ranges, denn sie wirkt unmittelbar auf die Arbeit von Lehrer*innen und Schüler*innen zurück" (Aebli, 1969, S. 179; gendergerechte Sprache durch die Autoren).

Rost, Schermer und Sparfeldt (2018, S. 426) sehen als zentrale Bedingungsfaktoren für Leistungsängstlichkeit die Schulleistungsbewertung und die Gestaltung von Prüfungssituationen:

Schulleistungsbewertung: Strenge Zensuren und scharfe Auslese; soziale Bezugsnormorientierung; mangelnde Transparenz und Inkonsequenz der Bewertungskriterien; Bewertung der Person statt der Leistung.

Gestaltung von Prüfungssituationen: Fremde Arbeitsumgebung; Ungewissheit über Lehrziele, Prüfungsanforderungen und Kriterien der Leistungsbewertung; hoher Zeitdruck; Verwendung unfairer, unklar spezifizierter Aufgaben; lernpsychologisch destruktive Aufgabenreihung; Bedrohungsmaximierung durch Ankündigung und Auswahl besonders schwieriger Aufgaben.

Lehrkräfte müssen sich stets der ungleichen Rollenverteilung – sie die Prüfenden, die Schüler*innen die Prüflinge – bewusst sein. Ein solch ungleiches Verhältnis hat für die Schüler*innen einen unkontrollierbaren Charakter. Und mangelnde Kontrollüberzeugungen auf Schüler*innenseite führen zu negativen Emotionen wie Angst und Ungewissheit. Dem können Lehrkräfte entgegenwirken, wenn die geforderten Leistungsanforderungen und die Bewertungen im Vorfeld transparent kommuniziert werden. Dazu dienen die Ausführungen dieses ganzen Punktes. Konkret geht es darum, inwieweit Leistungsnachweise angekündigt werden sollen (5.1). Anschließend wird erläutert, was unter dem Stichpunkt der transparenten Leistungserwartungen zu verstehen ist (5.2). Man kann es auf die zwei Punkte reduzieren, „Was" (5.3) und „Wie" (5.4) geprüft werden soll.

5.1 Wäre es nicht sinnvoll, ab und zu mal unangekündigte Leistungsnachweise abzuhalten?

Der Erstautor erlebte noch das Gymnasium in den 60er Jahren des letzten Jahrhunderts. Außer Klassenarbeiten wurden eigentlich keine Arbeiten im Voraus angekündigt. Ob in Haupt- oder Nebenfächern, die Schüler*innen waren sich nie sicher, wann ein Extemporale ansteht. Ein Durchatmen ging durch die Klasse, wenn eine vermutete Ex dann doch nicht stattgefunden hat. So dürfte es als pädagogischer Fortschritt gelten, wenn mittlerweile in den meisten Bundesländern schriftliche Abfragen jeglicher Art angekündigt werden müssen.

Allein Bayern und Rheinland-Pfalz setzen aktuell noch darauf, die Schüler*innenschaft jederzeit überraschen zu können. Konkret in Bayern gibt es immer noch die sog. Stegreifaufgaben, bei denen ohne Ankündigung der Stoff der unmittelbar beiden letzten Unterrichtsstunden (Realschule) bzw. der letzten beiden Stunden (Gymnasium) abgefragt werden kann. Wer in der letzten Stunde nicht aufgepasst hat, kann dabei leicht ein Debakel erleben.

Natürlich lassen sich für unangekündigte Leistungserhebungen Argumente vorbringen: Die Kinder haben einen Ansporn, in den Unterrichtsstunden aufzupassen und immer konstant mitzulernen, und eine schriftliche Prüfung über den Unterrichtsstoff der zuletzt abgehaltenen Stunden sollte dann kein Problem sein.

Aber lernen sie dadurch auch besser? Und warum sollen angekündigte Leistungserhebungen nicht auch zum Mitlernen anregen?

Aus theoretischer Perspektive kann argumentiert werden, dass angekündigte Leistungserhebungen, vermittelt über das damit einhergehende größere Ausmaß an subjektiver Kontrolle der Schüler*innen, eine vorteilhaftere Wirkung auf die Emotionen sowie die schließlich resultierenden Leistungen haben sollten als unangekündigte Leistungserhebungen. Zur Überprüfung dieser Annahmen wurde jüngst eine empirische Studie durchgeführt, bei der auch die beiden Autoren beteiligt waren (Bieleke et al., 2022). Bei 414 Schüler*innen aus 19 Mittelstufen- und Oberstufen-Kursen eines Gymnasiums wurden Emotionsdaten (Freude, Angst) und die Leistung jeweils bei angekündigten und bei unangekündigten Leistungserhebungen erfasst. Bei den angekündigten Leistungserhebungen trat weniger Angst und mehr Freude auf – im Fall der Angst war dieser Unterschied bereits zwei Wochen vor der Leistungserhebung zu beobachten. Zudem waren Freude und Angst Prädiktoren der Leistung (d. h. Schulnoten), die bei angekündigten Leistungserhebungen insgesamt besser ausfiel als bei unangekündigten.

Dies Ergebnis zeigt, dass Studien nicht immer spektakuläre Ergebnisse präsentieren müssen. Sie können auch mal eine Bestätigung erprobter Praxis sein – so wie es offenbar in den meisten Schulen Deutschlands der Fall ist.

Und laut einer Pressemitteilung vom 2.12.2022 überraschen diese Resultate einen Schulleiter eines Coburger Gymnasiums nicht: Das Abschaffen unangekündiger Leistungsnachweise habe an seinem Gymnasium dafür gesorgt, dass der Druck, der auf unseren Schüler*innen permanent lastet, reduziert wird und sie sich somit angstfrei auf die Unterrichtsinhalte einlassen können. Entgegen seiner ursprünglichen Befürchtung empfänden auch Schüler*innen, die an Prüfungsangst leiden, die zusätzlich angesagten Leistungsnachweise als Entlastung. Weiter führt der Schulleiter aus, dass Abfragen und Extemporalien in Zeiten des kompetenzorientierten Unterrichts, in welchem das bloße Anhäufen von Wissen nicht mehr im Vordergrund stehe, zum Großteil infrage gestellt werden müssen. (Frankenpost online, 2.12.2022, S. 7). Der Schulleiter wirft somit die Frage auf, was die zentrale Funktion von Tests eigentlich ist. Es sollte sowohl Lehrkräften wie Schüler*innen Feedback gegeben werden, inwieweit der Stoff beherrscht wird. Es geht nicht um die Kontrolle eines regelmäßigen Mitlernens. Und wenn ein*e Schüler*in sich maximal zweistündigen Stoff kurz vor der Stunde als sog. Wissen kurz „reinzieht“, hat das ja mit nachhaltigem Lernen auch nichts zu tun. Also ist es sinnvoll, verbindlich der Klasse zu kommunizieren, wann ein Test erfolgt. Dieser darf dann auch Stoff beinhalten, der sich auf mehr als zwei Unterrichtsstunden bezieht. Diese Antwort auf die Frage nach der zentralen Funktion von Tests, der Feedbackfunktion, zeigt, dass es sinnvoll ist, verbindlich der Klasse zu kommunizieren, wann ein Test erfolgt.

Das Fazit lautet also: Unangekündigte Tests schaden der Leistung mehr, als sie nutzen. Sie erhöhen den Druck auf die Lernenden, erzeugen Angst, vermindern Lernfreude – und führen am Ende zu schwächeren Leistungen.

Die Antwort lautet also: Lehrkräfte sollten jegliche Art von Leistungserhebungen ankündigen. Und hier soll auf zwei Kommentare eingegangen werden, die wir Autoren als Reaktion auf die Studie erhielten und auf die wir gerne hier eingehen. Ein heute sehr erfolgreicher Manager eines mittelgroßen Unternehmens gab folgende Rückmeldung: „Ja, unser Lateinlehrer hat in jeder Stunde per Zufall eine*n Schüler*in aufstehen lassen und die Vokabeln mündlich abgefragt. Im Rückblick bin ich froh, dass ich so von meinem Lateinlehrer gezwungen wurde, täglich mitzulernen. Lag denn unser übrigens sehr geschätzter Lateinlehrer mit seiner Methode so falsch?“ Bevor wir darauf antworten, geben wir folgende Mail weiter, in der schon auch eine Antwort enthalten ist:

Eine 15-jährige Schülerin eines Münchner Gymnasiums schrieb: „Das Ergebnis überrascht mich nicht, denn in meinem Schulalltag sind unangekündigte Leistungsnachweise ein erheblicher Bestandteil und ich kann die negativen psychischen Auswirkungen auch bei mir selbst feststellen. Deshalb bin ich sehr froh über Ihre Studie, die nochmal eindeutig belegt, dass angekündigte Leistungstests die emotionale Ausgeglichenheit und die intrinsische Freude am Lernen stärken. Bei uns in Bayern ist allerdings auch die regelmäßige Durchführung von Rechenschaftsablagen (auch Abfragen oder Ausfragen genannt) gängige Praxis. Hierbei wird ein*e Schüler*in zufällig von der Lehrkraft ausgewählt und diese*r Ausgewählte muss anschließend vor der ganzen Klasse Fragen zum Unterrichtsstoff der vergangenen Stunde beantworten und erhält darauf eine Note.

Meiner Meinung nach sind Abfragen keine gute Methode, um mündliche Noten zu erheben, denn diese Praxis ist mit enormem sozialem Druck und Stress verbunden. Denn der*die Schüler*in muss nicht nur vor der Lehrkraft Rechenschaft ablegen, sondern auch vor allen anderen Klassenkamerad*innen.

Ich sehe selbst, welche Panik eine bevorstehende Abfrage in der Klasse auslöst, gerade wenn der Lernstoff mal besonders schwer ist oder man am Vortag auch schlicht und einfach keine Zeit zum Lernen hatte."

Unsere Antwort: Solch wie die hier geschilderten mündlichen Abfragen sind schlicht und einfach ungerecht: Sie können unterschiedlich schwer sein, oder es kann wirklich passieren, dass Schüler*innen ein einziges Mal nicht vorbereitet sind und dann erwischt es gerade diese.

Und bei der obigen Aussage des Managers schwingt das Argument mit, die Schule solle auf das Leben in der Leistungsgesellschaft vorbereiten, da gehe es auch nicht immer zimperlich zu. Das mag wohl stimmen, doch fragen wir uns, wo müssen im Berufsleben unter Druck- oder Angstbedingungen Leistungen erbracht werden? Leistungsgesellschaft heißt doch nicht automatisch, unter Angstbedingungen gute Leistungen erbringen zu müssen. Und im Übrigen, Schulen sollten nicht nur auf die Gesellschaft vorbereiten, sondern haben auch das Potenzial, sie zu gestalten oder auch zu verändern.

Eine Antwort „richtig" oder „falsch" auf die vom Manager aufgeworfene Frage, ob der Lateinlehrer mit seiner Methode des Abfragens falsch lag, ist hier eher nicht die Lösung. Natürlich will jede gewissenhafte Lehrkraft, dass ihre Schüler*innen regelmäßig mitlernen und so am Ball sind. Und wie könnte somit ein regelmäßiges Mitlernen erreicht werden, ohne dass Schüler*innen auf „dem falschen Fuß" erwischt werden? Der Erstautor gibt hier ein Vorgehen wieder, das er in seinem Lateinunterricht in den ersten beiden Lernjahren praktiziert hat. Zu Beginn des Schuljahres wurde kommuniziert, dass wöchentlich in der letzten Unterrichtsstunde eine kurze Vokabelübung (ca. 15 Vokabeln) durchgeführt werde. Hierzu wurden sog. Übungshefte eingeführt, die Bearbeitungszeit der Übungen dauerte nur wenige Minuten. Anschließend wurden die Hefte eingesammelt, von der Lehrkraft korrigiert und in der ersten Stunde der neuen Woche ausgegeben. Somit konnten sowohl die Schüler*innen als auch die Eltern den

Leistungsstand stets mitverfolgen. Im Nachhinein – zugegebenermaßen – ein aufwendiges Vorgehen, doch für die Gewissheit, dass gerade in den ersten beiden Lernjahren das Vokabellernen kontinuierlich beaufsichtigt werden konnte, eine sinnvolle Investition.

5.2 Was versteht man unter dem Merkmal guten Unterrichts „Transparente Leistungserwartungen“?

Hilbert Meyer hat 2004 mit seinem Buch „Was ist guter Unterricht?“ einen Bestseller unter den Pädagogikbüchern verfasst. Dies Buch wurde zur Grundlage unzähliger Lehrer*innen-Fortbildungsveranstaltungen im ganzen deutschsprachigen Raum genutzt. Was war und ist weiterhin das Geheimnis dieses Erfolgsbuches, das mittlerweile in der 15. Auflage vorliegt? Meyer sichtet die international vorliegende Literatur zum Thema Unterrichten und legt zehn empirisch abgesicherte Gütekriterien vor, die das aktuelle Wissen über erfolgreichen Unterricht bündeln. Eines der zehn postulierten Merkmale guten Unterrichts sind „Transparente Leistungserwartungen“. Darunter versteht Meyer verbale und nonverbale Mitteilungen und Vereinbarungen über die Lernziele, die Aufgabenstellung, die Verfahren der Leistungsbeurteilung und das Niveau der Zielerreichung des Unterrichts. Der Begriff der transparenten Leistungserwartungen ist insofern sinnvoll, als überzogene Erwartungen oder ungenügend kommunizierte beispielsweise zu Ängsten führen können.

Transparenz der Leistungserwartungen besteht darin,

- den Schüler*innen ein an den gültigen Richtlinien oder an Bildungsstandards ausgerichtetes und ihrem Leistungsvermögen angepasstes Lernangebot zu machen,
- dieses Angebot verständlich zu kommunizieren und zum Gegenstand eines Arbeitsbündnisses zu machen und
- ihnen nach formellen und informellen Leistungskontrollen zügig Rückmeldungen zum Lernfortschritt zu geben.

Transparenz der Leistungserwartungen im Unterricht lässt sich an folgenden Indikatoren erkennen (vgl. https://www.uni-frankfurt.de/83960548/Meyer_10_Merkmale_guten_Unterrichts.pdf):

- Lehrkräfte besprechen ihre Leistungserwartung mit den Schüler*innen.
- Sie geben schnelle Rückmeldungen zu den Leistungen.
- Die Rückmeldungen werden verständlich erläutert.
- Die Schüler*innen wissen im Unterricht jederzeit, was ihre Aufgabe ist.

- Die Schüler*innen sind über den Schwierigkeitsgrad der Aufgabe informiert oder haben Lernmaterialien, aus denen sie selbst den Schwierigkeitsgrad abschätzen können.
- Es werden verschiedene Formen der Leistungskontrollen eingesetzt (mündlich und schriftlich, Einzel- und Gruppenarbeit, kurze und umfassende usw.).
- Klausuren und Tests werden angekündigt.
- Feedback der Schüler*innen wird genutzt, um Leistungserwartungen zu überprüfen und ggf. zu korrigieren (vgl. P. 8).

Man kann Meyers Punkt der transparenten Leistungserwartungen auf die zwei Punkte reduzieren, es muss für die Schüler*innen klar sein, was und wie geprüft werden soll. Darum geht es im Folgenden.

5.3 Was soll geprüft werden?

Aebli widmet sich bereits in seinen Grundformen des Lehrens, die er erstmals 1961 vorlegte, ausführlich mit der Kontrolle des Unterrichtserfolgs. Diese Gedanken hat er später in sein berühmtes Werk „Zwölf Grundformen des Lehrens. Eine Allgemeine Didaktik auf psychologischer Grundlage“ (1983) eingearbeitet – über viele Jahre im deutschsprachigen Raum ein Klassiker in der Lehrer*innenbildung. Wenn er noch hier im Jahre 2023 von uns für zitierfähig gehalten wird, dann hat dies mit zwei Gründen zu tun, die es lohnt zu erwähnen. Während bspw. zum Thema Feedback (vgl. P. 8) neueste Forschungsergebnisse vorliegen, ist bei dem hier zu behandelnden Punkt 5 die Forschungsliteratur relativ bescheiden. Und ein zweites: In ihrem Sammelband heben die Herausgeber Baer et al. (2006, S. 8) hervor: „Obwohl sich der Didaktiker Aebli vor allen an der modernen (kognitions-)psychologischen Forschung orientierte“,... wusste er „als einstiger Volksschullehrer ... nur zu gut, dass sich Lehren und Lernen nicht allein systematisch-wissenschaftlich begründen lassen, sondern dass dazu ... über Jahre aufgebautes Erfahrungswissen (manche würden heute sagen: situiertes, fallbasierte Wissen), Taktgefühl und die Fähigkeit zur situationsbezogenen Integration unterschiedlicher Wissensbestände erforderlich sind.“

Die Kontrolle des Unterrichtserfolgs fasst Aebli in folgenden Prinzipien/Punkten zusammen (1969, S. 179ff.):

> Erstes Prinzip: In der Prüfung soll die Leistung, die im Unterricht angestrebt wurde, in möglichst direkter Weise verwirklicht werden. (S. 180)
>
> Zweites Prinzip: Unabhängige Leistungsaspekte sollen einzeln beurteilt werden (Differenzierte Notengebung). (S. 182)
>
> Drittes Prinzip: Teilfunktionen sollen in unabhängigen Prüfungen erfaßt werden. (S. 183)

So können Schüler*innen, die die Rechenfertigkeiten gut beherrschen, diese Fähigkeit nicht zeigen, wenn sie bei keiner angewandten Aufgabe den Lösungsweg finden.

> Viertes Prinzip: Prüfungen sollen eher eine Vielzahl kurzer, voneinander unabhängiger Aufgaben als lange, zusammenhängende Ketten von Handlungen und Denkoperationen aufweisen (S. 184)
>
> Fünftes Prinzip: Die Prüfung des ‚Verständnisses (S. 185)

Verstehen heißt Einsicht in die Zusammenhänge, Übersicht über dieselben besitzen. Anwendungsaufgaben ahmen solche Lebenssituationen nach. Die Anwendung von Begriffen und Operationen gelingt nur dann, wenn den Schüler*innen ihr inneres Wesen, ihre Struktur ganz klar sind.

Folgendes Beispiel (S. 194) verdeutlicht das Gemeinte:

> Von einer 14 Dezimeter breiten Stoffrolle sollen 56 Quadratdezimeter abgeschnitten werden. Wieviel muß der*die Verkäufer*in abmessen?

Dagegen wäre folgende Formulierung keine echte Anwendungsaufgabe, sondern ein in einen Sachzusammenhang eingekleidetes Zahlenbeispiel:

> Von einer Stoffrolle soll ein rechteckiges Stück Tuch abgeschnitten werden, dessen Fläche 56 dm^2 und dessen Breite 14 dm beträgt. Wie lang muss es werden?

Aeblis Begründung lautet, dass im zweiten Fall ein erworbener Automatismus reicht: Die Stichworte Rechteck, Fläche 56 $dm^{2,}$ und Breite 14 dm genügen, um mechanisch vorzugehen. Wenn Fläche und Breite gegeben sind und die weitere Seite verlangt wird, genügt ein Teilen.

Berücksichtigung von Lernzieltaxonomien

Aebli betont einen Punkt, den Hattie in seiner Metaanalyse empirisch bestätigen konnte (vgl. im Folgenden auch Hattie & Zierer, 2016, S. 160f.). Nach Hattie (2009, 2013) ist die Beziehung zwischen der Lernleistung und der kognitiven Entwicklungsstufe nach Piaget sehr hoch. Der Faktor „Erkenntnisstufen“ („Piagetian programs“) wurde in der Metaanalyse als zweithöchster mit einer Effektstärke von d = 1.28 identifiziert. Deshalb ist das Wissen darüber, in welcher Art und Weise die Lernenden denken und wie dieses Denken durch ihr Entwicklungsstadium eingeschränkt ist, von höchster Bedeutung für die Auswahl der Stoffe und Aufgaben der Lehrperson. So ist eine Kernbotschaft aus „Visible Learning“, dass die Berücksichtigung des Vorwissens und der Vorerfahrungen wichtig für einen gelingenden Unterricht ist. Daraus folgt, die Lernvoraussetzungen genau in den Blick zu nehmen und zu entscheiden, auf welchem Leistungsniveau sich die Lernenden befinden. Je besser dies gelingt, desto erfolgreicher gelingen Lernprozesse.

Für die Erstellung von Prüfungsaufgaben bedeutet dies, dass diese so gestaltet sein sollten, dass sie die unterschiedlichen Erkenntnisstufen auch abbilden. Hierfür hat sich der Begriff der Lernzieltaxonomien etabliert. Er meint die Berücksichtigung unterschiedlicher Niveaustufen von Aufgabenstellungen, d. h. unterschiedlicher Schwierigkeitsgrade. Der wohl bekannteste Ansatz geht auf Benjamin Bloom mit seinem Team (1956) zurück. Er war der Meinung, dass an seiner Universität den Studierenden in Tests nur Aufgaben mit einem geringen kognitiven Anspruchsniveau vorgelegt wurden. Mit einer Niveaustufung der Aufgaben wollte er den Dozent*innen die Möglichkeit aufzeigen, auch anspruchsvollere Aufgaben anzubieten. Letztendlich sind Blooms Anregungen in den heute populären Bildungsstandards, die kompetenzorientiert gestaltet sind, aufgegriffen worden (vgl. P. 2.5).

Als für den Unterricht praktikabel und damit hilfreich hat sich die Unterscheidung des Deutschen Bildungsrates erwiesen, der eine schulnahe Unterscheidung des Leistungsniveaus getroffen hat (1970):

- Reproduktion (Wiedergabe aus dem Gedächtnis auf Abruf durch Stichworte)
- Reorganisation (eigene Verarbeitung und Anordnung des Gelernten)
- Transfer (Übertragung der Grundprinzipien auf neue, ähnliche Aufgaben)
- Problemlösendes und entdeckendes Denken (produktive, für den Lernenden neuartige Leistungen).

An dieser Taxonomie kann sich eine Lehrkraft bei einer Erstellung von Prüfungsaufgaben orientieren. Der Bildungsrat schlägt bei der Erstellung von Prüfungsaufgaben von der Reproduktion zum problemlösenden Denken ein Verhältnis von 4:3:2:1 vor. Da bei formativ angelegten Prüfungen ja der Sinn darin besteht, aus den Ergebnissen für die Zukunft zu lernen, liegt nun der Vorteil dieses Vorgehens auf der Hand: Haben bspw. zwei Schüler*innen die identische Punktzahl, so lässt sich anhand der Aufgabenanalyse genau sehen, in welchen Anforderungsbereichen die einzelnen ihre Stärken und Schwächen haben. Vereinfacht ausgedrückt, wurde vielleicht in dem einen Fall viel gelernt und nichts verstanden, im anderen Fall wurden Probleme gut gelöst, doch zu wenig Aufmerksamkeit auf das Lernen gerichtet.

Aufgabenanalyse

So sehr auch ein sinnvolles Verhältnis des Schwierigkeitsgrades der Aufgaben zu beachten ist, so sollte auch der durchschnittliche Lösungsanteil einer einzelnen Aufgabe betrachtet werden. Hattie und Zierer (2016) schlagen vor, dass dieser nicht unter 20 % liegen sollte (S. 160). Wäre das bspw. bei einer Reproduktionsaufgabe der Fall, dann würde dies für eine Arbeitsverweigerung der Klasse sprechen oder die Aufgabe war keine echte Reproduktionsaufgabe. Im umgekehrten Fall bei einer Quote von ca. 90 %

würde dies bedeuten, dass sowohl Lehrkraft als auch Schüler*innen alles richtig gemacht haben.

5.4 Wie soll geprüft werden?

Neben mündlichen und praktischen Prüfungsformen ist die schriftliche die im Schulalltag am häufigsten eingesetzte. Aufgrund der „Kopflastigkeit" von Schule sind praktische Formen unterrepräsentiert. Da Lehrkräfte Klassen vor sich haben, ist die schriftliche Form mit Abstand am ökonomischsten einzusetzen.

5.4.1 Planung von schriftlichen Prüfungen

In Anlehnung an Sacher (2014, S. 54ff.) umfasst die Planung mehrere Teilschritte, die im Folgenden näher erläutert werden.

Auswahl der Prüfungsinhalte

Die Aufgaben der Prüfung sollten repräsentativ für die Grundmenge aller möglichen Aufgaben für die entsprechenden Prüfungsinhalte sein. Die verschiedenen Teilgebiete des abzufragenden im Unterricht durchgenommenen Stoffs sollten sich in der Prüfung wiederfinden lassen.

Aufgabenformate (vgl. Bortz & Döring, 2003)

Generell lassen sich drei Aufgabenformate unterscheiden, die dann wiederum unterschiedliche Antwortformate zur Folge haben:

- **Offene Aufgabenformen:** Dieser Aufgabentyp ist in der Schule recht verbreitet. Hier muss sich die Lehrperson noch nicht endgültig im Vorfeld festlegen, was sie als richtige Antworten akzeptiert. Diese könnten gegebenenfalls basierend auf den Antworten erweitert werden. Im Einzelnen kann unterschieden werden:
  - **Offene Gestaltungsaufgaben:** Lernende sollen „gestalterisch" reagieren, z. B. „Was halten Sie von Horoskopen? Begründen Sie Ihre Ansicht!"
  - **Offene Deutungsaufgaben:** Hier ist eine vorgegebene Situation und/ oder vorgegebenes Material zu interpretieren, z. B.: Interpretation eines Gedichtes;
  - **Offene Assoziationsaufgaben:** Die Lernenden sollen auf vorgegebene Reize reagieren, z. B.: „Welche Gefühle löst bei Dir folgendes Bild aus?"
- **Halb-offene Aufgabenformen:** Die Lehrperson hat hier klare Vorstellungen davon, was richtig und falsch ist. Den Schüler*innen werden keine Lösungsvorschläge angeboten. Hier lassen sich unterscheiden:
  - **Halb-offene Freiantwortaufgaben** sind kleine Fragen, die jedoch kurz und präzise beantwortbar sind, z. B.: Wann wurde Rom gegründet?

- Bei **halb-offenen Ergänzungsaufgaben** ist eine vorgegebene Information zu ergänzen, z.B. Lückentextaufgaben: Bayreuth liegt im Regierungsbezirk _____________________.
- Die **halb-offenen Substitutionsaufgaben** sind Teile einer vorgegebenen Information, die durch richtige Aussagen ersetzt werden müssen, z.B.: „Streiche den falschen Teil durch und berichtige ihn: Bayreuth ist die Regierungshauptstadt von Mittelfranken."

- **Geschlossene Aufgabenformen:** Dem Lernenden wird die richtige Antwort vorgegeben. Diese muss jedoch als eine unter mehreren Möglichkeiten identifiziert werden. Solche Aufgaben sind als Multiple-Choice-Aufgaben bekannt. Auch hier gibt es unterschiedliche Varianten:
  - Bei **geschlossenen Auswahlaufgaben** ist eine richtige oder falsche Lösung zu identifizieren, z.B.: „Rom ist die Hauptstadt von a) Italien b) Spanien c) Portugal"
  - Bei **geschlossenen Zuordnungsaufgaben** sind vorgegebene Informationen anderen richtig zuzuordnen, z.B.: „Welches Verb gehört zu welchem Substantiv?
    A: einen Vortrag a) erzählen
    B: eine Geschichte b) halten
    C: ein Gespräch c) führen"
  - Bei **geschlossene Ergänzungsaufgaben** müssen Informationslücken aus vorgegebenen Antworten ergänzt werden, z.B.: „Blitz verhält sich zu Sehen wie Donner zu ....a) Fühlen b) Hören c) Regen"
  - Bei **geschlossenen Umordnungsaufgaben** sind Teile einer vorgegebenen Information zu ordnen, z.B.: „Ordne – mit dem kleinsten beginnend – die folgenden Brüche nach ihrer Größe: a) 4/9 b) 3/4 c) 2/3"

Den geschlossenen Aufgabenformen wird gern unterstellt, dass es sich hier nur um eine schlichte Wiedererkennungsleistung handle, Wissen müsse nicht reproduziert werden, und es könne kein Verstehen überprüft werden. Dem ist aber nicht so, wie gerade die reiche Forschungstradition aus den USA zeigt (vgl. Bortz & Döring, 2003; S. 212ff.; Lindner et al., 2015). Die Schwierigkeit der Beantwortung steht und fällt mit der Wahl der sogenannten Distraktoren, d.h. der Wahlalternativen:

- Diese sollten plausibel sein, doch nicht zu ähnlich.
- Alternativen sollten gleich lang und grammatikalisch gleich formuliert sein.
- Es sollten keine Distraktoren benutzt werden, die dasselbe meinen.
- Es sollte mit der Position der richtigen Antwort abgewechselt werden.

Festsetzen des Anforderungsniveaus

Das Anforderungsniveau der einzelnen Aufgaben muss mit dem Arbeitsniveau im Unterricht übereinstimmen. Ansonsten bildet sich bei den Lernenden ein Gefühl heraus, dass es sowieso „nicht viel bringt" im Unterricht mitzuarbeiten, wenn in der Prüfung immer etwas anderes abgefragt wird. Zur Kontrolle des Anforderungsniveaus wird auf die Lernzieltaxonomie verwiesen (P. 5.3). Freilich ist es wichtig, eine Varianz zu erzeugen. Denn eine Prüfung ist ein Diagnoseinstrument, in der Aufgaben für alle Fähigkeitsbereiche enthalten sein sollten.

Bestimmung des Aufgabenumfangs

Hier geht es um zwei Fragen: Wie umfangreich sollen die einzelnen Aufgaben sein? Aus wie vielen Aufgaben soll die Prüfung bestehen? Alle Prüfer*innen befinden sich in folgendem Dilemma: Prüfungen mit vielen kleinen Aufgaben sind hinsichtlich der gesamten Breite des Unterrichtsstoffs valider als solche mit wenigen komplexen Aufgaben. Diese wiederum erfassen einzelne Kompetenzen gründlicher. Der Kompromiss dürfte darin bestehen, in Prüfungen sowohl einige komplexere als auch eine Reihe kleinerer Fragen zu stellen.

Formulierung der Aufgabe

Folgende Frage an die Leser*innen: Während Ihrer Schulzeit wurden Sie mit schriftlichen Prüfungen in den verschiedensten Fächern konfrontiert. Waren Sie dabei schon mal in der Situation, dass für Sie allein die Formulierung so unklar war, dass Sie nicht wussten, was eigentlich zu tun ist?

Da Prüfungen in der Regel emotional aufgeladen sind, können schon schwer verständliche Formulierungen zu Irritationen führen. So sollte eine Regel lauten: Verwende eine gut verständliche und altersgemäße Sprache und vermeide dabei nicht geläufige Begriffe!

Die Leser*innen mögen den Grad der Verständlichkeit der folgenden Aufgabe bewerten:

Eine Person kauft im Supermarkt 3kg Birnen, das kg zu 1,90 €, 2,5kg Äpfel, das kg zu 1,85 €. Was bekommt sie heraus, wenn sie mit einem Zwanzigeuroschein bezahlt und noch an der Kasse zwei Kaugummipäckchen zu je 0,90 € mitnimmt?

Die Lösung dieser Aufgabe wird dadurch erschwert, dass im Fragenteil nochmals Artikel auftauchen, die zu bezahlen sind. Für die Prüflinge wäre die Aufgabe klarer, wenn die Information über die Kaugummipäckchen schon im ersten Satz auftauchte, in dem es um die zu kaufenden Artikel geht. So lässt sich eine zweite Regel formulieren: Jede Aufgabe sollte klar in einen Informations- und Frageteil gegliedert sein.

Reihenfolge der Aufgaben

Weil zu dem ganzen Punkt 5.4 „Wie soll geprüft werden?" die empirische Befundlage relativ dünn ist, gehen wir auf diesen Unterpunkt „Reihenfolge der Aufgaben" etwas näher ein, weil wir hierzu eine aktuelle Studie präsentieren können, deren Ergebnisse die bisher gängige Meinung zu diesem Punkt zumindest anzweifeln lassen.

Eine weit verbreitete Annahme unter Lehrkräften und Schüler*innen ist, dass Prüfungsarbeiten mit leichten und nicht mit schwierigen Aufgaben beginnen sollten (Skinner, 2009). Im Sinne eines „warm-up“ sollte mit einer gut lösbaren Aufgabe begonnen werden. Die Schüler*innen sollen das Gefühl haben, ganz gut zurechtzukommen. Es wird angenommen, dass leichte Aufgaben zu Beginn die Schüler*innen motivieren und ihnen helfen, schnell Vertrauen in sich aufzubauen, positive Emotionen zu wecken und negative Emotionen während der Aufgabe abzuschwächen. Dem soeben Gesagten stimmen wohl viele Praktiker*innen zu. Doch dieser weit verbreiteten Annahme fehlt es an einer empirischen Grundlage und einem theoretischen Rahmen. Der Kontroll-Wert-Theorie zufolge (Pekrun, 2006, vgl. P. 10.4) könnten leichte Aufgaben zu Beginn eines Tests tatsächlich zu wünschenswerteren Einschätzungen und Emotionen führen. Allerdings werden dann die Schüler*innen unweigerlich im späteren Verlauf des Tests mit den schwierigeren Aufgaben konfrontiert, was wiederum zu weniger wünschenswerten Bewertungen und Emotionen führen sollte. Diese zum Beginn eines Tests erwünschten und späteren unerwünschten Effekte könnten sich gegenseitig aufheben, was die Nettoauswirkungen auf Bewertungen und Emotionen unklar macht.

Unter Beteiligung eines der Autoren wurde ein Feldexperiment durchgeführt, um die Auswirkungen von Tests, bei denen die Reihenfolge leichter versus schwieriger Aufgaben zum Beginn eines Tests variiert wurde, auf die Auswirkungen von Einschätzungen und Emotionen zu überprüfen (Bieleke et al., 2023). 208 Schüler*innen aus neun Klassen der Jahrgangsstufe 8 wurden nach dem Zufallsprinzip einer leicht-schwierigen oder einer schwer-leichten Bedingung in einem Mathematiktest zugeteilt. Für die Bearbeitung der beiden Teile hatten sie jeweils 20 Minuten Zeit.

Während sich die Schüler*innen, die mit leichten Aufgaben begannen, im ersten Teil weniger herausgefordert fühlten als die Schüler*innen, die mit schwierigen Aufgaben begannen („Die Anforderungen der Matheaufgaben waren ...“), ergaben sich keine Unterschiede hinsichtlich der Kontroll- und Werteinschätzungen („Ich habe das Gefühl, dass ich die Situation unter Kontrolle habe“; „Bei dieser Matheaufgabe ist es mir wichtig, ein gutes Ergebnis zu erzielen“) und der Emotionen (Freude, Stolz, Angst, Ärger, Langeweile). Im zweiten Teil jedoch berichteten die Schüler*innen, die nach den leichten zu den schwierigen Aufgaben übergingen, über ein höheres Maß an Herausforderung, weniger Wert und Kontrolle sowie weniger positive und mehr negative Emotionen als die Schüler*innen, die von schwierigen zu leichten Aufgaben übergingen. Kontroll- und Werteinschätzungen vermittelten die Unterschiede zwischen den beiden Bedingungen, insbesondere hinsichtlich der positiven Emotionen. So lassen die Ergebnisse Zweifel an der Bevorzugung von leicht-zu-schwerer gegenüber schwer-zu-leichter Aufgabenreihenfolge aufkommen, vor allem, was das emotionale Erleben betrifft. Stehen am Ende eines Tests die schwierigen Aufgaben, so bleiben ungünstige Erfahrungen zurück – die auch wieder negative Auswirkungen auf zukünftige Tests haben könnten. Wenn auch hierzu weitere Forschungsarbeiten nötig sind, so gibt die

Studie einen Hinweis darauf, dass die häufig als selbstverständlich beste angenommene Reihung leicht-schwer durchaus zu überdenken ist.

Planung der Prüfungssituation

Hier gilt es folgende Punkte zu bedenken:

- Die Prüfungsdauer ist festzusetzen. Eine Faustregel könnte sein, bei Grundschulkindern nicht länger als 20 Minuten, bei älteren Lernenden ca. 45-60 Minuten anzusetzen.
- Das Arbeitstempo sollte nicht höher sein als im Unterricht. Psychologische Leistungstests lassen sich in Speed- und Powertests unterscheiden. Bei ersteren wird eine begrenzte Bearbeitungszeit für Items vorgegeben, die bei unbegrenzter Bearbeitungszeit von nahezu allen gelöst werden könnten. Bei einem Powertest steht theoretisch eine unbegrenzte Bearbeitungszeit für Aufgaben mit Schwierigkeitsanstieg zur Verfügung. Auch eine Kombination von Speed- und Powertests ist möglich. Je nach Kombination haben die Tests dann mehr oder weniger stark ausgeprägte Speed- und Powerkomponenten. Hin und wieder reine Powertests durchzuführen wäre auch in der Schule sinnvoll, insbesondere sind sie für Prüfungsängstliche ein sinnvolles Format.
- Beim Festlegen des Zeitpunktes einer Prüfung ist zu bedenken, in welcher Woche die Prüfung stattfinden soll. Stehen bspw. schon andere Prüfungen an oder geht z. B. eine Sportstunde voraus? In diesem Fall kommen die Schüler*innen wohl abgehetzt, körperlich aufgewühlt in das Klassenzimmer. Sollte diese der Fall sein, müsste die Lehrkraft erstmal dafür Sorge tragen, dass die Schüler*innen „runterkommen“. Dies kann ihr z. B. gelingen, indem sie ein paar Atem- und/oder weitere Entspannungsübungen vorsieht.
- Es ist festzulegen, welche Hilfsmittel zugelassen werden.

Ausarbeitung einer Musterlösung

Im Gegensatz zu normierten Leistungstests gibt es für den zu prüfenden Unterrichtsstoff keine Musterlösung. Dabei ist es ratsam, wenn die Lehrkraft eine solche vor der anstehenden Prüfung schon mal ausarbeitet. So sieht sie, an welchen Stellen Schüler*innen auf Ungereimtheiten, Schwierigkeiten oder Möglichkeiten des Missverständnisses in der Aufgabenstellung stoßen könnten. Auch erfolgt die für die Punkte- oder Fehlerzuteilung notwendige Gliederung in Teilschritte präziser, wenn die Lehrkraft die Bearbeitung einer Musterlösung durchgeht. Zudem kann dadurch ein Gefühl für die erforderliche Arbeitszeit der Lernenden erzeugt werden.

Anlage von schriftlichen Prüfungen

Auch inhaltlich sollte eine Prüfung reflektiert und konzipiert werden. Folgende Schritte können dabei hilfreich sein:

- Punkte- und Fehlerzuweisung: Um Punkte oder Fehler sinnvoll zuweisen zu können, müssen die Leistungen in logisch isolierbare Einzelleistungen zerlegt werden. Doch was dies ist, lässt sich nicht so einfach sagen. Wenn jemand schreibt „Das Gebäude ist im Stil des barok erbaut", erhält er dann einen oder zwei Fehler bei „barok"? Was also eine Einzelleistung ist, bleibt immer eine Ermessensentscheidung, auch bei der Zählung von Fehlern. Hinter jeder Aufgabe sollte die Anzahl der maximal zu erreichenden Punkte angegeben werden.

- Festsetzen der Mindestkompetenz: Im Allgemeinen wird eine Leistung als erfolgreich angesehen, die nicht unter die Note 4 abfällt, eben noch *ausreichend* ist. Dies ist genau die Mindestkompetenz. Um erfolgreich weiter lernen zu können, muss klar sein, welchen Anteil richtiger Lösungen Schüler*innen *mindestens* erzielen müssen. Diese Frage ist nicht leicht zu beantworten. Hierzu liegen keine Forschungsbefunde vor, auf die man zurückgreifen könnte, eher greift man auf Erfahrungswerte zurück. Entsprechend weit verbreiteter Beurteilungspraxis könnte folgender Vorschlag zur Bestimmung von Mindestkompetenzen sinnvoll sein:

Grundlegende Kompetenzen:	50 % mindestens richtige Lösungen
Häufiger benötigte Kompetenzen:	40 % mindestens richtige Lösungen
Seltenere benötigte Kompetenzen:	30 % mindestens richtige Lösungen

Notenschlüssel

Es sollte transparent gemacht werden, wie viele Punkte zum Bestehen der Prüfung notwendig sind, im Idealfall sollte schon im Vorfeld einer Prüfung in Form einer kriterialen Bezugsnorm der Notenschlüssel bekannt gemacht werden. Dies hat den Vorteil, dass sich eine Lehrkraft nicht verleiten lässt, bei der Benotung durch die Hintertür doch eine soziale Norm anzulegen. Sollte eine Arbeit sehr gut ausfallen, dann ist es eben kein Fehler, wenn die Mehrzahl der Schüler*innen die Aufgaben lösen können.

> Spüren die Schüler*innen, dass Noten erst nach der geschriebenen Arbeit anhand der Leistungsverteilung in der Klasse festgelegt werden, trägt das zum Verlust von Kontrollerleben bei: In diesem Fall hängt die eigene Leistung davon ab, wie gut oder schlecht die anderen abschneiden – ein für die*den Einzelne*n gänzlich unkontrollierbarer Umstand. (Frenzel & Stephens, 2017, S. 57; Anmerkung: gendergerechte Sprache durch die Autoren eingefügt).

Beim Festlegen des Notenschlüssels fällt einem der Autoren ein durchaus problematisches Vorgehen ein, zu der er sich bei der Benotung seiner Lateinschulaufgaben „genötigt“ sah. An seiner Schule war es üblich, dass bei einer Klassenarbeit mit einem Klassendurchschnitt schlechter als 4,0 die entsprechende Lehrkraft zum*r Schulleiter*in zitiert wurde – eigentlich kein Problem, sollte man meinen. Doch wer will schon gerade als junge Lehrkraft zu seinem*r Schulleiter*in zitiert werden? Also war es üblich, dass man den Notenschlüssel so anpasste, dass, wenn es irgendwie noch zu verantworten war, ein 3,95 Durchschnitt festgelegt werden konnte.

Messfehler

Überall, wo gemessen wird, treten Messfehler auf. Das ist zunächst nicht problematisch. Zum Problem wird der Messfehler dann, wenn er nicht erkannt wird. Dazu trägt der Stichprobenfehler bei. Aus dem relevanten Prüfungsstoff liegt in Form von Aufgaben immer nur eine Stichprobe aller möglichen Inhalte vor. Das abgeprüfte Wissen kann daher über die Schüler*innen hinweg variieren, je nachdem, welches Gebiet sie besonders gelernt haben. Weiterhin trägt die Notenskala zu einer fehlerhaften Messung bei. Während die vollen Zielerreicher*innen und Zielverfehler*innen noch gut identifizierbar sind, dürfte es bei den anderen Noten zwischen zwei und vier schon schwieriger sein, klar die Note anzugeben. Und wenn Nachkommastellen von berechneten Notendurchschnitten anzugeben sind, wird deutlich, wie hier einer Genauigkeitsillusion das Wort geredet wird. Eine Konsequenz aus der Diskussion um Messfehler sollte sein, dass die Aufgabenzahl nicht zu klein sein darf.

Anlegen einer Benotungsskala

Generell lassen sich Punkte- und Fehlerskalen unterscheiden. Hier zwei Beispiele, die zeigen, dass die Fehlerskalen logische Umkehrungen von Punkteskalen sind.

Punkteskala	Note
26–28 P.	1
21–25 P.	2
15–20 P.	3
10–14 P.	4
5–9 P.	5
0–4 P.	6

Fehlerskala	Note
0–2 F.	1
3–7 F.	2
8–13 F.	3
14–18 F.	4
19–23 F.	5
24–28 F.	6

Weiterhin kann man zwischen linearen (äquidistanten) und nichtlinearen (nicht äquidistanten) Skalen unterscheiden. Lineare Skalen weisen jeder Notenstufe gleich breite Punkte- bzw. Fehlerbereiche zu. In der Praxis in den allgemeinbildenden Schulen am häufigsten kommen sogenannte partiell lineare Skalen zum Einsatz, d. h., es wird ein Sockelwert für die Note 5 festgelegt, ab welcher Punktzahl die Schüler*innen eine 5 bekommen. Dann wird der Punktebereich zwischen dem Sockelwert und der vollen Punktzahl gleichmäßig auf die Noten 1 bis 5 verteilt. Ein Beispiel aus dem Fach Englisch soll das zuletzt Genannte verdeutlichen: Ein Englischtest besteht insgesamt aus 150 englischen Wörtern, die ins Deutsche zu übersetzen sind. Theoretisch könnte man 150 Punkte für eine fehlerlose Übersetzung erzielen oder umgekehrt 150 Fehler machen. Doch in der Praxis entscheidet sich eine Lehrkraft für die Grenze, bei der er die Arbeit nicht mehr für „Ungenügend" erachtet. Diese Grenze mag bspw. 20 Fehler betragen, das ist der sog. Sockelwert: die Benotungsskale würde dann so aussehen: 0–4 Fehler: Note 1; 5–8 Fehler: Note 2; 9–12 Fehler: Note 3; 13–16 Fehler: Note 4; 17–20 Fehler: Note 5; mehr Fehler: Note 6.

Eine schriftliche Arbeit zu konzipieren, bedeutet für eine Lehrkraft, bereits im Vorfeld sich gründlich Gedanken zu machen, wie sie den Leistungen ihrer Schüler*innen auch wirklich gerecht werden kann.

5.4.2 Beurteilung mündlicher Leistungen

Einer der Autoren erlebte in seiner Schule regelmäßig „Stress" mit seinem Fachbetreuer für Latein. Für den Fachbetreuer war es befremdlich, dass dieser hin und wieder eine Diskrepanz in der Notengebung zwischen schriftlicher und mündlicher Note bei seinem Kollegen feststellte. Er konnte der Argumentation nicht folgen, dass mündlich durchaus etwas anderes als schriftlich abgeprüft werden darf. Ansonsten bräuchte man ja auch nicht beide Prüfungsformate. Warum sollten Schüler*innen nicht großes Interesse an Realien bspw. im Fremdsprachunterricht zeigen und dieses hier erworbene Wissen in Form eines Referates oder durch gute mündliche Mitarbeit im Unterricht einbringen?

Und sollte wirklich derselbe Stoff einmal schriftlich, einmal mündlich abgefragt werden, dann lassen sich Divergenzen immer noch erklären. Beispielsweise empfindet ein Prüfling in einer schriftlichen Prüfungssituation eine größere die Leistung beeinträchtigende Prüfungsangst als in einer mündlichen Abfrage oder auch umgekehrt.

Mündliche Prüfungen unterscheiden sich in zwei Punkten entscheidend von schriftlichen Prüfungen.

Mündliche Prüfungen sind interaktiv.

Prüflinge sind sofort nach einer Antwort mit Rückmeldungen konfrontiert, sowohl mit Inhalts- als auch Beziehungsbotschaften. Und hier sind Missdeutungen möglich, die Verlauf und Erfolg einer mündlichen Prüfung stark beeinflussen können, und zwar zum Positiven als auch zum Negativen. Leicht können Prüflinge z. B. durch ein Stirnrunzeln der Prüfer*innen verunsichert werden. Im umgekehrten Fall kann z. B. ein zunickendes Lächeln ein gutes Gefühl geben.

Mündliche Prüfungen können adaptiv sein.

Prüfer*innen haben die Möglichkeit, sich im Laufe der Prüfung den Prüflingen anzupassen. Sie können das Niveau anheben oder absenken, um unnötige Frustration zu vermeiden.

Gerade mit dem zweiten Charakteristikum wird deutlich, dass Prüfer*innen gleichzeitig auf mehrere Punkte zu achten haben:

- Sie müssen den Kandidat*innen zuhören.
- Sie müssen permanent die Leistung auf fachliche Richtigkeit hin beurteilen.
- Sie müssen einschätzen, inwieweit Prüflinge unter- oder überfordert sind bzw. gerade angemessen beansprucht werden.
- Sie müssen sowohl eigene Beziehungsbotschaften auf ihre Wirkung hin kontrollieren als auch die der Prüflinge richtig einschätzen.

Bei mehreren aufeinander folgenden Prüfungen, beispielsweise bei Abschlussprüfungen, ist auf zwei weitere Punkte zu achten:

Reihenfolgeeffekte (vgl. P. 4.2.2)

Während sogenannter Reihenfolgeeffekte, die auch beim Korrigieren schriftlicher Arbeiten auftreten können, ist auf Wahrnehmungsfehler besonders im Rahmen von mündlichen Prüfungen zu achten. Es kann nach drei schwachen Prüflingen ein nun folgender guter Prüfling „ein Lichtblick sein", sodass eine gelungene Formulierung sogar einen Zusatzpunkt einbringen kann.

Allzu euphorisch mögen Prüfer*innen eine mittelmäßige Leistung hoch bewerten, wenn zuvor bei Prüflingen sehr schwache Noten vergeben wurden.

Vergleichbarkeit der Leistungen

Es ist obsolet, Prüfungskandidat*innen in der gleichen Prüfungsgruppe identische Fragen zu stellen. Das heißt, es geht darum, den Prüflingen nicht nur andere Fragen zu stellen, sondern auch darauf zu achten, dass hier keine unterschiedlichen Maßstäbe an die Qualität der Fragen angelegt werden. Denn nur so sind Leistungen auch vergleichbar.

Was bedeuten die angeführten Punkte für die Organisation mündlicher Prüfungen? Mündliche Prüfungen, insbesondere Abschlussprüfungen, sollten sorgfältig geplant werden, d. h., zum Teil schriftlich vorformuliert werden, um auf eine Vergleichbarkeit der Fragen im Vorfeld achten zu können. Dies hindert die Prüfer*innen dennoch nicht, während einer Prüfung trotzdem adaptiv auf das Antwortniveau der Prüflinge eingehen zu können.

Fazit/Reflexionsfragen für eine Lehrkraft

Diesen Unterpunkt 5.4 beenden wir mit vier Leitfragen, an die Lehrkräfte gerichtet, die wir wörtlich aus Paradies u. a. (2009, S. 91) entnehmen:

1. Habe ich alles mir Mögliche getan, um die Schülerinnen und Schüler auf die Probe vorzubereiten? War ausreichend Gelegenheit zum Üben und Wiederholen? Sind die Ziele deutlich und die Wege, auf denen sie zu erreichen sind? Wissen alle, worauf es ankommt?
2. Ist die Aufgabe aufgrund der gegebenen Voraussetzungen lösbar? Weiß jeder, wie eine gute Lösung aussehen sollte? Ist die Aufgabe verständlich, eindeutig und altersgerecht? Bietet sie eine Chance, dass man Spaß bei der Lösung haben kann?
3. Bekommt die Schülerin oder der Schüler mit dieser schriftlichen Arbeit einen für sie oder für ihn wichtigen Hinweis zu den Lernfortschritten? Bekommt sie oder er Hilfen, sie zu vervollkommnen?
4. Mache ich auf positive Entwicklungen und Aussichten deutlich genug aufmerksam und stärke damit Leistungsfähigkeit und Selbstwertgefühl dieser Schülerin oder dieses Schülers?

6 Umfassende Diagnosekultur

Die Art der schulischen Leistungserhebungen lässt sich von der Art des vorausgehenden Unterrichtens nicht trennen. In einer traditionellen „Paukschule“ wären Prüfungsaufgaben mit hohem Reflexionspotenzial kaum denkbar gewesen. Solange in der Schule Leistungsbeurteilung für das Lernen eine wichtige Rolle spielt, ist die gängige Lernkultur von der Diagnosekultur nicht zu trennen.

Seit mittlerweile 30 Jahren wird in der schulpädagogischen Diskussion von einer „neuen Lernkultur“ gesprochen. Aus Unzufriedenheit mit den bisherigen Vorstellungen von Lernen, einem Lernen als einfache Informationsverarbeitung, wurde dieser Begriff eingeführt. Hinter dem Begriff steckt keine einheitliche pädagogische Kategorie.

Die Grundannahmen lauten (Haag & Streber, 2020):

- Lernen ist situations- und kontextgebunden.
- Lernen ist ein aktiver, konstruktiver Prozess.
- Lernen ist ein selbstgesteuerter Prozess.
- Lernen ist immer soziales Aushandeln von Bedeutungen.
- Motivation ist eine zentrale Bedingung für Lernen.

Meist mündet die Diskussion um die „neue Lernkultur“ in der Vorstellung alternativer Unterrichtsmethoden, wie z. B. Kooperatives Lernen, Selbstgesteuertes Lernen, Entdeckendes Lernen, Forschendes Lernen oder Projektunterricht. Hierunter fällt auch ein individualisiertes Lernen als zentraler Baustein.

Lernen als Prozess soll weitgehend unabhängig von Lehrenden und ohne den in Bildungsinstitutionen verbreiteten Leistungsdruck stattfinden. Ziele schulischen Lernens sind nicht zuletzt das Lernen des Lernens selbst sowie das Lernen durch und für die Welt außerhalb der Schule (vgl. Weinert, 1997).

Dabei sind auch bei der Leistungsbewertung über die Sachkompetenz hinaus, die bisher zumeist von den Lehrkräften hinsichtlich kognitiver Aspekte erfasst wurde, umfassende Kompetenzen zu berücksichtigen, wie sie Weinert in seinem breiten Kompetenzbegriff miteinschließt (vgl. P. 2.5). Ein Lernen als Prozess, der von den Schüler*innen mitgestaltet und mitverantwortet wird, impliziert auch eine Beteiligung eben der Schüler*innen an der Beurteilung ihrer Leistungen. All diese Aspekte gilt es heute in einer umfassenden Diagnosekultur mitberücksichtigen. Damit sich Schüler*innen selbst beurteilen können, bedarf es Kompetenzen der Selbststeuerung, die in der Kompetenz des Selbstregulierten Lernens erfasst werden. Ausgehend von einer soeben skizzierten neuen Lernkultur wird im ersten Unterpunkt aufgezeigt, welche Aspekte eine umfassende Diagnosekultur berücksichtigen muss (6.1). Für deren Gelingen wird als zentrale Voraussetzung in 6.2 das Selbstregulierte Lernen behandelt.

6.1 Welche Aspekte berücksichtigt eine umfassende Diagnosekultur?

Spätestens mit der Verbreitung der neuen Lernkultur mussten neue Wege der Leistungsbeurteilung beschritten werden. Zentrales Kennzeichen ist, dass neue Formen der Leistungsbeurteilung, die die bisherigen ergänzen, die Förderung individueller Lernprozesse zum Ziel haben. Dies bedeutet u. a.:

- Um möglichst viele Aspekte der Leistung zu erfassen, bedarf es vielfältiger diagnostischer Möglichkeiten.
- Es werden alle Möglichkeiten wahrgenommen, Leistungen in Prozessen zu erkennen.
- Neben dem fachlichen inhaltlichen Lernen geht es auch um methodisch-strategisches, sozial-kommunikatives und persönliches Lernen.
- Die Schüler*innen werden selbst Teil des Beurteilungsprozesses.

Bei dem Begriff Diagnostik denkt man zwangsläufig an die unumgängliche Leistungsdiagnostik, an Leistungserhebungen und -bewertungen wie mündliche Abfragen, schriftliche Klassenarbeiten, Kurzarbeiten sowie an Leistungsmessungen in Sport, Kunst und Musik. Doch sollte man dabei auch den umfassenden Bildungsauftrag von Schule im Blick behalten, der sich an der Entwicklung der Schüler*innenpersönlichkeit orientiert. Neben der bisher in der Schule dominierenden Sachkompetenz geht es auch um Methoden-, Selbst- und Sozialkompetenz. An diesem erweiterten Lernbegriff orientieren sich die deutschen Bildungspläne seit Ende der 90er Jahre, als ihn Klippert (1994) thematisiert hat. Der erweiterte Lernbegriff ist ein normatives Konstrukt, das sich in folgenden vier Subkompetenzen konkretisieren lässt (vgl. im Folgenden Bach-Blatter & Bohl, 2011, S. 177):

- fachlich-inhaltlicher Lernbereich: Fachwissen besitzen, urteilen, definieren, vernetzen usw.
- methodisch-strategischer Lernbereich: visualisieren, planen, strukturieren, exzerpieren, nachschlagen usw.
- sozial-kommunikativer Lernbereich: kooperieren, zuhören, argumentieren usw.
- persönlicher Lernbereich: Selbstvertrauen entwickeln, ein realistisches Selbstbild entwickeln, Kritikfähigkeit entwickeln usw.

Dieser skizzierte erweiterte Lernbegriff erfordert ein verändertes Bewertungsverständnis. Leistungsbewertung kann sich auf jede der vier Subkompetenzen beziehen, unterliegt somit einem breiteren Leistungsverständnis und bedarf vielfältiger Bewertungsformen. Eine solche pädagogische Schulleistungsdiagnostik zielt auf die optimale Förderung der einzelnen Schüler*innen ab. Situationen, in denen individuell Schüler*innen etwas „leisten", das beobachtet und bewertet werden kann, müssen vor diesem Anspruch vielfältiger werden: Projektarbeit, Präsentationen, Experimente, Erkundungen, Lernen durch Lehren, Gruppenarbeit, Diskussionen sind weitere Lernformen, die Formen neuer Leistungserhebungen bedürfen.

Wenn Schüler*innen differenziert und dazu noch auf unterschiedlichem Niveau arbeiten, kann man ihre Leistungen nicht mehr direkt miteinander nach einem einheitlichen Maßstab vergleichen. Wie sich ja individuelle Förderung am je individuellen Leistungsstand orientiert, so sollte sich logischerweise die Leistungsüberprüfung an der bisher erzielten Leistung orientieren, was eine Betonung auf der Basis einer individuellen Bezugsnorm bedeutet. Diese Diskussion, die wir ausführlich im Punkt 2.3 geführt haben, wollen wir hier nochmals aufgreifen, und zwar gezielt unter dem Aspekt der Förderdiagnostik.

Gehen wir von folgendem Gedankenexperiment aus: Nehmen wir an, dass alle Schüler*innen einer Klasse gleichermaßen gefördert werden, d. h., die Schüler*innen mit eher geringen Leistungen zu mittleren, die durchschnittlichen zu guten und die leistungsstarken zu noch besseren Leistungen gebracht werden, also alle gleichermaßen besser werden. In diesem Falle ändert sich bei Anwendung der sozialen Bezugsnorm am Notenbild nichts. Gestiegen sind nur die Anforderungen. Unter dem Förderaspekt wäre die ausschließliche Anwendung der sozialen Bezugsnorm fatal. Somit leuchtet sofort ein, dass unter dem Förderaspekt die individuelle Bezugsnorm ihre Berechtigung hat. Doch dabei stellt sich auch die Frage der Fairness. Nehmen wir folgendes Beispiel: Sollten leistungsstarke Schüler*innen in ihren Leistungen stagnieren, leistungsschwache sich aber deutlich verbessern, jedoch absolut gesehen immer noch geringere Leistungen zeigen als die Leistungsstarken, dann würden die leistungsschwachen Schüler*innen eine bessere Note bekommen als die leistungsstarken. Dies wäre wohl nicht fair. Somit wären wir wieder bei der Argumentation, wie wir sie im Punkt 2.3 geführt haben. Der adäquate Weg einer Förderdiagnostik, die auf alle Schüler*innen abzielt, bleibt das Anlegen einer kriterialen Norm. Damit wird allen Schüler*innen gleichermaßen, ob leistungsstark oder -schwach, signalisiert, auf welchem Leistungslevel sie sich gerade befinden. Möchte man individuelle Leistungsentwicklungen berücksichtigen, so ist die individuelle Bezugsnorm sicherlich eine sehr gute Ergänzung – insbesondere in Form eines entsprechenden schriftlichen oder mündlichen Feedbacks.

Im Einklang mit einer neuen Lernkultur und einem erweiterten Lernbegriff sieht Winter (2016) bei der schulischen Leistungsbeurteilung folgende bedeutsame Veränderungen der Rahmenbedingungen, die sich in den vergangenen Jahrzehnten ergeben haben:

- Neue Instrumente: Hier sind vor allem die standardbezogenen Schulleistungstests zu nennen. Damit haben Lehrkräfte das Monopol verloren, Schulleistungen zu beurteilen. In Folge dieser Testentwicklung ging die Möglichkeit einher, flächendeckend einzelne Wissensdomänen und Kompetenzbereiche relativ objektiv zu erheben.
- Neue Akteur*innen: Mit diesen Veränderungen der Instrumente der Leistungsüberprüfung geht einher, dass mehr und neue Akteur*innen die schulische Leistungsbeurteilung beeinflussen. Hierher gehört auch, dass die Kontrolle und Beurteilung der Leistung an die Schüler*innen selbst übertragen werden.
- Ausgeweitete Anforderungen: Besonders zu nennen ist im Rahmen eines pädagogischen Leistungsbegriffs die Anforderung an die Leistungsbeurteilung, mehr Informationen für das nachfolgende Lernen, also den Lernprozess, und die individuelle Förderung bereitzustellen. Ebenso ist das Arbeits- und Sozialverhalten der Schüler*innen mit in den Blick zu nehmen.

Diese Veränderungen der Rahmenbedingungen führen nach Winter dazu, die gängige Praxis der Leistungsüberprüfung neu zu gestalten. Hierzu stellt er sechs Thesen auf (S. 72ff.):

These 1:
Die Schule braucht nicht nur eine Art von Leistungsbeurteilung – sie muss lernen, dass man für verschiedene Zwecke unterschiedliche Verfahren benötigt.

Hierzu bietet Winter eine Synopse von Verfahren mit je spezifischen Vorteilen und Nachteilen (s. Tabelle 11 im P. 7).

These 2
Die wichtigsten Aufgaben der Leistungsbeurteilung liegen im Klassenzimmer – diesbezüglich muss die Schule ihre eigenen Bedürfnisse erkennen und zur Geltung bringen.

Da über Schulleistungstests brauchbare Informationen über die Bildungserfolge von einzelnen Schulen und Klassen vorliegen, könnten sich die Schulen frei machen, vergleichbare und objektive Leistungsmessung zu betreiben. Eine Neuorientierung könnte so aussehen, dass Ergebnisse für den weiteren Lernverlauf nützlich sind. Lehrkräfte könnten aus ihren Beurteilungen Schlüsse für ihren eigenen Unterricht ziehen und den Schüler*innen Hinweise für deren Lernen geben.

These 3
Die Leistungsbeurteilung muss sich verstärkt den Prozessen des Lernens zuwenden und in sie eingreifen.

These 4
Die Schüler*innen müssen in die Leistungsbeurteilung miteinbezogen werden – sie können Diagnostiker*innen ihrer eigenen Aufgaben sein.

Damit können die Prozesse des Lernens, Präkonzepte, Vorstellungen und Fehlvorstellungen mitberücksichtigt werden. Außerdem können die Schüler*innen ihre Arbeit im Prozess kontrollieren.

These 5
Die Leistungsbeurteilung muss sich weniger auf die Fehler und vermehrt auf die Qualitäten von Schüler*innenarbeiten richten.

In Abkehr einer regelrechten „Fehlerjagd" sollte in der Schule eine fehlerfreundliche Lernkultur etabliert werden. Ein Kulturwandel weg von einer Defizitorientierung steht in der Pädagogik weitgehend noch an. Es geht darum, Qualitäten zu finden, persönliche Stärken, Ressourcen und Kompetenzen zu diagnostizieren.

These 6
Die Schule muss dafür sorgen, dass Leistungen in vielfältigeren Situationen erbracht sowie geprüft werden können und Anwendung finden. Hier sind vor allem Lern-Arrangements zu nennen, in denen kooperativ und viel selbstständig oder selbstgesteuert gearbeitet wird.

6.2 Warum ist selbstreguliertes Lernen eine notwendige Voraussetzung einer umfassenden Diagnosekultur?

Nach der These 4, wie soeben im P. 6.1 gezeigt, ist ein Charakteristikum einer neuen schulischen Diagnosekultur, dass die Schüler*innen in die Beurteilung ihrer eigenen Leistungen miteinbezogen werden. Dies setzt auf Schüler*innenseite Kompetenzen zum selbstgesteuerten Lernen voraus, d.h., dass sie sich eigenständig Ziele setzen, selbstständig schulische Aufgaben bearbeiten und ihre Lernfortschritte und Ergebnisse selbständig beobachten (Monitoring) und gegebenenfalls optimieren (d.h. regulieren). In der Wissenschaft hat sich diesbezüglich der Begriff des selbstregulierten Lernens etabliert, auf den wir in diesem Unterpunkt näher eingehen.

Ganz allgemein gesprochen ist die Fähigkeit zum selbstregulierten Lernen als Kernkompetenz zur Realisierung eines autonomen und mündigen Lebens anzusehen (vgl. Götz & Nett, 2017; auf diesen Artikel wird im Folgendem Bezug genommen). Wie bei der neuen Lernkultur skizziert, zielt heutiges Lernen als aktiver, konstruktiver

Prozess auf ein selbstgesteuertes lebenslanges Lernen ab. Selbstreguliertes Lernen ist ein zentraler Baustein, um dieses Ziel zu erreichen. Im traditionellen Unterricht, insbesondere in Form des Frontalunterrichts, ist selbstreguliertes Lernen eher weniger gefragt. Die Lehrkraft gibt in der Regel klare Rahmenbedingungen vor, welcher Stoff bis zu welchem Zeitpunkt mit welchen Materialien gelernt werden soll.

Definition

Selbstreguliertes Lernen ist eine Form des Erwerbs von Wissen und Kompetenzen, bei der Lerner*innen sich selbstständig und eigenmotiviert Ziele setzen sowie eigenständig Strategien auswählen, die zur Erreichung dieser Ziele führen und durch Bewertung von Erfolgen bezüglich der Reduzierung der Ist-Soll-Differenz Ziele und Aktivitäten im Hinblick auf eine Erreichung des Soll-Zustandes prozessbegleitend modifizieren und optimieren (Götz & Nett, 2017, S. 146).

Götz und Nett sehen folgende Kompetenzen als zentral für ein Gelingen selbstregulierten Lernens (S. 146):

- Fähigkeit, sich selbstständig angemessene Ziele zu setzen
- Diagnostische Kompetenzen im Hinblick auf die Bewertung des Ist-Zustandes und der Ist-Soll-Differenz während des Prozesses des Versuchs der Zielerreichung
- Wissen und Fertigkeiten zur Reduzierung der Ist-Soll-Differenz
- Motivation, Lernprozesse zu initiieren und aufrechtzuerhalten.

Die bisherigen Ausführungen zeigen, wie wichtig Lernstrategien bei der Anbahnung selbstregulierten Lernens sind. Darunter versteht man „Handlungen und Gedanken, die dazu dienen, den Lernprozess direkt oder indirekt zu steuern und die vom Lernenden wissentlich mit dem Ziel, den Lernprozess zu optimieren, genutzt werden können" (Götz & Nett, 2017, S. 147).

Modell

Derzeit existieren mehrere Modelle zum selbstregulierten Lernen. Gemein ist fast allen Modellen, dass sie ein dynamisches Zusammenwirken motivationaler, kognitiver und metakognitiver Aspekte des Lernens darstellen.

Boekaerts (1999) hat das derzeit wohl bekannteste Modell selbstregulierten Lernens entwickelt. In ihrem Dreischichtenmodell (vgl. Abbildung 4) unterscheidet sie drei Regulationsebenen:

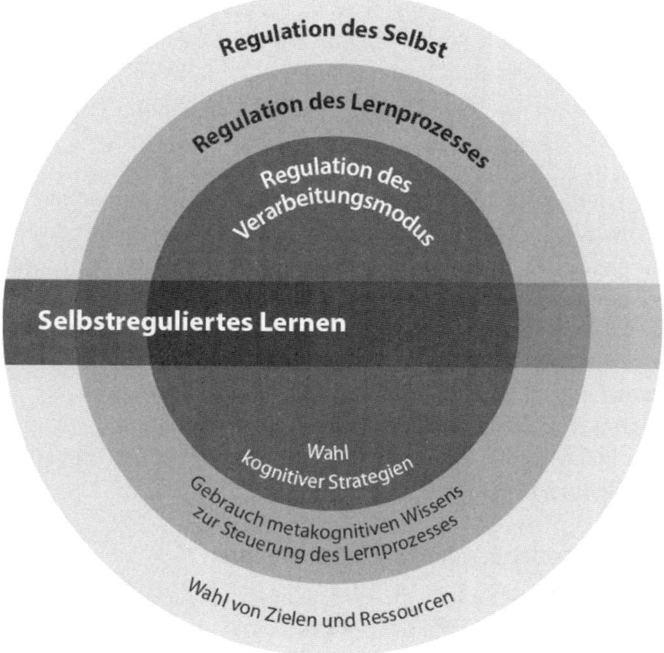

Abbildung 4: Dreischichtenmodell von Boekaerts (nach Götz & Nett, 2017, S. 154)

1. Regulation des Verarbeitungsmodus: Im Zentrum des Modells werden die kognitiven Prozesse thematisiert, die unmittelbar der Erarbeitung von Lernergebnissen dienen. Kognitive Strategien zu kennen und anwenden zu können, ist eine notwendige Voraussetzung selbstregulatorischer Tätigkeiten. Denn Lerner*innen können ihren Lernprozess nur dann selbst gestalten, wenn sie auf kognitive Strategien zurückgreifen können. Den Schüler*innen sollte im Unterricht ein Repertoire an kognitiven Strategien vermittelt werden, gleichsam als Grundlage selbstregulierten Lernens. Hierunter zählen Enkodierstrategien zur dauerhaften Speicherung neuer Informationen (etwa Strukturierungshilfen wie Mapping-Techniken), Wiederholungsstrategien, Abrufstrategien (etwa durch Nutzung von Gliederungen, Stichwortlisten, Schemata).

2. Regulation des Lernprozesses: In der mittleren Schicht des Modells werden metakognitive Prozesse thematisiert, die den Einsatz der kognitiven Strategien steuern. Dazu gehören Planungsstrategien, welche den Lernenden helfen, die zur Erreichung spezifischer Ziele adäquaten Aktivitäten auszuwählen und zu initiie-

ren (z. B. Wahl spezifischer Lernstrategien, Lernzeiten, Lernort). Durch das den Lernprozess begleitende Monitoring, d. h., die „Überwachung“ des Lernprozesses, können Fortschritte, aber auch Probleme beim Lernen erkannt werden. Monitoring ermöglicht eine Bewertung des Lernprozesses (z. B. Effektivität der Reduzierung der Ist-Soll-Differenz), die gegebenenfalls zur Regulation führen kann (z. B. Strategiewechsel).

3. Regulation des Selbst: Im äußeren Bereich des Modells werden motivationale Aspekte thematisiert; er bezieht sich auf die Regulation des Selbst, insbesondere auf die Wahl eigener Ziele und die Entscheidungen bezüglich des Ausmaßes der zu verwendenden Ressourcen („Was will ich erreichen und wie viel ist mir das Erreichen dieses Zieles wert?“). Dieser Bereich umfasst auch die Fähigkeit, aktuelle und zukünftige Aktivitäten entsprechend der eigenen Wünsche, Bedürfnisse, Erwartungen und Ressourcen auszuwählen, diese Aktivitäten zu initiieren und sie gegen konkurrierende Einflüsse und Alternativen abzuschirmen (z. B. mit den Mathematik-Hausaufgaben zu beginnen und diese zu Ende zu führen, statt nach kurzer Zeit mit Telefonieren zu beginnen).

Zusammenhänge zwischen den drei Regulationsprozessen

Die drei dargestellten Regulationsprozesse stehen in einem engen Zusammenhang. Bei der Regulation des Selbst werden auf der Basis motivationaler Orientierungen individuelle kurz- und langfristige Ziele definiert (z. B. „Ich will ein gutes Abitur schaffen und investiere daher viel Zeit in mein Lernen.“), die Einfluss auf die Art und Weise der Steuerung konkreter Lernprozesse nehmen (z. B. Planung: „Für dieses Wochenende nehme ich mir außer schulischen Hausarbeiten nichts weiter vor.“). Die Steuerung wiederum nimmt Einfluss auf die konkrete Strategieanwendung (z. B. „Ich gehe den Lernstoff Schritt für Schritt durch und erstelle mir eine Mindmap.“). Im Hinblick auf gelingende Selbstregulation ist es notwendig, alle in den drei einzelnen Schichten dargestellten Kompetenzen zu erwerben.

Selbstreguliertes Lernen muss im Unterricht einerseits angebahnt werden, damit die Schüler*innen aus offenen Unterrichtsformaten wie Gruppenarbeit oder Projektunterricht Nutzen ziehen können, andererseits wird es durch diese Formate gefördert. Im nächsten Punkt 7 werden wir sehen, wie in einer neuen und umfassenderen Diagnosekultur Verfahren bei der Leistungsbeurteilung eingesetzt werden, deren Gelingen selbstregulatorische Fertigkeiten seitens der Schüler*innen voraussetzen. Da es in vorliegendem Buch klar begrenzt um die Schulleistungserhebungen und deren Beurteilung geht, soll die Förderung selbstregulierten Lernens, wie wichtig dieser Aspekt auch ist, hier nicht weiterverfolgt werden. Allein ein Fördermodell wird aufgezeigt, damit exemplarisch ersichtlich wird, worauf es hier ankommt. Bei der angegebenen Literatur kann der*die interessierte Leser*in praxistaugliche Anregungen erhalten, ebenfalls in Haag und Streber (2014).

Fördermodell

Götz und Nett (2017) stellen ein Modell dar, das für die Förderung selbstregulierten Lernens in der Schule hilfreich sein kann (S. 172ff.). Bei den folgenden Ausführungen beziehen wir uns auf dieses Modell (vgl. Abbildung 5).

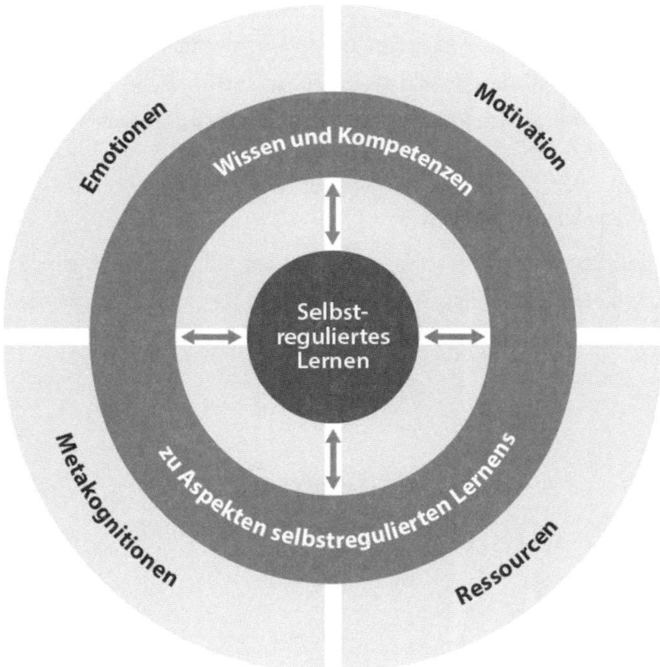

Abbildung 5: Modell zur Förderung selbstregulierten Lernens (nach Götz & Nett, 2017, S. 172)

Wie die Abbildung 5 zeigt, bilden für die Aneignung von Wissen und Kompetenzen zum selbstregulierten Lernen und die Ausführung selbstregulatorischer Tätigkeiten positive Emotionen, Motivation, zur Verfügung stehende Ressourcen sowie Metakognitionen eine wichtige Basis. Umgekehrt werden sie durch diese auch beeinflusst. Ein Erfolg durch Selbstregulation bspw. erhöht die Motivation, sich noch mehr Wissen zur Selbstregulation anzueignen. Außerdem beeinflussen sich die vier genannten Bereiche gegenseitig. So führen positive Emotionen in der Regel zu intrinsischer Motivation. Diese können durch hohen Enthusiasmus der Lehrkräfte und durch die Verdeutlichung der Relevanz selbstgesteuerten Lernens für effektive Lernen gefördert werden.

Fazit

In einer neuen Lernkultur wird Lernen als ein aktiver, konstruktiver und selbstgesteuerter Prozess betrachtet. Dabei geht es um ein soziales Aushandeln von Bedeutungen. Ein so verstandener Lernbegriff muss zu offenen Unterrichtsmethoden führen, die wiederum neue Formen der Leistungsbeurteilung zur Folge haben. Dabei geht es insbesondere um die Förderung individueller Lernprozesse. Um dieses Ziel der Förderung individueller Lernprozesse zu erreichen, ist selbstreguliertes Lernen ein zentraler Baustein. Die unterschiedlichen Modellvorstellungen zum selbstregulierten Lernen eint, dass sie ein dynamisches Zusammenwirken motivationaler, kognitiver und metakognitiver Aspekte des Lernens darstellen.

Reflexionsfrage für eine Lehrkraft

Wenn ich will, dass meine Schüler*innen selbstständig Unterrichtsstoff erarbeiten und dass sie sich außerdem an der Beurteilung ihrer Leistungen mitbeteiligen, tue ich im Vorfeld dann alles, dass meine Schüler*innen dazu auch in der Lage sind?

7 Vielfältige Verfahren der Leistungsbeurteilung

Wie wir im vorherigen Punkt 6 dargelegt haben, ist ein Kennzeichen heutiger Diagnosekultur in der Schule, dass die Schüler*innen selbst in die Leistungsbeurteilung miteinbezogen werden, sie können gleichsam Diagnostiker*innen ihrer eigenen Aufgaben sein. Diese stärkere Einbeziehung der Schüler*innen entspricht demokratischen Grundsätzen, und sie lernen kennen, wie sie ihre Leistungen erbracht haben, was sie so nicht mehr machen würden oder welchen Nuten sie für zukünftige Leistungserhebungen ziehen können.

Eine zentrale Bedingung, damit Selbstbeurteilung auch gelingen kann, ist der Aufbau von Qualitätskriterien für eine Leistung. Diese müssen gemeinsam zwischen Lehrkräften und Schüler*innen erarbeitet werden. Dabei ist es zu wenig, nur die Fehler zu markieren und gegebenenfalls diese durch richtige Lösungen auszutauschen. Sacher (2014) schlägt ein Vorgehen in vier Schritten vor:

- Sensibilisierung für Fehler: Fehler müssen erst einmal von den Schüler*innen selbst als solche erkannt werden.
- Reflexion von Fehlern: Zum einen geht es um eine Klassifizierung der Fehler. Handelt es sich beispielsweise um Verwechslungen, Leichtsinnsfehler, systematische Fehler oder typische Fehler? Zum andern geht es um Kausalhypothesen. Handelt es sich beispielsweise bei den klassifizierten Fehlern um Aufmerksamkeitsmängel, Ermüdung, zu hohes Arbeitstempo, vergessene oder nicht verstandene Regeln, fehlende Grundlagenkenntnisse?
- Maßnahmen zur Vermeidung von Fehlern: Es geht darum, wie sich zukünftig nun Fehler vermeiden lassen. Wie kann beispielsweise sinnvoll wiederholt werden, wie können Analogien gebildet werden, wie können Eselsbrücken gefunden werden?
- Evaluation der ergriffenen Maßnahmen: Abschließend soll regelmäßig überprüft werden, inwieweit die eingeleiteten Maßnahmen auch wirklich zum Erfolg führen.

Aus der Kritik an dem gesamten Prozess der Notengebung haben sich im Laufe der Jahre für Forschung und Praxis zwei grundlegend verschiedene Alternativen entwickelt: Es ging um die Wissenschaftlichkeit, in der Sprache pädagogisch-psychologischer Diagnostik um Standardisierung/Objektivierung schulischer Leistungsmessung. Eine zweite Richtung, eine reformpädagogisch orientierte Strömung, ersterer eher diametral entgegengesetzt oder auch sie ergänzend, suchte Wege, wie unter Förderaspekten eine individuelle, facettenreiche Entwicklung von Schüler*innen abgebildet werden kann. Als Stichwort hat sich der Begriff einer neuen Prüfungskultur etabliert (vgl. P. 6). Beide Alternativen gilt es zu berücksichtigen, wenn im Folgenden Verfahren bei der Leistungsbeurteilung eingegangen wird.

Bach-Blattner und Bohl (2011) weisen darauf hin, dass den neuen Formen der Leistungsbewertung drei Bewertungsbereiche zugrunde gelegt sind:

1. Prozessbewertung: Prozesse können auf zwei Arten erfasst und somit bewertet werden: entweder in Form einer Beobachtung bspw. von Gruppenprozessen während einer Gruppenarbeit oder über die Bewertung eines schriftlichen Prozessberichts. Bei der Beobachtung unterscheidet man eine systematische von einer unsystematischen Beobachtung. Im letzteren Fall genügt ein gelegentlicher Einblick in die Lernprozesse einer*s einzelnen Lernenden oder einer Gruppe. Bei der systematischen Beobachtung müssen die Lehrkräfte genau wissen, was sie beobachten wollen, um dies entsprechend auf einem Beobachtungsbogen einzutragen. Pädagogisch ergiebig ist die gegenseitige Beobachtung von Schüler*innen, vorausgesetzt, sie ist entsprechend vorbereitet und überfordert die Schüler*innen nicht. Als großen Vorteil von Prozessberichten sehen Bach-Blattner und Bohl, dass sie Leistungen von Schüler*innen herausstellen, welche am Produkt selbst nicht erkennbar wären. Somit haben diese Berichte eine diagnostische Funktion, indem sie Ansatzpunkte für eine Förderung bieten, welche ohne diese schriftliche Fixierung verloren ginge.

2. Präsentationsbewertung: Die Schwierigkeit einer Präsentation (bspw. Gruppenpräsentation, Rollenspiel) liegt darin, dass alles, was im ersten Zugriff nicht beobachtet werden kann, vorüber ist. Bach-Blattner und Bohl zeigen drei Möglichkeiten auf, wie Präsentationsbewertungen stabilisiert werden können:

   - Von den Präsentationsgruppen kann im Vorfeld ein Präsentationsplan (z. B. Arbeitsaufteilung, Zeitplan) abgegeben werden. Dies klärt den Ablauf und erleichtert den Beobachtungsfokus.
   - Mitschüler*innen können einen gezielten Arbeitsauftrag erhalten (z. B. Mitbewertung oder eine inhaltliche Aufgabe).
   - Damit die fachlich-inhaltliche Kompetenz der präsentierenden Schüler*innen deutlich wird, ist es sinnvoll, Zeit für Fragen zum Thema einzuplanen (S. 188).

3. Produktbewertung: Im Gegensatz zu den beiden ersteren Bereichen ist die Bewertung eines Produkts insofern einfacher, da ein Produkt (bspw. ein künstlerisches Produkt, schriftliche Dokumentation eines Vortrags, Lernplakat, Hausarbeit usw.) mehrfach angeschaut, analysiert und kontrolliert werden kann. Im Rahmen eines Projektunterrichts ist die Bewertung aller drei Bereiche möglich, worauf wir in 7.7 eingehen.

Im Folgenden werden vielfältige Verfahren der Leistungsbeurteilung vorgestellt. Überblicksartig werden sie in Anlehnung an Winter (2016) in Tabelle 11 aufgeführt. Er verwendet eine Tabelle mit drei Spalten, gibt neben den Verfahren deren Vorzüge/Möglichkeiten sowie Nachteile/Schwierigkeiten an. In der Spalte der Verfahren geben wir an, in welchem Unterpunkt wir sie behandeln. Dabei wird ersichtlich, dass wir über die beiden ersten Verfahren nicht weiterschreiben, weil die im Punkt 5 gemachten Ausführungen zur Konzeption und Durchführung von Schulleistungserhebungen genau auf diese in der Praxis gängigen Verfahren zutreffen.

Tabelle 11: Verfahren der Leistungsbeurteilung (in Anlehnung an Winter, 2016, S. 78/9f.)

Verfahren	**Vorzüge/Möglichkeiten**	**Nachteile/Schwierigkeiten**
Klassenarbeit	zeitnahe Lernkontrolle Nachdruck für die Lernforderung	beschränkte Aufgabenformate, eher wissensakzentuiert
Lernkontrollen (Probearbeiten)	diagnostische Lernkontrolle, Differenzierung, Verbesserungsmotivation	eher auf kognitive Leistungen beschränkt
7.1 Selbstbewertung und Selbstreflexion	Übertragung von Beurteilungs-, prozeduralem und metakognitivem Wissen auf die Lernenden	muss eingeübt werden, Zeitaufwand
7.2 Aufgaben mit diagnostischem Potenzial	Vorwissen, Vorstellungen und Konzepte werden sichtbar, Bezug zu Kompetenzen	Auswahl von geeigneten Aufgaben, Anforderungsanalyse der Aufgaben
7.3 Beurteilungsraster	mehrdimensionale Beurteilung, differenzierte Rückmeldung, Transparenz von Kriterien, enger Unterrichtsbezug möglich	Konstruktion ist aufwendig, Raster verleiten zu falscher Summenbildung
7.4 Kompetenzraster	Bezug zu Bildungsstandards	Erstellung ist schwierig
7.5 Portfolio	größere, selbstständige, persönlich bedeutsame Arbeiten sind möglich, komplexe Kompetenzen	erfordert Umstellung im Unterricht, Leistungserbringung wird weniger von der Lehrkraft kontrolliert
7.6 Lernjournal – dialogisches Lernmodell	Vorwissen, Vorstellungen und Konzepte werden explizit, selbständiges Denken und Erklären	Zeitaufwand, diese Kultur muss längerfristig aufgebaut werden
7.7 Präsentation – Projekte	Prüfung und Förderung überfachlicher Kompetenzen, vermittelt Sinn und Anerkennung	Umstellung des Unterrichts, Zeitaufwand, Sicherung einer gemeinsamen Wissensbasis, Organisation guter Rückmeldung
7.8 Lern- und Entwicklungsgespräche	mehrperspektivische Beurteilung, Zusammenarbeit Elternhaus und Schule	Aufwand für Vorbereitung und Organisation
7.9 Schulleistungstests	vergleichbare Leistungsinformation, Bildungsmonitoring	nur ausschnittartig möglich, unterrichtsfern, nicht für individuelle Beurteilung

7.1 Selbstbewertung und Selbstreflexion/ Schüler*innenselbsteinschätzungen

Grunder und Bohl (2001) sehen in der Selbstbewertung der Schüler*innen folgendes Potenzial: „Selbstbeurteilung dient der Reflexion über eigene Arbeit und Leistung mit dem Ziel, das eigene Lernverhalten besser kennen zu lernen und dadurch kontrollierbarerer zu machen. Die eigene Leistungsfähigkeit kann dann realistisch eingeschätzt werden, was wiederum eher Erfolg versprechende Handlungen erwarten lässt“ (S. 31).

Eine informative Übersicht über Selbsteinschätzungen gibt Stadler-Altmann (2022, S. 76f.). Für den Einsatz dieses Instruments gibt es gut belegte positive Effekte, wie die Steigerung der Lernmotivation und Förderung metakognitiver Prozesse sowie zunehmende Akzeptanz der Lehrer*innenbeurteilung, Transparenz der Bewertungsprozesse und Förderung demokratischer Grundsätze. Selbsteinschätzungen kommt nicht nur eine zentrale Funktion innerhalb der Leistungsbewertung zu, sondern im Kreislauf des Lernens, nach der Bearbeitung einer Aufgabe und vor der nächsten Lernherausforderung.

Es geht um folgende Schüler*innenfragen: Was kann ich? Was weiß ich? Wo muss ich mich verbessern? Was kann ich sein lassen? Welche Arbeitstechniken kann ich einsetzen? Wo bekomme ich Unterstützung? Selbsteinschätzung bezieht sich also auf den eigenen Lernprozess und das eigene Lernprodukt. Die Bezüge zum selbstregulierten Lernen, wie wir es im Punkt 6.2 behandelt haben, werden deutlich. Der Hauptunterschied ist, dass beim selbstregulierten Lernen unter theoretischer Perspektive ein dynamisches Zusammenwirken motivationaler, kognitiver und metakognitiver Aspekte modelliert wird.

Schüler*innen müssen über folgende Bedingungen für einen erfolgreichen Einsatz verfügen:

- das bestimmte Ziel in der Lernsituation kennen,
- dieses Ziel für sich als aktuelles akzeptieren,
- einen Weg kennen, über den das Ziel erreichbar ist,
- diesen Weg gehen und wissen, dass dieser Weg gewählt wurde,
- diesen Weg tatsächlich gehen.

Bei der Selbsteinschätzung geht es um eine metakognitive Kontrolle des eigenen Lernverhaltens und der erzielten Ergebnisse. Schüler*innen müssen diesbezüglich seitens der Lehrkräfte angeleitet und in ihrem Bemühen unterstützt werden. Hierzu ist u.a. das persönliche Gespräch zum Lernzuwachs geeignet. Letztendlich geht es darum, durch eine Selbsteinschätzung das Selbstvertrauen in die Fähigkeiten, Fertigkeiten und Kenntnisse zu stärken. Selbstkonzept und schulische Leistung beeinflussen sich gegenseitig.

Lerntagebücher

Hilfreich für die Förderung metakognitiver Prozesse ist eine schriftliche Dokumentation in einem Arbeits- oder Berichtsheft, die unter dem Begriff der Lerntagebücher bekannt geworden ist.

Lerntagebücher zählen zu den dialogischen Beurteilungsverfahren. Sie dienen der Informationsrückkopplung und Reflexion, nicht der Zensurengebung. Damit wird der Hauptunterschied zu dem weiter unten behandelten Portfolio (P. 7.5) deutlich. Beim Lerntagebuch steht die Selbstreflexion stärker im Vordergrund, Lernende können Lernziele für sich selbst festhalten sowie gegebenenfalls Veränderungen der eigenen Lernstrategien daraus ableiten, während beim Portfolio zusätzlich Lernprodukte gesammelt, beurteilt und bewertet werden.

Das Führen von Lerntagebüchern ist seit Mitte der 1990er Jahre eine bewährte Methode, die eigene Lernpraxis zu dokumentieren, zu erkunden und zu überprüfen (Haag & Jäger, 2009). Hier können tageweise/wochenweise die Fortschritte in der Bewältigung des Lerngegenstandes, auftauchende Probleme beim Lernen, gemachte Fehler, Fragen, Strategien, gewonnene Einsichten festgehalten werden. Damit nützen Lerntagebücher oder auch Berichtshefte beiden Gruppen:

Wenn Lehrkräfte sie einsammeln, gewinnen sie wichtige Einsichten in das individuelle Arbeiten, die Lernprozesse, das Denken und auch in die Lernprozesse ihrer Schüler*innen. Daraus können sie wichtige Schlüsse für das weitere Unterrichten, insbesondere für differenzierende Maßnahmen ziehen.

Die individuell dokumentierten Hefte sind hilfreich für die Förderung metakognitiver Prozesse der Schüler*innen. Dies kann man sich so vorstellen: Wenn Schüler*innen im Sinne eines Self-Monitorings ihren Lernvorgang über einen relativ langen Zeitraum beobachten, protokollieren und sogar bewerten und wenn Lehrkräfte über ein „Kontrollieren“ dafür sorgen, das Schüler*innenengagement aufrechtzuerhalten bzw. zu verstärken, dann werden selbstregulatorische Kompetenzen aufgebaut. Diese wiederum sind zentral, damit Schüler*innen es lernen und sich daran gewöhnen, sich auf ihre Aufgaben zu konzentrieren und abschweifende Gedanken auszublenden (vgl. Schmitz, 2001).

Selbstbewertung im Team

Auch bei der Beurteilung kooperativ erbrachter Leistungen erfüllt die Selbstbewertung eine wichtige Funktion. Bei der Beurteilung kooperativ erbrachter Leistungen sind folgende Aspekte zu beachten:

- die Arbeitsergebnisse
- der Arbeits- und Lernprozess
- der Teamprozess
- die Ergebnispräsentation.

Da in Team-Arrangements eine individuelle Leistungserhebung seitens der Lehrkraft vielfach nicht möglich ist, Prozesse sich kaum einschätzen lassen, die während der Gruppenarbeit ablaufen, bietet sich die Selbstbewertung der einzelnen Gruppenmitglieder und untereinander als ein gangbarer Weg an.

Im Idealfall wäre eine Lehrer*innenbeurteilung um eine Selbstbeurteilung und Teambeurteilung zu ergänzen.

Sacher (2014) geht von folgenden „praktikablen" Vorschlägen aus:

- Lehrkräfte erteilen eine Note, die sich aus der Bewertung der Gruppenleistung und der Einzelleistung, soweit identifizierbar, zusammensetzt. Dabei kann die Gruppenleistung ganz oder zum Teil von der Gruppe selbst bewertet werden.
- Lehrkräfte lassen ihre Beobachtungen zum Arbeitsprozess und zu den Beiträgen der einzelnen Schüler*innen miteinfließen. Da die Lehrkraft nicht ständig alle Schüler*innen im Auge behalten kann und somit ihre Beobachtungen zufällig bleiben mögen, könnte die Lehrkraft überlegen, ob nicht auch ergänzend die Selbstbeurteilung der Schüler*innen berücksichtigt werden kann.
- Wenn der Beitrag der einzelnen Schüler*innen an der Gruppenleistung nicht identifizierbar ist, kann die Präsentation des Gruppenergebnisses durch ein einzelnes Gruppenmitglied Grundlage einer individuellen Bewertung sein.
- Statt der Präsentation des gesamten Gruppenergebnisses kann man der Beurteilung auch die Erläuterung einzelner Aspekte durch einzelne Schüler*innen zugrunde legen.

Wir schlagen hier ein in der Praxis bewährtes Verfahren vor: Jede Gruppe erhält von der Lehrkraft eine vorgegebene Gesamtpunktzahl. Der Prozess der Leistungsbewertung der einzelnen Gruppenmitglieder sollte ausführlich in der Gruppe besprochen werden, bis eine Einigung über die zu vergebende Punktzahl unter allen Gruppenmitgliedern erzielt wurde. In einer abschließenden Gesprächsrunde erläutert jede Gruppe ihre Bewertungen.

Ein Beispiel könnte so aussehen: Eine Gruppe, die aus vier Teilnehmer*innen besteht, erhält einen Pool von 40 Punkten. Diesen Pool darf sie voll ausschöpfen und unterschiedlich auf die Teilnehmer*innen verteilen. Nachteil dieses Verfahrens ist, dass eine bessere Beurteilung eines Einzelbeitrags automatisch eine Verschlechterung eines anderen Beitrages nach sich zieht. Dies Vorgehen bedarf einer intensiven und offen geführten Kommunikation im Team. Alternativ sagt die Lehrkraft, dass die Gruppe den Pool von 40 Punkten nicht ausschöpfen muss, jedes Mitglied kann maximal 10 Punkte erhalten. Hier ist der Einwand unbegründet, die Gruppenmitglieder „schanzen" sich unberechtigterweise unverdiente Punkte zu. Die Ergebnisse zum Peerfeedback zeigen, dass die Schüler*innen durchaus fair miteinander umgehen können (vgl. P. 8.4).

Freilich müssen folgende Einwände und Bedenken gegen Schüler*innenselbsteinschätzungen generell und, wie zuletzt im Team beschrieben, mitbedacht werden. So könnten bei einer Selbstbewertung im Team gerade die Zurückhaltenden im Nachteil sein, wenn eher Dominante auf eine eigene gute Bewertung bestehen. Somit können auch hoch kompetitive Strukturen erzeugt werden, was sich wiederum problematisch auf das Gruppen- oder gar Klassenklima auswirken könnte. Generell könnten Schüler*innen ihre Leistungen zu milde und zu nachsichtig beurteilen. Selbstbewertung bedarf einer gewissen intellektuellen Reife, weshalb genau zu überlegen ist, ab welcher Jahrgansstufe dies sinnvoll sein kann. Damit hängt auch zusammen, dass zu einer sachgerechten Selbstbewertung nur in der Lage ist, wer den Lerninhalt beherrscht. Somit ist zu überlegen, in welchem Stadium eines Lernprozesses Selbstbewertung sinnvoll ist, ganz sicher nicht am Anfang. Es gilt also im Einzelnen genau zu prüfen, wann Selbstbewertung angebracht ist und wann nicht.

7.2 Aufgaben mit diagnostischem Potenzial

Der Gymnasiallehrer Thomas Toczkowski zeigt in einem Beitrag in der Beilage zum Friedrich Jahresheft 2022 (S. 10–11), wie mathematische Lösungen verbalisiert und digital präsentiert werden können.

Die Schüler*innen einer achten Klasse an einem Gymnasium werden gebeten, eine komplexe mathematische Aufgabe (irrationale Zahlen) zu lösen und ihren Lösungsweg in einem 3- bis 4-minütigen Video zu kommentieren. Hier zur gegebenen Aufgabe der Bearbeitungshinweis (S. 11):

> Die Aufgabe sollt ihr anders beantworten, als ihr das aus der Schule gewohnt seid. Ich möchte gerne eine mündliche Erklärung von euch. Dazu filmt ihr beispielsweise ein leeres Blatt, auf das ihr nach und nach die Lösung schreibt. Während des Schreibens erklärt ihr, was ihr tut. Seid dabei besonders sorgfältig und ausführlich – erklärt lieber etwas zu viel als zu wenig.
> Ihr selbst müsst im Video nicht zu sehen sein. Länger als 3-4 Minuten sollte das Video nicht dauern. Überlegt vorher gut, was und wie ihr das erklären wollt. So ein Video könnt ihr auch gern mehrfach üben, damit es dann vernünftig klappt.

Dieses Vorgehen erfordert eine intensive Beschäftigung und ein tiefes Verständnis mit der Aufgabe. Der technische Aufwand ist gering, es genügt ein Smartphone, um die Lösung auf einem Blatt Papier zu filmen und gleichzeitig die Erklärung verbal aufzunehmen. „Diese Videos bieten mir einen Einblick in die komplexen mathematischen Verstehensvorgänge in den Köpfen der Schüler*innen. Das bietet Hinweise darauf, welche Konzepte schon korrekt internalisiert sind und welche noch unterstützt werden sollten“ (S. 10).

7.3 Beurteilungsraster

In Beurteilungsrastern werden Wissen und Können fachspezifisch beschrieben und in verschiedenen Fähigkeitsdimensionen und Niveaustufen aufgegliedert. Die Raster geben auf der einen Dimension an, was jemand in einem Fachgebiet kann, auf der Dimension, wie gut jemand das kann. Ziel ist es, die Leistungsbewertung transparenter und objektiver zu machen, um damit den Lernenden ein informatives und wirksames Feedback geben zu können.

Statt Ziffernnoten können in alternativen Zeugnisformen auch Rasterbeurteilungen eingesetzt werden, wie wir in 3.1.2 besprochen haben.

Wenn Lehrkräfte selber Beurteilungsraster herstellen, sollten sie folgende Regeln beachten (vgl. Keller, 2011, S. 147f.). Sie sollten

- einen Expert*innenkonsens abbilden, was das Kernkonzept zu einer guten Leistung in einem bestimmten Lerngebiet ausmacht;
- auf übergeordnete Bildungsziele bezogen sein, z. B. Lehrpläne;
- genügend Kriterien in unterschiedlichen Kategorien enthalten, die genau beschreiben, was für eine „sehr gute“, „gute“ usw. Leistung zu erbringen ist;
- in einer klaren Sprache verfasst sein, um Fehlinterpretationen vorzubeugen;
- eher positive Formulierungen anstatt negativer Ausdrücke enthalten;
- den Lernenden bereits während der Lernphase, auf jeden Fall vor Bekanntgabe der Beurteilung zur Verfügung stehen.

In Tabelle 12 wird ein Auszug aus den österreichischen Richtlinien für die Matura im Fach Deutsch wiedergegeben. Genannt sind die Kriterien zweier Fähigkeitsdimensionen (Erfüllung der Aufgabenstellung sowie Aufbau und Layout) für die am höchsten zu erreichende Beurteilung von 10 Punkten (höchste Niveaustufe) (https://www.matura.gv.at/fileadmin/user_upload/downloads/Begleitmaterial/LFS/srdp_lfs_beurteilungsraster_b1.pdf)

Tabelle 12: Beurteilungsraster für die höchst zu erreichende Punktzahl in Deutsch (Matura) (aus: https://www.matura.gv.at/fileadmin/user_upload/downloads/Begleitmaterial/LFS/srdp_lfs_beurteilungsraster_b1.pdf)

Erfüllung der Aufgabenstellung	Aufbau und Layout
1. hält die vorgegebene Textsorte durchgehend ein 2. formuliert Titel / Betreff / Abschnittsüberschriften / Anrede / Grußzeile treffend 3. führt alle inhaltlichen Punkte an und behandelt sie so ausführlich wie für die Aufgabenstellung möglich 4. führt veranschaulichende Details und Beispiele für alle inhaltlichen Punkte an 5.1 erklärt Sachverhalte sehr erfolgreich 5.2 kommuniziert die eigene Meinung zu einer Situation oder einem Problem klar und deutlich 5.3 erklärt Gründe für Handlungen sehr gut 6. hält die vorgegebene Wortanzahl (+/- 10 %) ein	1. sehr klarer Gesamtaufbau 2. präsentiert die inhaltlichen Punkte sehr klar und systematisch (Kohärenz) 3. gliedert den Text sehr gut 4. hält sich durchgehend an das textspezifische Layout 5. durchgehend guter Einsatz von verschiedenen textgrammatischen Mitteln (Kohäsion)

7.4 Kompetenzraster

Kompetenzraster haben im Rahmen der Neuorientierung von Unterricht am Konzept der Kompetenz an Bedeutung gewonnen (vgl. P. 2.5). Durch ihre gestuften Beschreibungen sollen sie die abstrakten Bildungsstandards inhaltlich ausdifferenzieren. Im Gegensatz zu den Beurteilungsrastern sind Kompetenzraster empirisch überprüft oder zumindest intersubjektiv abgesichert, wobei idealerweise Teams aus Erziehungswissenschaftler*innen, Psychometriker*innen, Fachdidaktiker*innen und Lehrkräften zusammenarbeiten.

Meyer (2004) versteht unter einem kompetenzorientierten Unterricht einen offenen und schüleraktiven Unterricht, in dem die Lehrkräfte auf der Grundlage genauer Lernstandsdiagnosen ein differenzierendes Lernangebot machen, in dem die Lehrkräfte ihre Unterrichtsplanung, die Durchführung und Auswertung an fachlichen und überfachlichen Kompetenzstufen-Modellen orientieren, in dem die Schüler*innen die Chance haben, ihr Wissen und Können systematisch und vernetzt aufzubauen und in dem sie den Nutzen ihres Wissens und Könnens in realitätsnahen Anwendungssituationen erproben können.

Die Grundstruktur eines Kompetenzrasters ist eine Matrix, in der auf der einen Achse die im Rahmen eines Lernprozesses zu erlangenden Kompetenzen abgetragen werden, die Einteilungen der anderen Achse bilden verschiedene Niveaustufen ab, von Grundfertigkeiten bis hin zu komplexen Anforderungen.

Die Formulierung der Kompetenzen ist ein zentraler Bestandteil der Kompetenzraster, wenn sie für Schüler*innen eine hilfreiche Unterstützung ihres Lernprozesses sein sollen. Ihnen muss anhand der Formulierung im Kompetenzraster deutlich werden, woran sie selbst erkennen können, ob sie eine Kompetenz erworben haben.

In Tabelle 13 wird eine grundlegende Struktur eines niveaudifferenzierten Kompetenzrasters aufgezeigt.

Tabelle 13: Struktur eines Kompetenzrasters (Quelle: eigene Tabelle)

Was? Inhalte/Kompetenzen	**Wie? Kompetenzstufen, zunehmend komplexer** →	
Kompetenz 1	Kompetenz: Ich kann …	Kompetenz: Ich kann …
Kompetenz 2	Kompetenz: Ich kann …	Kompetenz: Ich kann

Für das Fach Deutsch bspw. hat die Kultusministerkonferenz (KMK, 2022) für den mittleren Schulabschluss fünf Kompetenzbereiche mit je drei Anforderungsbereichen (Niveaustufen) festgelegt: Erstens Sprechen und Zuhören, zweitens Schreiben, drittens Lesen, viertens Sprache und fünftens Sprachgebrauch untersuchen und sich mit Texten und anderen Medien auseinandersetzen. Die drei Anforderungsbereiche bieten einen Orientierungsrahmen für die Aufgabenentwicklung. Die Übergänge zwischen den Anforderungsbereichen sind nicht immer trennscharf. Aufgaben können auch mehrere Anforderungsbereiche abdecken.

Die folgenden drei Anforderungsbereiche lassen sich unterscheiden und beschreiben (S. 14):

Anforderungsbereich I umfasst das Wiedergeben von Sachverhalten, Textinhalten und Kenntnissen im gelernten Zusammenhang, die Verständnissicherung sowie das Anwenden und Beschreiben geübter Arbeitstechniken und Verfahren.

Anforderungsbereich II umfasst das selbstständige Anordnen, Verarbeiten, Erklären und Darstellen bekannter Sachverhalte (auch auf der Basis von Texten unterschiedlicher medialer Form) unter vorgegebenen Gesichtspunkten in einem durch Übung bekannten Zusammenhang und das selbstständige Übertragen und Anwenden des Gelernten auf vergleichbare neue Zusammenhänge und Sachverhalte.

Anforderungsbereich III umfasst das Verarbeiten komplexer Sachverhalte (auch auf der Basis von Texten unterschiedlicher medialer Form) mit dem Ziel, zu selbstständigen Lösungen, Gestaltungen oder Deutungen, Folgerungen, Verallgemeinerungen, Begründungen und Wertungen zu gelangen. Dabei wählen die Schüler*innen selbstständig geeignete Arbeitstechniken, Strategien und Verfahren zur Bewältigung der

Aufgabe, wenden sie auf eine neue Problemstellung an und reflektieren das eigene Vorgehen.

Möller und Machts (2017) evaluierten in Schleswig-Holstein Entwicklungsberichte in Form eines Kompetenzrasters und fanden klare Ergebnisse:

- Die Kompetenzraster werden insgesamt von Eltern und Lehrkräften als verständlich eingeschätzt.
- Die Kompetenzraster sind differenzierter als Noten.
- Kompetenzraster haben den gleichen oder einen besseren Vorhersagewert für die Schulleistung in den Hauptfächern als die Noten.

Bei Kompetenzrastern lassen sich Leistungen beurteilen, die nicht nur fachlich kognitiv sind, sondern es lassen sich auch die Kompetenzen abbilden, wie sie Weinert in seiner Definition anspricht (vgl. P. 2.5). Der Einsatz von Kompetenzrastern im Unterricht kann somit zu einem erweiterten Verständnis von schulischem Lernen führen, wobei die Verknüpfung von inhaltlich-fachlichem, methodisch-strategischem, sozial-kooperativem und selbsterfahrend-personalem Lernen im Zentrum steht.

Auch lassen sich Leistungen beurteilen, die außerhalb klassischer Prüfungssituationen sind wie Portfolios (7.5) oder Präsentationen (7.7).

Wichtig zu erwähnen bleibt, dass Lernleistungen mit Kompetenzrastern nur verbessert werden können, wenn sie mit passenden Aufgaben und Rückmeldungen flankiert sind.

7.5 Portfolio

Mittlerweile nach mehr als 20 Jahren Einführung dieser Möglichkeit, einen neuen Weg der Leistungsbeurteilung zu gehen, weiß wohl jede Lehrkraft, was damit gemeint ist. Doch gerade von einer Fortbildung vor einem Lehrerkollegium zurück war die Standardantwort, die ein Autor gebetsmühlenartig hören musste, „Das ist ja alles schön und gut, was Sie erzählen, doch hierfür bleibt mir keine Zeit, ich habe die Klasse ja nur zwei Stunden pro Woche". Da wurde sofort sichtbar, die Einführung eines Portfolios ist nur dann sinnvoll und möglich, wenn sich Lehrkräfte vom Alleinkämpfer*innendasein verabschieden und ein ganzes Kollegium hier kooperiert. Eine neue Lernkultur zu etablieren, bedeutet eben auch, dass ein Lehrkollegium mitziehen muss.

> Ein Portfolio ist eine zielgerichtete Sammlung von Arbeiten, welche die individuellen Bemühungen, Fortschritte und Leistungen der*des Lernenden auf einem oder mehreren Gebieten zeigt. Die Sammlung muss die Beteiligung der*des Lernenden an der Auswahl der Inhalte, der Kriterien für die Auswahl, der Festlegung der Beurteilungskriterien sowie

Hinweise auf die Selbstreflexion der*des Lernenden einschließen (Paulson et al., 1991, S. 60; übersetzt von Häcker, 2011, S. 217).

Mittlerweile haben sich unterschiedliche Begrifflichkeiten herausgebildet. Dabei lassen sich zwei grundsätzliche Unterscheidungen treffen. Man spricht von einem Arbeitsportfolio, bei dem möglichst viele Unterlagen aus dem Unterricht gesammelt werden, und einem Beurteilungsportfolio bzw. Prüfungs- oder Bewertungsportpolio: Hier werden Produkte ausgewählt, die als Grundlage für eine Leistungsbewertung oder als Beleg für das Bestehen eines Kurses dienen können.

Eigentlich geht es immer um das gleiche Prinzip: Längerfristig werden Leistungsnachweise/Dokumente gesammelt, die über den Leistungsstand von Schüler*innen detailliert Auskunft geben können. Sie werden nicht nur längerfristig gesammelt, sondern können immer wieder eingesehen, ergänzt und beurteilt werden. Die Schüler*innen können selbstständig und in eigenem Tempo daran arbeiten.

„Schülerinnen und Schüler unterschiedlicher Schularten heben übereinstimmend hervor, dass Portfolios die Lernökonomie, die Selbstständigkeit und die Selbstreflexion steigern und den Blick für den Lernprozess schulen“ (Häcker 2011, S. 227).

In folgenden zwei Elementen unterscheidet sich Portfolioarbeit zentral von bisherigen Zensuren:

- Leistung bleibt erhalten; denn sobald traditionelle Leistungen mit einer Note versehen werden, verschwinden sie.
- Die übliche Frage, an die Schüler*innen gerichtet: „Welches Notenzeugnis hast du?“ wandelt sich in die Frage: „Was kannst du?“ Und dieses „Was kannst du“?“ sollten die Schüler*innen auch präsentieren und anderen zugänglich machen.

Abschließend soll Saalfrank (2012, S. 87) zitiert werden, der sehr klar und überblicksartig folgende Merkmale angibt, die für Portfolioarbeit maßgebend sind:

1. Der Inhalt des Portfolios und die Entscheidungen hinsichtlich der Auswahl der einzelnen Dokumente sowie der Interaktionen zwischen den Lehrenden und den Lernenden wird durch den jeweiligen Zweck und auch das Ziel der Portfolioarbeiten bestimmt. Beide Elemente – Zweck und Ziel – werden in einem individuellen Gespräch vereinbart und verbindlich festgesetzt.
2. Ein Portfolio dient keinem Selbstzweck und muss eingebettet sein in einen entsprechenden Lehr-Lern-Prozess. So ist es wichtig, dass eine konkrete Frage- oder Problemstellung bzw. eine bestimmte Aufgabe festgelegt wird, die jedoch vom Charakter her offen und komplex sein sollte.
3. Die im Eingangsgespräch festgelegten und idealerweise selbstgestellten Ziele sollen durch das Portfolio am Ende dokumentiert und nachgewiesen werden. Wichtigstes Kriterium dieser schriftlich fixierten Ziele im Rahmen eines spezifischen Lehr-Lern-Arrangements sind Transparenz und Einsichtigkeit, d. h. der*die Lernende muss diese Ziele für sich akzeptieren und ohne Probleme durchschauen können. So wird eine Grundlage

geschaffen für die Eigenbeurteilung und die Fremdbeurteilung. Darüber hinaus dienen die verschriftlichten Ziele als roter Faden, der beim Erreichen dieser Ziele hilft.

4. In der Arbeitsphase werden im Hinblick auf die Bearbeitung des komplexen Sachverhalts Dokumente selbst erstellt und gesammelt, die quasi Nachweise zur Rekonstruktion des jeweiligen Lernprozesses sind und deren Vielfältigkeit das zentrale Qualitätsmerkmal darstellt.
5. Zentraler Punkt im Rahmen der Portfolioarbeit bildet die Selbstreflexion als metakognitive Interpretation des eigenen Lernprozesses. Das Portfolio einerseits, aber auch die Reflexion über das Portfolio durch den*die Schüler*in andererseits ermöglicht das Nachdenken über das eigene Lernen und über das anschließende Weiterlernen und somit nicht nur die Präsentation von Materialien, die als Antwort auf den zu bearbeitenden Fragenkomplex dienen. Eine Selbstreflexion über das eigene Lernen bedeutet auch, eine Selbstkontrolle über Schwächen und Fortschritte im eigenen Lernen zu bekommen.
6. Wichtig ist auch, dass die Schüler*innen in die Lage versetzt werden, eine Selbsteinschätzung ihres jeweiligen Lernfortschritts vornehmen zu können. Aus diesem Grund sollten neben den jeweiligen Lernzielen auch Standards bzw. Beurteilungsmaßstäbe – auch hier idealerweise in Gesprächen und Absprache mit den Schüler*innen – transparent dargelegt und vereinbart werden.
7. Auch die Evaluation des Lernprozesses ist durch das Portfolio kommunikativ angelegt. Neben Beratungsgesprächen während der Arbeit am Portfolio, die mit anderen Schüler*innen, mit Lehrer*innen und Eltern aber auch mit Expert*innen stattfinden können, ist vor allem das Abschlussgespräch, verbunden mit einer Präsentation des Portfolios, von Bedeutung, da hierbei die vereinbarten Ziele überprüft werden. [Anmerkung: gendergerechte Sprache eingefügt durch die Autoren]

Häcker (2011) betont eigens, dass es hier um eine Reform der Leistungsbewertung geht, indem „die Akte der Bewertung und Reflexion in alle Phasen des Unterrichts integriert, die Präsentation eigener Leistungen ermöglicht und die Kompetenz der Prüfung und Bewertung eigener und fremder Leistungen selbst in den Rang eines Bildungsziels“ (S. 223) erhoben werden.

Förderorientierte Beurteilung wird in der Weise unterstützt, dass die Perspektive von den Produkten auf die Prozesse, von der Passivität auf die Aktivität und vom Monolog auf den Dialog ausgeweitet wird.

Gerade im Zuge heutiger Digitalisierung des Unterrichts können Portfolios ihr Potenzial besonders gut entfalten. Denn Lehrkräfte haben z. B. über eine Cloud einen direkten Zugang und können damit auch unmittelbar Rückmeldung geben. Auf die Prüfungskultur in der digitalen Welt gehen wir eigens im Punkt 9 ein.

7.6 Lernjournal – dialogisches Lernmodell von Gallin und Ruf

Das Lernjournal ist die Basis der Leistungsbeurteilung des dialogischen Lernmodells. Hier wird der Unterricht dokumentiert, hier sind auch alle Angebote des dialogischen Lehr-Lern-Arrangements nachlesbar.

Exemplarisch dafür, wie ein modernes Lernjournal angelegt sein kann, wird hier das dialogische Lernmodell von Peter Gallin und Urs Ruf aufgezeigt. Dies kann nur im Überblick erfolgen, ausführlich haben die Schweizer Autoren ihr Konzept in zwei Bänden dargelegt (Ruf & Gallin, 2003a; 2003b). Auf der Homepage des Staatsinstituts für Schulqualität und Bildungsforschung München (ISB) wird das Konzept anschaulich zusammengefasst. In Auszügen berufen wir uns auf die Homepage des ISB (https://www.gallin.ch/DialogischesLernenSinusBayern.pdf).

Das Dialogische Lernmodell von Peter Gallin und Urs Ruf (vgl. Abbildung 6)

Ausgehend von der Beobachtung, dass der Lernerfolg oft gering bleibt, wenn den Lernenden fertige Lehrgebäude vorgesetzt werden, die ohne Rücksicht auf die individuellen Unterschiede in Bezug auf Vorwissen und Lerntempo entworfen wurden, entwickelten die Schweizer Didaktiker Urs Ruf und Peter Gallin gemeinsam ein Konzept für ein „Lernen auf eigenen Wegen", das versucht, allen Schüler*innen die Möglichkeit zu geben, sich individuell mit einem Stoff auseinanderzusetzen, über dabei entdeckte Zusammenhänge in einen Dialog einzutreten und so schließlich zu einem wirklichen Können und nicht nur zu einem Anwenden von unverstandenen Algorithmen zu gelangen.

Kernidee als Ausgangspunkt für den Arbeitsauftrag

Lernen führt nur dann zu nachhaltigem Wissen, wenn es bis ins Zentrum der Person vordringt. Den Schlüssel dazu bieten Kernideen, die in einer für alle verständlichen und motivierenden Weise einen Blick auf das Ganze eines Stoffs ermöglichen. Die Lehrkraft hat die schwierige Aufgabe, bei der Einführung eines neuen Stoffgebietes ihre persönliche Kernidee so vorzustellen, dass bei den Schüler*innen Interesse erzeugt wird. Dann folgt ein Arbeitsauftrag, der meist von der Lehrkraft vorgegeben, im günstigsten Fall aber auch von den Schüler*innen selbst formuliert werden kann. Er sollte möglichst drei Eigenschaften aufweisen:

- Er bietet unterschiedliche Zugänge auf unterschiedlichen Leistungsniveaus; auch schwächere Schüler*innen müssen sich zu einer Produktion herausgefordert fühlen.
- Er bietet eine Herausforderung für die Besten, ihre Möglichkeiten auszuspielen.
- Er ermöglicht verschiedene Lösungen und fordert so zu kreativer Eigentätigkeit auf.

Lernjournal (Ich-Phase)

Ist das Interesse für eine Fragestellung oder Unterrichtsstoff geweckt, setzen sich die Schüler*innen individuell mit dem Stoff auseinander. Angestrebt ist dabei eine authentische Begegnung in einem selbstständig organisierten Lernprozess. Diesen Teil des Unterrichts bezeichnen Ruf und Gallin auch als „Ich-Phase". Der dabei beschrittene Lernweg wird in einem Lerntagebuch (Reisetagebuch, Journal) dokumentiert. Dabei hilft die schriftliche Form den Lernenden, Spuren ihres eigenen Wegs zu legen, die ihnen im Rückblick ein besseres Verständnis auch komplexerer Zusammenhänge ermöglichen.

Die schriftliche Aufzeichnung im Lerntagebuch hat eine weitere Funktion: sie ermöglicht als nächsten Schritt den Eintritt in einen Dialog.

Rückmeldung (Du-Phase)

Aus den Aufzeichnungen wird für die Lehrkraft schnell deutlich, ob die Frage verstanden worden ist. Durch eine Rückmeldung kann ein persönlicher Austausch mit dem Lernenden beginnen, in dessen Verlauf neue Anregungen gegeben und neue Wege beschritten werden können. Von sachlichen Fehlern wird hier völlig abgesehen, was zählt, ist die individuelle Auseinandersetzung und authentische Begegnung mit dem Stoff. Durch die Rückmeldung entsteht Motivation bei den Lernenden und der Lehrkraft. Es kann zu einem dynamischen Hin-und-Her kommen, in dessen Verlauf sich neue Gesichtspunkte und Problemlösungen ergeben. Oft enthält das Lerntagebuch Ansätze, die auch für andere interessant sind. Dann werden die Schüler*innen aufgefordert, den Ansatz zu überarbeiten und für die Vorstellung vor einem Publikum vorzubereiten.

Sind die Schüler*innen an die Arbeit mit dem Lerntagebuch gewöhnt, kann die Rückmeldung auch durch Mitschüler*innen erfolgen.

Normen (Wir-Phase)

Aus dem Wechselspiel von Produktion und Rezeption ergibt sich ein Rhythmus in der Erschließung eines Stoffes, ein lebendiger Prozess, in dessen Verlauf sich die „anerkannte Regularität", das, was als „Lehrbuchwissen" in korrekter Form darstellbar ist, immer klarer herausbildet. Die „globalen Normen" werden nach und nach Bestandteil des persönlichen Repertoires der Schüler*innen. Das „Wir" steht für das gültige Lehrbuchwissen. Diese globalen Normen werden im Lernmodell von Peter Gallin und Urs Ruf zwar als Ziele des Unterrichts, in der Regel aber nicht als Gegenstand der direkten Wissensvermittlung aufgefasst. Die Schüler*innen sollen die Normen als hilfreiche Vereinbarungen erfahren, um das Erkannte sich und anderen darzustellen. In diesem Zusammenhang ist in dieser abschließenden Phase des Lernens auch die Instruktion durch die Lehrkraft hilfreich.

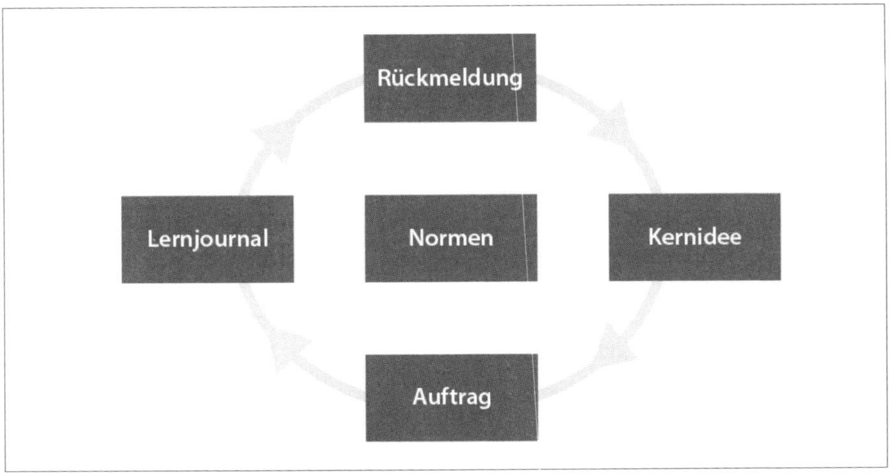

Abbildung: 6: Dialogische Lernmodell von Gallin und Ruf (nach https://de.wikipedia.org/wiki/Datei:Dialogischer_Kreislauf.png)

Hier nochmals die zentralen Aussagen zusammengefasst: In der Dialogischen Didaktik unterscheidet man drei Phasen beim Aufbau von Handlungs- und Metakompetenz.

Die erste Phase stellt die Person, die sich mit einer Sache auseinandersetzt, in den Mittelpunkt. Es geht um einen Dialog zwischen Person und Sache. So entsteht ein Lernjournal, in dem die Schüler*innen ihren individuellen Zugang zur Problemlösung festhalten.

In der zweiten Phase geht es um die Rezeption. Hier würdigt eine zweite Person die Leistung einer anderen und gibt eine Rückmeldung.

In der dritten Phase schaut man, wie man gemeinsam weiterkommt.

Dabei können die drei Phasen sowohl von Lehrkräften als auch Schüler*innen eingenommen werden. Phase 1 ist die Ich-Phase: Lehrkraft oder Schüler*in sagt, „Ich mache das so." Phase 2 ist die Du-Phase. Lehrkraft oder Schüler*in antwortet dem Ich, er*sie nimmt dessen Position des Ich ein und antwortet und erklärt, wie er*sie das Ich verstanden hat. In Phase 3 übernimmt eine Person die Wir-Position, versucht einen Überblick über den Gang des Gesprächs. Dies ist die gemeinsame Basis für die Fortsetzung.

Bewertung

Selbstverständlich können nicht alle Lerninhalte durch die Schüler*innen selbst erarbeitet werden, für viele Inhalte wird weiterhin die Vermittlung durch die Lehrkraft erforderlich sein. Dialogischer Unterricht ist grundsätzlich auf allen Schulstufen möglich und wird nicht nur im Deutsch- und Mathematikunterricht, sondern auch im Fremdsprachen- und sonstigem Unterricht eingesetzt.

Als Gelingensbedingungen gelten:

- Die Lehrpersonen schreiben zu allen Schüler*innenbeiträgen kurze Rückmeldungen und heben das Gelungene hervor.
- Auch die Schüler*innen lesen gegenseitig in ihren Lernjournalen und geben sich Rückmeldungen.
- Die Lehrpersonen sammeln Qualitäten bzw. gelungene Vorgehensweisen und machen sie der Klasse zugänglich.
- Die Lehrpersonen nutzen die Prozessleistungen der Schüler*innen für die Notengebung. Dies steigert die Qualität der Beiträge und würdigt die Aufwendungen und Anstrengungen der Schüler*innen.

Das Dialogische Lernen integriert drei grundlegende Prinzipien einer modernen Didaktik:

Subjektorientierung: Die Lernenden sind nicht einfach Objekte der Lehrbemühungen der Lehrperson, sondern sie werden in ihrer Subjektposition ernst genommen, indem sie Verantwortung für das eigene Lernen übernehmen

Inhaltsorientierung: Im Zentrum steht die Begegnung der Lernenden mit der Sache.

Prozessorientierung: Unterricht ist kein Produkt, das vorausgeplant werden kann, sondern erforderlich ist die permanente Justierung von fachlichem Angebot und Nutzung durch die Lernenden, sodass die Planung in den Dialogischen Prozess verlegt wird.

7.7 Präsentationen – Projekte

Projektleistungen passen nicht zu den traditionellen Formen der Leistungsbewertung. Verfahren des Projektunterrichts bedürfen neuer Formen der Leistungswahrnehmung, Leistungserhebung, Leistungspräsentation und Leistungsbewertung.

Der Leistungsbegriff im Projektunterricht ist ein weitergehender:

- Leistungen dokumentieren nicht nur das Ergebnis, sondern auch den Lernprozess. Hier geht es um die Kriterien, wie ein Prozesslernen bewertet werden kann, beispielsweise die Planung, Entscheidungsfindung, Konfliktregelung und Teamarbeit, und wie ein Handlungslernen bewertet werden kann, beispielsweise kreative, organisatorische, erfinderische Kompetenzen.
- Leistungen müssen nach außen sichtbar gemacht werden. Hier geht es um die Bewertung der Präsentation, d. h. um die inhaltliche Differenziertheit und formale

Qualität der Vermittlung wie Präzision, Interessantheit, Grad der Vollständigkeit und der Kommunikation wie Verständlichkeit, Plausibilität, Argumentation.
- Produktformate gehen über kognitiv erbrachte Leistungen hinaus. Es kann sich handeln um Ausstellungen wie Texte, Fotos, Schautafeln, um Pressearbeit wie eine eigene Zeitung, um Beiträge für Regionalfunk, oder -fernsehen, um Dokumentationen wie Broschüren und um szenische Präsentationen wie Texte, Bilder, Szenen, Dialoge.

Dabei zeigen alle erbrachten Leistungen nicht nur die Arbeit einzelner Schüler*innen, sondern sind auch Gruppenleistungen.

Exemplarisch für die Vielfalt heutiger Verfahren bei der Leistungsbeurteilung führen wir den Projektunterricht an, da man bei ihm klar erkennen kann, wie komplex und nicht mehr so eindeutig wie gewohnt, Leistungsbeurteilung in Verfahren einer neuen Lernkultur und im Gefolge einer neuen Diagnosekultur ist. Ein Charakteristikum von Projektunterricht ist, dass es hier eher um sog. „ill-defined problems" geht, d. h., es gibt nicht eine einzige Lösung für eine Aufgabe, sondern es können mehrere Wege richtig sein, oder die Lösung ist generell eher komplex (vgl. im Folgenden Haag & Streber, 2020).

Kurzer geschichtlicher Abriss

John Dewey (1859–1952) führte den Projektbegriff in die Erziehungswissenschaft ein, er dient als Grundlage für die Arbeiten vieler anderer Autoren*innen. In Deutschland gilt Dewey, Philosoph, Pädagoge und Gründer der Laborschule in Chicago, als der eigentliche Vater des Projektunterrichts, obwohl er nie eine eigenständige Theorie zur Projektmethode hervorgebracht hat.

Deweys Erziehungskonzept setzt auf Wachstum durch Erfahrung („learning by doing") und hat die Erfahrungen der Schüler*innen und das gegenwärtige Leben zum Ausgangspunkt und Antrieb (vgl. Dewey, 1993; Emer & Lenzen, 2002).

Die übliche Trennung von Lernen und Anwenden, Theorie und Praxis, Schule und Gesellschaft soll aufgehoben werden, die Schüler*innen sollen über Mit- und Selbstbestimmung im Unterrichtsgeschehen auch zur Öffnung nach außen geführt und befähigt werden.

Ohne hier auf weitere Vertreter*innen eingehen zu wollen (z. B. Deweys Schüler Kilpatrick), hat die Projekttheorie der amerikanischen Reformpädagogik, die Ende der zwanziger Jahre des letzten Jahrhunderts ihren Höhepunkt hatte, die entscheidenden Impulse für die deutsche pädagogische Diskussion gegeben.

So hat Georg Kerschensteiner (1854–1932), der Dewey in Chicago besuchte, Elemente der Projektmethode aufgegriffen. Kurt Hahn (1886–1974) benutzt schon 1926 den Begriff „Projekt" in Deutschland und verwendet ihn als eines von vier konstituierenden Elementen seines erlebnispädagogischen Konzeptes. Durch das Projekt können Schule und Leben wieder näher zueinander gebracht werden.

Im Rahmen der Diskussion um Soziales Lernen kommt Projektunterricht gerade seit den 1970er Jahren in den Gesamtschulen besondere Bedeutung zu.

In den 1970er und 1980er Jahren bringt das Konzept der Projektwochen einen neuen Reformimpuls. Während der Projektwoche hebt die Schule ihre traditionelle Struktur auf, schafft anregendes, andersartiges Schulleben. Aber gerade diese Isolierung vom schulischen Alltag lässt Kritiker*innen den Wert bezweifeln.

Begründungen für den Einsatz von Projektunterricht

Nach Traub (2012) lassen sich folgende gemeinsamen Kriterien ableiten:

1. Schülerorientierung: Die Schüler*innen werden an der Auswahl des Projektthemas beteiligt. Das Thema soll an ihren Interessen und Erfahrungen anknüpfen und sich zudem auf den Lebenskontext der Lernenden und einer konkreten, für sie relevanten Lebenssituation entnommen sein (Alltagsbezug). Die Bearbeitung des Themas erfolgt aktiv durch die Schüler*innen in Verantwortung der Lernenden.

2. Handlungsorientierung: Die Planung, Durchführung und Überprüfung liegen in der Hand der Lernenden. Ziel ist es hierbei, die Schüler*innen ihr Wissen individuell, konstruktiv und multisensorisch erarbeiten zu lassen, sodass es sich durch einen hohen Grad der Nachhaltigkeit auszeichnet und eigenständig angewandt werden kann. Ein Thema wird selbstständig bearbeitet, und es sollte für das individuelle Erleben und Verhalten der Lernenden bedeutsam sein. Die Aufgabe muss eine besondere Herausforderung darstellen, angestrengtes Tun und Lernen verlangen und Anreiz zu weiteren Untersuchungen geben. Ganzheitliches Lernen ist möglich.

3. Produktorientierung: Ziel ist es, ein gemeinsames Produkt zu erstellen. Dies kann als vorzeigbare Handlung oder gedanklich vollzogen werden.

4. Unterrichtliche Rahmenbedingungen: Zeittakt, Stundenplan und Fachunterricht sind in dieser Zeit in der Regel aufgehoben, eventuell auch das Jahrgangsklassensystem.

5. Phasenstruktur der Arbeitsorganisation: Es findet eine Zielbestimmung, eine Planung, eine Durchführung und eine Reflexion durch die Lernenden statt. Dabei sind die Aufgaben komplex und benötigen Überlegung und organisatorische Tätigkeit. Die Durchführung hat einen kreativen, forschenden Charakter. Meist wird in kleinen Gruppen gearbeitet.

6. Problemorientierung: Projektunterricht ist Unterricht, in dem Lehrkräfte und Schüler*innen ein wirkliches Problem in gemeinsamer Anstrengung und in han-

delnder Auseinandersetzung mit der Wirklichkeit zu lösen suchen. Dieses weist meist gesellschaftliche Relevanz auf, zumindest ist es aber für die Lernenden bedeutsam.

7. Selbststeuerung: Bei der Bearbeitung des Problems gehen die Lernenden selbstgesteuert vor und nutzen verschiedene Lernstrategien.

8. Vergnügungs- und Erlebnisprojekte entsprechen nicht dem Projektgedanken eines ernsthaften Lernens.

Einwände

Ernst zu nehmen sind aber folgende Einwände, die sich gegenüber dem Projektunterricht vorbringen lassen und unmittelbar das Lehrkräftehandeln betreffen:

- Oelkers (1997) bezweifelt die Effektivität, es sei „keineswegs sicher, ob die Steigerung der Anstrengung mit steigender Effektivität verbunden ist“ (S. 26). Die Praxis sei relativ aufwendig und anstrengend, falle häufig aber ziemlich belanglos aus und sei zudem wenig verbreitet.
- Projektunterricht wird als eine Sache der Schwärmer*innen und Utopist*innen abgetan, seine wirklichen Effekte würden gern überschätzt (Diederich, 1994).
- Der rhetorische Aufwand entspreche nicht der praktischen Wirksamkeit dieser Unterrichtsform (Otto, 1997).
- Insgesamt werden die theoretischen Ansprüche als zu hoch angesehen; die Projektpraxis ist didaktisch zu wenig strukturiert.

Diese Einwände sind insofern ernst zu nehmen und z. T. auch berechtigt, als es auffällt, dass im Gegensatz beispielsweise zu Partner- oder Gruppenarbeit umfassende Wirksamkeitsstudien, die empirischen Standards genügen, fehlen.

Phasen des Projektunterrichts

Folgende Phasen lassen sich unterscheiden, unabhängig welche Definition und Weite des Projektbegriffes man benutzt (vgl. Mergendoller et al., 2006):

1. Planungsphase: Projekte müssen geplant werden, auch wenn nicht alles planbar ist, das war schon Deweys Ansicht. Hier geht es darum, das Projektziel klar zu benennen, eine spannende Frage zu entwickeln und auch entsprechende Materialien zu überlegen bzw. bereitzustellen.

2. Einführungsphase: Hier geht es darum, die Schüler*innen für das Projekt zu begeistern und klare Regeln, Prozeduren und auch eine Zeitleiste zu kommunizieren. Die Aufgaben müssen sinnvoll in der Klasse in Gruppen verteilt werden.

3. Begleitphase: Hier geht es darum, die Schüler*innen während des gesamten Prozesses mit Rat und Tat zu begleiten.

4. Beendung: Hier geht es darum, sich über die Präsentation Gedanken zu machen, das Projekt zu bewerten und den gesamten Prozess abschließend zu reflektieren.

Elemente von Projektunterricht

Mittlerweile gibt es in Deutschland eine Menge an Projektliteratur, allerdings eher weniger empirische Untersuchungen als vielmehr kaum mehr zu überblickende Praxis- oder Erfahrungsberichte.

In Tabelle 14 wird exemplarisch das Modell nach Emer und Lenzen (2002, vgl. S. 213) skizziert. Es stellt ein sehr angeleitetes Modell von Projektunterricht dar. Die Lehrperson übernimmt die Hauptverantwortung für die Planung und die Präsentation. Die Autoren gehen von ca. 12 Unterrichtstagen aus. Folgende Skizze gibt idealtypisch die einzelnen Phasen mit den dazugehörigen methodischen Schritten wieder, Kompetenzen werden angegeben, die dabei gefordert und gefördert werden.

Tabelle 14: Idealtypischer Projektverlauf nach Emer und Lenzen

Phase	methodische Schritte	methodische Kompetenzen
1. Initiierungsphase	a) Thema finden b) Rollen reflektieren c) Initiatoren finden d) Initialimpulse überlegen	kreative Kompetenz
2. Einstiegsphase	a) die Einzelnen kennenlernen b) die Gruppe konstituieren c) das Thema vorstellen	Informationskompetenz soziale Kompetenz
3. Planungsphase	a) Themenstellung und Aspekte präzisieren b) Produkt und Adressaten festlegen c) Arbeitsmethoden und -orte bestimmen d) Rollen bestimmen und übernehmen e) Zeit- und Materialplan anlegen f) Projektplan erstellen	Planungskompetenz Entscheidungskompetenz Rollenkompetenz
4. Durchführungsphase	a) Material beschaffen und erkunden b) auswerten und bearbeiten c) das Produkt erstellen d) koordinieren und reflektieren	Problemlösungskompetenz Gestaltungskompetenz soziale Kompetenz Konfliktlösungskompetenz Organisationskompetenz

Phase	methodische Schritte	methodische Kompetenzen
5. Präsentationsphase	a) das Produkt präsentieren b) für das Produkt werben c) das Produkt kommunikativ vermitteln	Produktkompetenz kommunikative Kompetenz
6. Auswertungsphase	a) das Produkt bewerten b) die Wirkung beurteilen c) den Prozess bewerten	Beurteilungsvermögen didaktische Kompetenz
7. Weiterführungsphase	a) das Projekt dokumentieren b) das Projekt fortsetzen	Dokumentationskompetenz Verantwortungskompetenz Betreuungskompetenz

In unserem Kontext kommt es auf die 6. Phase an: Was wir über die Selbstbewertung im Team im Punkt 7.1 gesagt haben, trifft auch hier zu. Zu ergänzen bleibt, dass der Einwand, Projekte seien nicht zu bewerten, nicht gelten darf. In diesem Fall würden Schüler*innen Projekte als Spielerei abtun. Vor allem spricht für eine Beurteilung, dass in einem arbeitsteiligen Projekt Fähigkeiten von Schüler*innen zum Vorschein kommen, die sich sonst nicht zeigen. Um solche nicht-kognitiven Fähigkeiten einschätzen zu können, sind Reflexionsbögen ratsam, in denen sich Schüler*innen äußern und einschätzen können über ihre Planung und Organisation, die Kommunikation im Team, die Arbeitsweise, ihr Einbringen usw.

Materialien und Hilfen hierzu geben mittlerweile alle Landesinstitute der einzelnen Bundesländer. Exemplarisch für Bayern sei genannt das Staatsinstitut für Schulqualität und Bildungsforschung München (ISB, 2022). Hier werden Handreichungen für die einzelnen Schularten angeboten. Hier ein Link für die Bewertung von Projektarbeit/Projektpräsentationen in der Realschule: https://www.isb.bayern.de (hier beim Suchfeld „Projektarbeit Realschule“ eingeben, dies führt zu dem relevanten Dokument „online-fassung_08-10-22.pdf“).

Präsentation

Das A und O eines Projektes ist die Präsentation, dafür wurde es ja initiiert. Diese mag in der ganzen Schulfamilie geplant sein, – bspw. eine Klasse übt ein Theaterstück ein und präsentiert es vor den eigenen Eltern und/oder der ganzen Schulfamilie – oder in der Klasse. Bei einer Präsentation werden je nach Gegenstand unterschiedliche Anforderungen von den Schüler*innen verlangt. Einmal geht es um Kenntnisse im Bereich der Präsentationstechniken oder um Techniken zur Herstellung von Plakaten, Zeitungen usw. Die Erstellung von Filmen erfordert Fähigkeiten im Bereich der Bildproduktion und -verarbeitung. Um schauspielerische Leistungen geht es bei der Darstellung von Theaterstücken, Sketchen usw. Die Vorbereitung von Podiumsdiskussionen, Schulfesten usw. erfordert organisatorisches Geschick.

Für eine Lehrkraft könnte die Bewertung der Projektarbeit so aussehen: Sie berücksichtigt alle drei Bewertungsbereiche, wie wir sie am Anfang des Punktes beschrieben haben. Wenngleich die Gewichtung dieser Teilbereiche im Ermessen der Lehrkräfte der jeweiligen Schule liegt, – es sind also Absprachen innerhalb der Schule sinnvoll – so schlagen wir eine ähnliche Gewichtung wie Bach-Blattner und Bohl (2011) vor, wobei der Schwerpunkt auf der Präsentation liegt:

- In die Prozessbewertung können eine Projektskizze sowie ein Arbeitsprozessbericht miteinfließen (1-fache Gewichtung: 25 Punkte).
- Bei der Produktbewertung bzw. Dokumentation können die Gestaltung, die Informationsquellen und die fachliche Qualität mitberücksichtigt werden (1-fache Gewichtung: 25 Punkte).
- Die Präsentationsbewertung kann den Einstieg und den Abschluss, einen gezielten Medieneinsatz, sprachliche Verständlichkeit und die fachliche Qualität beinhalten (2-fache Gewichtung: 50 Punkte).

Im Sinne des Ausspruchs von Aristoteles „das Ganze ist mehr als die Summe seiner Teile“ ist es möglich, dass die Summe der gegebenen Punkte nicht dem Gesamteindruck entspricht, den eine Lehrkraft am Ende des Projekts gewonnen hat. Ein solcher Widerspruch sollte Anlass geben, die aufgeteilten Punkte nochmals zu überdenken. Es kann auch sein, dass bisher wichtige Kriterien gefehlt haben. So kann eine mitreißende Präsentation dazu führen, diesen Bereich noch stärker zu gewichten.

Das zuletzt Gesagte führt zu der Frage, in welchem Verhältnis fachliche zu überfachlichen Leistungen stehen sollen. Hier darf es nur eine Antwort geben: Die zu bewertenden Leistungen hängen vom jeweiligen Lernziel ab. Und diese müssen allen Schüler*innen von Beginn an klar sein. So bleiben Schüler*innen mögliche Enttäuschungen erspart, wenn sie alle Energie in eine medial aufgeblähte Präsentation gelegt und dabei die eigentliche Fragestellung aus den Augen verloren haben.

Am Schluss muss die für Leistungsbewertungen zentrale Frage beantwortet werden, die für alle kooperativ erbrachten Leistungen gilt – sei es wie hier im Projektunterricht oder bei Partner*innen- bzw. Gruppenarbeit, nämlich inwieweit Leistung als Teamleistung bewertet werden darf. Weil es bei der Leistungsüberprüfung klare rechtliche Vorgaben zu berücksichtigen gilt, werden wir hierauf grundsätzlich in einem eigenen Punkt 11 eingehen. Da es hier um Projektunterricht geht, gehen wir kurz auf die Bewertung dieses Formats ein. Grundsätzlich basieren Noten auf Einzelleistungen. Pädagogisch sinnvoll erscheint dagegen, im Sinne eines Team Building eine Gruppenbeurteilung zu vergeben. Wie sollen Lehrkräfte mit dem Dilemma umgehen? Bach-Blattner und Bohl (2011) weisen in folgendem Zitat einen Weg, der einerseits juristisch begründbar ist und andererseits pädagogisch bleibt: „Wenn Noten über Punktesysteme vergeben werden, kann eine sinnvolle Lösung darin bestehen, die Gruppenleistung zwar zu beurteilen, sie jedoch weniger stark zu gewichten“ (S. 190). Alle

Schüler*innen erhalten ihre verdiente Einzelnote, und der motivierende Charakter der Gruppenleistung bleibt erhalten,

7.8 Lern- und Entwicklungsgespräche

Lern- und Entwicklungsgespräche sollen regelmäßig den Dialog über den bisherigen Lernprozess und die Leistungsentwicklung sowie die gemeinsame Planung anstehender Lernvorhaben ermöglichen. Sie sollten sich an klaren Kommunikationsregeln und einem standardisierten Ablauf orientieren. Damit sollen Eltern sowie Schüler*innen an der Reflexion und Planung des individuellen Lernprozesses beteiligt werden. Hierzu werden die Schüler*innen zusammen mit ihren Erziehungsberechtigten zu einem Lerngespräch an die Schule eingeladen.

Porsch und Ruberg (2022, S. 51) geben vier Leitfragen für eine gelingende Planung, Durchführung und anschließender Reflexion eines Lern- und Entwicklungsgesprächs an die Hand:

> Wird eine wertschätzende Rückmeldung zum individuellen Lernprozess der Schülerinnen und Schüler formuliert?
> Werden gemeinsam mit den Schülerinnen und Schülern Lernziele vereinbart?
> Werden Kommunikationsregeln eingehalten?
> Wird ermöglicht, dass Lernende sich als Dialogpartnerinnen und -partner verstehen und sich aktiv in den Dialog einbringen?

Von Lern- und Entwicklungsgesprächen können auch Lehrkräfte profitieren, da diese Gespräche unter anderem steuern, wie sie ihre Schüler*innen beobachten. Dies verdeutlich beispielsweise folgende Stimme: „Mir persönlich hat das Lernberichtssystem geholfen, meine Schülerinnen und Schüler differenzierter zu beobachten, ihnen differenzierteres Feedback geben zu können und ihnen auch gezielter helfen zu können", so der Konrektor Inglin (2003, S. 457). Weiterhin fördern sie den Dialog unter den Lehrkräften über einzelne Schüler*innen. „Eines der größten Gewinne dieses Systems liegt meines Erachtens auch in der Notwendigkeit, dass sich die Lehrpersonen eines Klassenteams über die Schülerinnen und Schüler differenziert unterhalten müssen" (Inglin, 2003, S. 455).

Auch hier stellt sich wieder die Frage nach dem zeitlichen Mehraufwand, wie schon beim Portfolio berichtet. Durch dieses Verfahren kann die obligatorische Anzahl der Klassenarbeiten und sonstigen Prüfungsnachweisen reduziert werden. Dadurch wird der Korrekturaufwand geringer – eine Kompensation für den Mehraufwand für die Arbeiten mit den Lern- und Entwicklungsgesprächen.

Kooperation mit den Eltern

Lern- und Entwicklungsgespräche eignen sich auch, um mit der Schule und den Schüler*innen in einem Dreiergespräch in gemeinsamen Kontakt zu treten. Somit geben sie der Elternarbeit eine neue Dimension. In der Regel werden Eltern in die Schule einberufen, wenn irgendetwas Unangenehmes seitens des Kindes vorgefallen ist. Hier werden Elterneinladungen eine Selbstverständlichkeit.
Inhaltlich können folgende Themen angesprochen werden:

In Vereinbarungen kann es um Ziele und Inhalte gehen, an denen in einem zu definierenden Zeitraum sich das Kind bei seiner Arbeit orientieren kann. Man kann gemeinsam besprechen, welche Hilfen und Ressourcen zur Verfügung gestellt werden können, um die Aufgaben zu erfüllen. Möglicherweise wird besprochen, bei welchen Arbeitsschritten oder Arbeitsmethoden das Kind Unterstützung benötigt. Auch Zwischenkontrollen und Evaluationsmöglichkeiten zur Überprüfung des Besprochenen sind in einem Dreiergespräch transparent zu besprechen.

Für eine Weiterbeschäftigung für die interessierten Leser*innen gibt Sacher (2014, S. 262f.) einen Leitfaden für ein Beurteilungsgespräch wieder, das er dem Erziehungsdepartment des Kantons Solothurn entnommen hat. Dort wurde das Elterngespräch eingeführt, um Übertritte in die nächste Klasse oder in eine andere Schulart vorzubereiten. In zeitlicher Reihenfolge wird rückblickend summativ resümiert, was bisher das Kind gelernt hat und wo es heute steht. Es geht um eine Gesamtbeurteilung des Kindes mit seinen Stärken und Schwächen. Auf die Gegenwart bezogen wird in prozessorientierter Perspektive das gegenwärtige Arbeits- und Lernverhalten des Kindes hinterfragt. Nach vorne gerichtet in prognostischer Sicht geht es um die Frage, welche Maßnahmen zu planen sind, um bestimmte Schwächen zu beheben bzw. bestimmte Stärken zu fördern. Eigentlich selbstverständlich sind die Vorschläge, die zu einer guten Gesprächsatmosphäre beitragen, wie eine günstige Wahl des Raumes und das Einhalten von Kommunikationsregeln. Die beinhalten insbesondere, dass alle Beteiligten zu Wort kommen dürfen, dass die Bedürfnisse aller Gesprächspartner*innen wahrgenommen und akzeptiert werden, dass alle eine wertschätzende Gesprächshaltung einnehmen, d. h., helfend und aufbauend beraten, klar informieren, andere Meinungen tolerieren, nicht anordnen, verbieten, ermahnen oder überreden.

7.9 Schulleistungstests

Schulleistungstests sind Verfahren der pädagogischen Diagnostik, die meist in enger Beziehung zu den Inhalten des Curriculums eines Schulfaches stehen. Sie werden genutzt, um Bedingungen, Verläufe und Ergebnisse schulischer Lehr-Lern-Prozesse zu erfassen und für das pädagogische Handeln nutzbar zu machen. Im engeren Sinne sind mit Schulleistungstests nach wissenschaftlichen Kriterien konstruierte standardisierte Verfahren gemeint. (https://dorsch.hogrefe.com/stichwort/schulleistungstests)

Während Schulleistungstests in der Regel von in der Diagnostik eigens geschultem Fachpersonal wie Beratungslehrkräfte oder Schulpsycholog*innen an den Schulen durchgeführt werden, macht VERA eine Ausnahme, weil diese Lernstandserhebung von den unterrichtenden Lehrkräften durchgeführt wird. Deshalb gehen wir hier auf diesen Typ von Schulleistungstest hier ein.

VERA

VERA ist eine Abkürzung für „VERgleichsArbeiten" und startete in der Grundschule 2004 als Gemeinschaftsprojekt von sieben deutschen Bundesländern, koordiniert von der Universität Koblenz-Landau. Seit dem Schuljahr 2007/2008 werden flächendeckend in einem jährlichen Turnus Vergleichsarbeiten (VERA) in den Klassenstufen 3 (Deutsch, Mathematik) und 8 (Mathematik, Englisch/Französisch als erste Fremdsprache und Deutsch) durchgeführt, die alle einen klaren Bezug zu den von der Kultusministerkonferenz verabschiedeten länderübergreifenden Bildungsstandards haben.

Im Gegensatz zu den internationalen Schulleistungsstudien wie TIMSS oder PISA und dem IQB Ländervergleich (Institut zur Qualitätsentwicklung im Bildungswesen) erfolgt die Lernstandserhebung bei VERA nicht anhand einer Stichprobe von Schüler*innen, sondern in Form einer Vollerhebung aller Dritt- und Achtklässler*innen an allgemeinbildenden Schulen in Deutschland. Zusätzlich gibt es einige Länder, die unter der Bezeichnung VERA Lernstandserhebungen in der Klassenstufe 6 durchführen.

Weitere Unterschiede zu den anderen Schulleistungsstudien bestehen beispielsweise in der Testdurchführung, die nicht durch externe Testleiter*innen erfolgt, sondern durch die unterrichtenden Lehrkräfte. Auch die Auswertung findet dezentral durch die Lehrkräfte bzw. die jeweiligen Landesinstitute statt. Für VERA ergibt sich daraus auch die Möglichkeit, neben sofortigen Rückmeldungen eine differenziertere und innerhalb des Bundeslandes vergleichende Rückmeldung seitens der Landesinstitute nach einigen Wochen zu erhalten.

Da der Schwerpunkt der Leistungserfassung und somit Rückmeldung bei VERA auf der Ebene der Einzelschule und der Schulklasse liegt, werden den Lehrkräften Impulse gegeben, den Unterricht kompetenzorientiert weiterzuentwickeln, sowie Hilfen, um die diagnostische Kompetenz weiter auszubauen. Eine große Herausforderung dabei ist, diese Rückmeldungen auf den eigenen Unterricht zu übertragen. In einigen Bundesländern werden die Individualergebnisse auch an die Schüler*innen weitergegeben.

Die Potenziale liegen also auf der Hand (Pant et al., 2011):

- Durch einen Blick von außen auf die eigene Klasse kann eine Standortbestimmung der eigenen Klasse vorgenommen werden.
- Vergleichsarbeiten erlauben es Lehrkräften, ihre eigene Diagnosefähigkeit zu prüfen und zu trainieren.

- Pädagogische Interventionen und Fördermaßnahmen, auch in der Zusammenarbeit mit Eltern, eröffnen sich den einzelnen Lehrkräften differenzierter.
- Über Kooperationen im Kollegium ergeben sich Potenziale für Schulentwicklungsprozesse.
- Der Einsatz der Testaufgaben mag zu einer neuen Aufgabenkultur im Unterricht beitragen. Aufgabenstellungen können kreativer und reichhaltiger werden.

Zu einer sinnvollen Verwertung der Daten ist es zentral, dass von Lehrkräften die bundesweit festgelegten Bildungsstandards akzeptiert werden. In jedem Fall können in den Fachschaften fachspezifische Lehr- und Lernprozesse angestoßen, begleitet und überprüft werden. Seitens der Schulleitung kann in den Einzelschulen ein effektives Qualitätsmanagement durchgeführt werden. VERA taugt also idealiter für eine Unterrichtsentwicklung auf Einzelschulebene. Maiers Urteil soll diesen Punkt beenden: „Empirische Studien zeigen, dass VERA an deutschen Schulen ohne Schwierigkeiten durchgeführt wird und mittlerweile in die jährliche Routine eingegliedert wurde" (2015, S. 224).

Fazit/Reflexionsfragen für eine Lehrkraft

In der Tabelle 11 haben wir eine Vielzahl an Verfahren der Leistungsbeurteilung aufgezeigt. Welchen Bewertungsbereich bzw. welche Bereiche will ich meiner Leistungsbewertung zugrunde legen? Handelt es sich um eine Produkt-, eine Prozess-, eine Präsentationsbewertung oder um eine Kombination der drei Möglichkeiten?

8 Feedback als Mittel zur Leistungserziehung und Motivation

Schon Hatties gewählter Titel „Visible Learning“ weist auf die große Bedeutung von Feedback hin. „Lernen sichtbar machen“ (Hattie, 2009, 2013) meint dabei zweierlei: Lehrkräfte sollen um den Wissensstand ihrer Schüler*innen Bescheid wissen, diese selbst um ihr eigenes Lernen. Hierzu ist Feedback eine große Hilfe, wie Feedback überhaupt eine zentrale Variable für erfolgreiches Lernen ist.

Zwei Ergebnisse zu den vorliegenden Meta-Studien zu Feedback sind bemerkenswert:

Feedback gehört zu den am besten erforschten Methoden und zieht einen der größten Einflüsse auf die Lernleistung nach sich. Die Durchschnittseffekte sind mit die höchsten, die im schulischen Kontext gefunden wurden (Effektstärke $d = .73$).

Bei den Effekten unterschiedlicher Varianten von Feedback zeigt sich eine auffällig große Streuung. Neben der großen Bedeutung einerseits heißt dies auch, dass offenbar nicht alle Formen von Feedback gleich wirksam sind. Bei immerhin einem Drittel der untersuchten Studien zeigen sich auch negative Effekte von Feedback auf die Lernleistung.

Vorangestellt werden zentrale theoretische Grundlagen des Begriffs Feedback (8.1). Doch bevor Feedback nach Prüfungen wie Schularbeiten greifen kann, geht es zunächst um die Frage, wie schriftliche Klassenarbeiten zurückgegeben werden sollten, damit sie auch von den Schüler*innen wahrgenommen werden (8.2). Im Weiteren geht es darum aufzuzeigen, wie Feedback von Lehrkräften einzusetzen ist, dass es auch wirkt. Es geht um die Fragen, wodurch sich ein erfolgreiches Feedback auszeichnet, welche Gefahren von einem falsch verstandenen Feedback ausgehen können (8.3). Doch es ist nicht nur das Feedback von den Lehrkräften zu den Schüler*innen entscheidend, sondern ebenso wichtig ist das Feedback in umgekehrter Richtung, also von den Schüler*innen zu den Lehrkräften. Hierfür gibt es gute Gründe. Auch sollten Lehrkräfte erkennen, dass Peerfeedback häufiger geschieht als Feedback durch sie selbst. Schüler*innen-Feedback zu den Lehrkräften und Peerfeedback muss angeleitet werden, wenn es wirksam sein soll (8.4). Schließlich geht es, damit Feedback gelingen kann, um die Entwicklung einer Feedback-Kultur, die an jeder Schule aufgebaut werden sollte (8.5). Eine umfassende und auch praxisnahe Übersicht zu diesem Punkt geben Busse et al. (2019).

8.1 Welche theoretischen Grundlagen sind für Feedback zentral?

Vorab wird geklärt, was man unter Feedback versteht, was seine Funktionen sind, warum es wirkt und welche Modelle zur Wirksamkeit beitragen (vgl. zum Folgenden: Haag & Götz, 2019).

Definition

In Rückgriff auf vorhandene Definitionen und Diskussionen (vgl. Ditton & Müller, 2014) schlagen wir folgende Definition vor, auf die sich folgende Ausführungen zu schulbezogenem Feedback beziehen: Unter Feedback wird eine bewusste, auf Daten basierende Rückmeldung an eine Person bzw. Personengruppe zu ihrem vorherigen Verhalten verstanden. Hierunter lassen sich sowohl einfache Formen wie „stimmt/stimmt nicht" subsumieren als auch elaboriertere Formate wie Hinweise auf Gelungenes, Ursachen für Fehler oder Hinweise auf Lösungsstrategien verstehen – und dies sowohl in schriftlicher als auch mündlicher Form.

Funktionen

Je nach Adressat*innenkreis von Geber*innen und Empfänger*innen sind unterschiedliche Funktionen gelingenden Feedbacks denkbar, die sich in folgende vier Grobkategorien einteilen lassen (vgl. Narciss, 2006; Fengler, 1998):

- Feedback kann korrekte Antworten bestätigen und verstärken.
- Feedback kann eine wichtige Informationsquelle zur Korrektur von Fehlern darstellen. An dieser Stelle soll der Hinweis genügen, dass eine Grundvoraussetzung dafür, dass Feedback gelingen kann, eine positive Fehlerkultur ist.
- Feedback kann eine Motivationsquelle beim Lernen sein.
- Feedback kann als Tutor für die Bearbeitung neuer Aufgaben dienen, d. h., es kann regulierend und instruierend eingreifen, um zielgerichtete Arbeit zu fördern.

Lerntheoretische Grundlagen

Die Wirkung von Feedback lässt sich durch unterschiedliche lerntheoretische Grundlagen erklären. Feedback wurde in den behavioristischen Ansätzen als Verstärker angesehen. So führt positives Feedback zur Festigung richtiger Antworten, während negatives zwar die Wahrscheinlichkeit für falsche Antworten mindert, jedoch nicht automatisch zu richtigen führt. Seit den 1970er und 1980er Jahren wurde diese Sichtweise durch die kognitiven Ansätze abgelöst. Diese betonen die informative Wirkung und die Funktion, sich und anderen Fehlkonzepte bewusst zu machen, sowie Fehler zu identifizieren und zu korrigieren. Je nachdem wie eine Feedbackinformation bewertet wird, behält der Feedbackempfänger sein bisheriges Verhalten bei oder verändert es. Im konstruktivistischen Ansatz wird die eigenaktive Auseinandersetzung mit dem gegebenen Feedback betont. Feedback wird als Angebot gesehen, das Lerner für ihre Wissenskonstruktion nutzen können. Diese Wissenskonstruktion wird wesentlich durch die Motivation gesteuert. Es kommt darauf an, sich kompetent und selbstbestimmt erleben zu können. Deshalb sollte sich Feedback sachlich auf gezeigtes Verhalten und nicht die Person beziehen, doch dazu später mehr (8.3).

Modelle

Die Wirkung von Feedback ist von zahlreichen situativen und individuellen Faktoren abhängig, auf die vorliegende theoretische Ansätze hinweisen.

Prominent geworden sind die beiden Feedbackmodelle von Narciss (2006) und Hattie und Timperley (2007). Da letzteres auf Vollständigkeit abzielt, also die zentralen Bereiche abdeckt, ist es ideal für ein Lehrer*innenfeedback geeignet und wird dort behandelt (8.3).

Auf das Modell von Narciss wird hier eingegangen, weil es von folgenden drei Facetten ausgeht, die zu einer genaueren Beschreibung von Feedback berücksichtigt werden müssen:

1. Funktionale Facette: Feedbackwirkungen lassen sich nach den intendierten kognitiven, metakognitiven und motivationalen Gesichtspunkten ordnen. So kann Feedback informieren, hinweisen, instruieren/ergänzen, regulieren/korrigieren, verstärken und bestätigen sowie motivieren.
2. Formale Facette: Feedback lässt sich nach der Form (mündlich oder schriftlich: grafisch/sprachlich; Computer unterstützt; digitalisiert), nach dem Zeitpunkt (während der Bearbeitung, unmittelbar danach oder verzögert; in festen oder zeitvariablen Intervallen) unterscheiden.
3. Inhaltliche Facette: Feedback besteht mindestens aus zwei zentralen Komponenten, der evaluativen und informativen. Bei ersterer geht es um Informationen über den erreichten Leistungsstand oder über die Korrektheit der Lösung, bei letzterer geht es um zusätzliche Informationen entsprechend der Intention. Zur inhaltlichen Facette gehört auch, auf welchen Maßstab sich ein Feedback bezieht, ob ein individueller, sozialer oder kriterialer Maßstab angewendet wird.

Wie die mit dem Feedback präsentierte Information verarbeitet und genutzt wird, hängt von individuellen Voraussetzungen der Feedbackempfänger*innen ab. Narciss unterscheidet das Vorwissen, motivationale Faktoren sowie metakognitives Wissen:

Vorwissen

Die Tabelle 15 zeigt, dass Feedback je nach Leistungsstärke der Schüler*innen unterschiedlich zu geben ist, um positive Wirkungen zu erzielen.

Tabelle 15: Feedback je nach Leistungsstärke der Schüler*innen (Quelle: eigene Tabelle)

	eher leistungsstärkere	eher leistungsschwächere
Zeit	aufgeschoben	unmittelbar
Hinweise	herausfordernd	konkret, direktiv
Hilfen	das eigene Tempo berücksichtigend	eher eng geführt, strukturiert

Motivationale Faktoren

Insbesondere Rückmeldungen an leistungsschwächere, aber auch die Rückmeldungen an leistungsstarke Schüler*innen sollten sich an einer individuellen Bezugsnorm (Vergleich mit der eigenen vorausgehenden Leistung) und nicht an einer sozialen orientieren. So können diese sich an ihrem eigenen Fortschritt orientieren.

Je mehr die Lernenden den Nutzen einer Rückmelde-Information erkennen, desto motivierender und leistungsförderlicher ist die Rückmeldung. Dies trifft besonders bei Schüler*innen zu mit niedriger Selbstwirksamkeit, jedoch hohem Interesse.

Metakognitives Wissen/Selbstregulation

Zunächst ist zwischen internem und externem Feedback zu unterscheiden. Sich selbst Feedback zu geben, stellt eine hohe Anforderung für die Lernenden dar. Es wird durch einen Monitoring-Prozess des eigenen Handelns gleichsam in einem „inneren Dialog" selbst erzeugt. Wird einem Lernenden externes Feedback gegeben, kann dieses das interne Feedback bestätigen oder ihm widersprechen. Feedbackempfänger*innen nehmen durch Abgleich von internem und externem Feedback eine aktive Rolle bei der Verarbeitung der Rückmeldung ein. Selbstregulationsprozesse sind dafür verantwortlich, wie das Feedback aufgefasst wird. Und diese müssen bei den Schüler*innen von der Lehrkraft angeleitet werden.

Feedback und Emotionen

Es fällt auf, dass in Übersichtsartikeln zu Feedback Emotionen kaum erwähnt werden. Feedback wird primär in Zusammenhang mit Leistung behandelt. Umgekehrt wird in der Literatur zu Emotionen Feedback kaum als Bedingung oder Folge von Emotionen gesehen. Götz, Lipnevich, Krannich und Gogol (2018) stellen in einem Übersichtsartikel die gegenseitigen Bedingungseffekte dar.

Es lassen sich zweierlei Art von Emotionen unterscheiden: Einmal geht es um Emotionen, die durch den qualitativen Inhalt des Feedbacks ausgelöst werden wie bspw. Stolz auf eine gut erbrachte Leistung, oder Ärger in Folge schlechter Leistung. Zum anderen treten auch Emotionen auf, die beim Austausch an sich mitschwingen. Vom dem*der Geber*in gezeigte Freude über eine gute Leistung kann z. B. das Vertrauen in die eigenen Fähigkeiten der Schüler*innen stärken. Aber auch negative gezeigte Emotionen können zum Teil positive Wirkungen haben. Ein von dem*der Geber*in gezeigter Ärger kann z. B. gedeutet werden, dass diese*r einfach mehr von mir erwartet hat, was zu einer Steigerung des Selbstkonzepts führen kann. Umgekehrt kann ein von dem*der Geber*in gezeigtes Mitleid dazu führen, dass dieser von mir nicht viel erwartet, was wiederum zu einer Abnahme des eigenen Fähigkeitsselbstkonzepts führen kann.

Heute gilt als gesichert, dass positives Feedback mit positiven Emotionen zusammenhängt und umgekehrt. Beide Konstrukte bedingen sich gegenseitig. Doch vor Verallgemeinerungen muss gewarnt werden. Das Feedback-Emotionen-Gefüge hängt von einer Reihe von Moderatoren und Mediatoren ab: Während ein Moderator als eine Drittvariable auf die Stärke der Beziehung zwischen Feedback und Emotionen Einfluss nimmt, wird die konkrete Beziehung zwischen Feedback und Emotionen durch eine vermittelnde Variable, den Mediator erklärt.

Folgende Moderator-Variablen sind zwischen Feedback und Emotionen empirisch nachgewiesen:

- Persönlichkeitsvariablen wie
  - emotionale Instabilität (Instabile Menschen reagieren in der Regel mit mehr Angst auf negatives Feedback.)
  - Feedback-Sucher*innen (Sie reagieren auf konstruktives Feedback eher mit Freude und umgekehrt auf negatives Feedback weniger mit Angst und Ärger als Feedback-Vermeider*innen.)
  - Metakognitionen (Ein Reflektieren emotionaler Reaktionen, die auf negatives Feedback folgen, kann negative Emotionen reduzieren.)
- Emotionsregulation: Neubewertungen nach erhaltenem negativem Feedback (z. B., dass man ja generell in der Lage ist, die Aufgaben adäquat zu lösen) führen zu einer Reduktion negativer und einer Förderung positiver Emotionen.
- Zweck von Feedback: Negative emotionale Reaktionen fallen bei einem aufgabenbezogenen Feedback geringer aus als bei einem, das sich auf das Selbst bezieht (vgl. 8.3).

Als Mediatoren gelten:

- Kognitive Bewertungen: Positives Leistungsfeedback erhöht das Selbstkonzept und die intrinsische Motivation. Beide Konstrukte wiederum wirken sich positiv auf Emotionen aus. Wenn auf eine schwache Schüler*innenleistung ein ermutigendes Feedback der Lehrkraft folgt, erhöht das die Einschätzung der Wichtigkeit von Leistung, was wiederum zu sowohl höherer Freude führen kann – aber auch zu höherer Angst (z. B. vor Konsequenzen infolge eines möglichen zukünftigen Misserfolgs bei einer so wichtigen Angelegenheit). Gut gemeintes positives Feedback kann also auch zu negativen Emotionen führen, wenn dadurch der Wert von Leistung zu stark thematisiert wird.

- Unterschiedliche Leistungsziele: Ein Feedback, das sich an der individuellen Bezugsnorm orientiert, führt in der Regel zu förderlichen Leistungszielen (z. B. Lernen um der Sache willen), die wiederum positive Emotionen wie Hoffnung und Stolz auslöst.

8.2 Wie sollten schriftliche Klassenarbeiten zurückgegeben werden?

Wer selbst Lehrkraft ist, kennt die Situation aus eigener Erfahrung nur zugute: Man bemüht sich, Schularbeiten sorgfältig zu korrigieren, markiert möglicherweise auch in anderen Schulfächern als Deutsch Rechtschreib-, Interpunktions- und Grammatikfehler. Und was ist der „Dank“ für all die Mühen? Außer der gezeigten Freude der sehr guten und guten Schüler*innen löst die Herausgabe wenig Begeisterung aus, im Gegenteil, gerade die leistungsschwächeren Schüler*innen, die besonders ja aus ihren gemachten Fehlern etwas lernen sollten, legen die Arbeit sehr schnell beiseite, möchten sie am liebsten ignorieren. Schon bei der Herausgabe der Arbeiten kann man also bei den einen oder anderen Schüler*innen ein Desinteresse an der korrigierten eigenen Schularbeit erkennen. Das ist dann durchaus frustrierend. War meine Korrekturarbeit „für die Katz“?, solche Gedanken seitens der Lehrkräfte können da schon aufkommen. Dabei liegt der Sinn in korrigierten Arbeiten neben der Bestätigung gelungener Lösungen ja auch gerade darin, auf Fehler hinzuweisen, um sie zukünftig zu vermeiden. Es geht also um Feedback als Mittel zur Förderung zukünftiger Leistungen.

Hier schlagen wir ein Rückgaberitual für Klassenarbeiten vor, das sich in der Praxis als durchführbar erweist und auch bewährt hat, wie bei Unterrichtsbesuchen von einem der Autoren vielfach beobachtet wurde.

Doch zunächst soll von einem negativen Beispiel die Rede sein. Die Autoren erinnern sich allzu gut an ihre eigene Schulzeit. Nicht unüblich war das hier geschilderte Ritual eines Lateinlehrers in der Unterstufe. Ein zentrales Merkmal von Ritualen wird hier deutlich, dass sie sich fest in der Erinnerung einprägen. 40 Jungen waren in der Klasse, die auf die Herausgabe der Latein-Klassenarbeiten warteten. Der Lehrer hat sich Mühe gegeben und den Stapel der Reihe nach geordnet und so begann sein Ritual der Zurückgabe: „Nun sind die Einsen dran“, „jetzt komm ich zu den Zweien“. Naja, wenn die Vieren vorüber waren und der eigene Name noch nicht dran war, führte diese Situation für die einen zu einem Gelächter, für die Betroffenen ein blamables Desaster.

Und nun zu dem Vorschlag: Er beinhaltet ein dreischrittiges Vorgehen, das darauf ausgelegt ist, eine symmetrische Kommunikation zwischen Lehrkraft und Schüler*innen nicht zu verletzen, auch solche mit schwachen Leistungen nicht zu kränken bzw. zu demütigen und einen konstruktiven Umgang mit Fehlern zu ermöglichen.

Schritt 1

Klassenarbeiten sollten in zufälliger Reihenfolge zurückgegeben werden.

Eine Ordnung der Arbeiten nach Noten sowohl in auf- als auch absteigender Folge erhöht einerseits den Druck gerade bei den Schüler*innen mit schwachen Ergebnissen, andererseits werden auch falsche Erwartungen signalisiert.

Schritt 2

Die Zurückgabe sollte möglichst kommentarlos erfolgen.

Was nützt eine so geäußerte Bemerkung wie „Streng dich das nächste Mal mehr an!", oder „Bei dir ist immer noch kein Fortschritt erkennbar." Auch ein „Super, beste Arbeit!" hilft dem Rest der Klasse nichts. Paradies et al. (2009, S. 80/81) bemerken treffend: „Das Ritual bei der Rückgabe steht in den meisten Fällen fest. Der*die Lehrer*in verteilt und kommentiert je nach Lage der Dinge oder nach Lust und Laune, bevor sich die Schüler*innen mit den Ergebnissen der Arbeit vertraut machen können. Schon aus diesem Informationsmangel heraus sind sie in der abhängigen Position. Hier kann sich in dem typischen Verteilungsritual die Machstellung des*der Lehrers*in manifestieren, während für Schüler*innen, die stark unter Versagensängsten leiden, die Situation beinahe unerträglich wird" (Anm.: gendergerechte Formulierungen durch die Autoren eingefügt)

Schritt 3

Wie könnte es nun nach der Herausgabe der Arbeiten weitergehen?

Petersen (2001, S. 122f.) schlägt eine Schrittfolge bei der Rückgabe von Klassenarbeiten vor, bei der alle Schüler*innen profitieren können, indem sie die Fehlerbearbeitung als einen natürlichen Arbeitsvorgang kennenlernen (Anm.: gendergerechte Formulierungen durch die Autoren eingefügt):

1. Lies dir deine Arbeit mit ihren Fehlern und Korrekturen genau durch. Das kritische Studium der eigenen Arbeit beginnt mit der Lektüre des Lehrer*innenkommentars als erste Voraussetzung, sich mit Bewertung und Note ernsthaft auseinander zu setzen.
2. Überprüfe, ob der*die Lehrer*in richtig korrigiert und gezählt hat. Indem jede*r in die Rolle eines*r Kontrolleurs*in schlüpft, erhöhen sich die Chancen zu größerer Distanz zur eigenen Leistung.
3. Wenn du dazu Fragen hast, trage dich in die Warteliste des*der Lehrers*in ein. Individuelle Nachfragen sind selbstverständlich, werden ernst genommen und nacheinander abgearbeitet. Die Wartezeit wird zur Erledigung unstrittiger Fehler genutzt. Oft klären sich die Probleme in der Zwischenzeit im Gespräch mit der Nachbarschaft.
4. Beginne schon mit der Berichtigung. Innerhalb einer bestimmten Zeit die Korrektur zu beenden, heißt sich tatkräftig darauf einzulassen, die Zeit für sich konstruktiv zu nutzen, um aus der kooperativen Überarbeitung für künftige Arbeiten zu profitieren.

5. Suche die richtige Lösung im Wörterbuch, Heft oder Fachbuch. Der Einsatz der Hilfsmittel wird hiermit gezielt propagiert."... Ergänzend zu Petersen muss hier betont werden, dass dieses Suchen heute auch in digitalen Medien erfolgen kann.
6. Wenn du Hilfe brauchst, wende dich an eine*n Helfer*in ... . Dieser Schritt verweist die Schüler*innen auf die Kompetenzen, die ihresgleichen besitzen, orientiert auf Selbstständigkeit und Kooperation. Oft sind die Mitschüler*innen die kompetenteren Erklärer*innen, weil sie Schüler*innen näher und in angemesseneren Worten erklären können als wir Lehrer*innen."... „Wenn ... Prüfstationen eingerichtet werden, könnten diese von Schülern*innen besetzt werden, die mit ihren eigenen Korrekturen rasch fertig wurden."...
7. Gemeinsame Schlussrunde: Was war in der Arbeit/bei der Berichtigung und Verbesserung besonders schwierig? Welche Trainingsprogramme brauchst du? Was hast du jetzt verstanden? Was hat dir besonders geholfen?"...
8. Die Berichtigungen werden wechselseitig von Schülern*innen kontrolliert, mit einem schriftlichen Kommentar versehen und beurteilt. Durch dieses Verfahren wird die Verantwortung für die Korrekturen an die Betroffenen selbst verwiesen. Sie sind als Produzenten und Lernende zugleich gefordert.

Schließlich sammelt die Lehrkraft nach abgeschlossener Korrektur die Arbeiten ein und ist so gut über das Niveau von Bearbeitung und Korrektur informiert. Ob es genau so ablaufen muss, zeigt natürlich der Einzelfall. Dieses doch sehr aufwändige Vorgehen ist natürlich nicht bei allen Leistungsrückgaben möglich und auch sinnvoll. Doch es sollte klar geworden sein, dass nach der Herausgabe den Schüler*innen Zeit gegeben werden sollte, um die eigene Leistung einordnen, Verständnisprobleme klären und die Bewertung verstehen zu können.

8.3 Wie erfolgt ein Feedback seitens der Lehrkraft?

Auf der Grundlage der Ergebnisse ihrer Meta-Analyse kommt es für Hattie und Timperley (2007) bei Feedback auf drei zeitliche Perspektiven und vier Ebenen an (vgl. auch Hattie & Zierer, 2016):

Drei zentrale zeitliche Perspektiven von Feedback

1. „Feed-Back" bezieht sich auf die Vergangenheit und vergleicht den Ist-Stand mit dem vorausgegangenen Zustand. Es geht um die Fragen: Wie komme ich voran? Welche Fortschritte zur Erreichung des Ziels werden gemacht? „Feed-Back" meint begleiten und rückmelden.
2. „Feed-Up" bezieht sich auf die Gegenwart und vergleicht den Ist-Stand mit dem derzeitigen Soll-Stand. Es geht um die Fragen: Wo gehe ich hin? Was sind die konkreten Ziele? Der hierfür verwendete Begriff „Feed-Up" meint anleiten, hinführen. Die Klarheit des Ziels hat starken Einfluss auf die Wirkung von Feedback. Es muss

klar kommuniziert werden, was erreicht werden soll. Dann hilft Feedback auch, die nächsten Ziele zu setzen. Dabei geht es um ein Einverständnis der Lernenden, Feedback ist dann effektiver, wenn auch die Lernenden sich die Ziele zu Eigen machen.
3. „Feed-Forward" bezieht sich auf die Zukunft und erläutert ausgehend vom Ist-Stand den anzustrebenden Soll-Stand. Es geht um die Fragen: Wohin geht es danach? Welche Aktivitäten müssen aufgenommen werden, um weiter voranzuschreiten?" Entweder reicht ein „weiter so", oder es braucht konkrete Hilfestellungen wie erweiterte Herausforderungen, zusätzliche Aufgabenstrategien, bessere Selbststeuerung des eigenen Lernens oder ein tieferes Verständnis.

Feedback ist weniger eine Frage der Quantität als vielmehr der Qualität. Hattie und Timperley (2007) unterscheiden vier Ebenen, die verschiedene Wirkungen erzielen.

1. Aufgabe: Feedback ist an der Aufgabenlösung oder an einem Produkt der Lernenden orientiert. Es geht um die Beantwortung der Frage: Wie gut wurden die Aufgaben erledigt und verstanden? Damit wissen die Lernenden, was sie können und was nicht.
2. Prozess: Feedback ist am Prozess orientiert, der zur Aufgabenlösung oder zum Produkt führt. Es geht also um die Beantwortung der Frage: Was muss getan werden, um die Aufgabe zu verstehen und zu meistern? Damit wissen die Lernenden, wie sie gearbeitet haben.
3. Selbstregulation: Feedback ist auf den Selbststeuerungsprozess der Lernenden bezogen. Die Frage lautet: Was können die Lernenden tun, um ihr Lernen selbst zu steuern, zu lenken und zu überwachen? Damit wissen die Lernenden, wie sie ihre Aufgaben und den Prozess dazu selbst regulieren können.
4. Selbst: Feedback ist auf die Lernenden als Person bezogen, mit stark affektiver Wirkung. Eine Rückmeldung bspw. wie „Du bist toll!" enthält keine Information zum Lernprozess, sondern beinhaltet eine persönlichkeitsbezogene Bewertung der Lernenden. Das Problem dabei ist, dass die Informationen die Aufmerksamkeit der Lernenden oft auf die Selbst-Ebene und damit weg von der Aufgabe lenken, nach dem Motto, „Das kann ich sowieso nicht". Oder wie im umgekehrten Fall Hattie und Zierer (2016, S. 137) anmerken: „Kommt es beispielsweise zu einem übermäßigen Lob, so kann dies zu einer Minderung der Leistungsbereitschaft führen, weil Lernende dazu neigen, das positive Bild ihrer Person nicht aufs Spiel zu setzen." Ganz im Sinn von Self-Handicapping könnten sie künftig eine Anstrengung vermeiden, potenzielles Scheitern könnte ihr Selbstwertgefühl mindern.

Aus diesem Grund ist in Tabelle 16 die Selbst-Ebene nicht mitberücksichtigt. Die Kernbotschaft ist, dass die drei zentralen zeitlichen Perspektiven von Feedback auf den drei verschiedenen Feedback-Ebenen ansetzen und diese ineinandergreifen. Somit erhält man ein vollständiges Feedback und ist nicht auf einer Ebene allein fokussiert. In Anlehnung an Hattie und Zierer (2016, S. 142) kann eine Verbindung von Ebenen und Perspektiven in folgender Matrix abgebildet werden.

Tabelle 16: Feedbackmatrix unter Berücksichtigung der drei Perspektiven und Ebenen (Quelle: Eigene Tabelle)

		Ebenen		
		Aufgabe	*Prozess*	*Selbstregulation*
Perspektiven	Handeln: Es geht um			
Vergangenheit (Feed-Back): Was ist gut gelaufen? Wie komme ich voran?	Begleiten und Rückmelden	– Wo zeigt sich im Hinblick auf die Ziele und Inhalte ein Fortschritt?	– Wo zeigt sich im Hinblick auf die Leistungserbringung ein Fortschritt?	– Wo zeigt sich im Hinblick auf die eingesetzten Strategien der Selbstregulation ein Fortschritt?
Gegenwart (Feed-Up): Wo will ich hin?	Anleiten und Hinführen	– Welche Ziele wurden erreicht, welche Inhalte verstanden?	– Wie wurde die Leistung erbracht?	– Welche Strategien der Selbstregulation wurden erfolgreich eingesetzt?
Zukunft (Feed-Forward): Was sind die nächsten Schritte?	Weiterführen	– Um welche Ziele und Inhalte geht es als nächstes?	– Welche Hinweise zur Leistungserbringung sind als nächstes zu geben?	– Welche Strategien der Selbstregulation sind als nächstes einzusetzen?

8.4 Wie erfolgt ein Feedback seitens der Schüler*innen (Schüler*innenfeedback und Peerfeedback)?

In folgenden Ausführungen beziehen wir uns auf die Artikel von Wisniewski, Haag und Zierer (2019) sowie von Streber (2019).

Schüler*innenfeedback

Feedback einzuholen, erscheint erst einmal als Mehrarbeit für die Lehrkräfte. Doch es gibt gute Gründe, dies dennoch zu tun:

Grund 1: Blinder Fleck im Johari-Fenster

Experimentell belegt ist, dass Selbst- und Fremdwahrnehmung meist nicht identisch ausfallen. In der Sozialpsychologie bekannt geworden ist das sog. „Johari-Fenster" (s. Abbildung 7). Diejenigen Informationen, die anderen Personen zugänglich sind, uns selbst aber nicht, werden als „blinde Flecken" bezeichnet. Sie können ohne Rückmeldungen durch andere Personen nicht erkannt werden. Feedback stellt demnach eine Möglichkeit dar, eigene blinde Flecken über den Abgleich von Perspektiven aufzudecken.

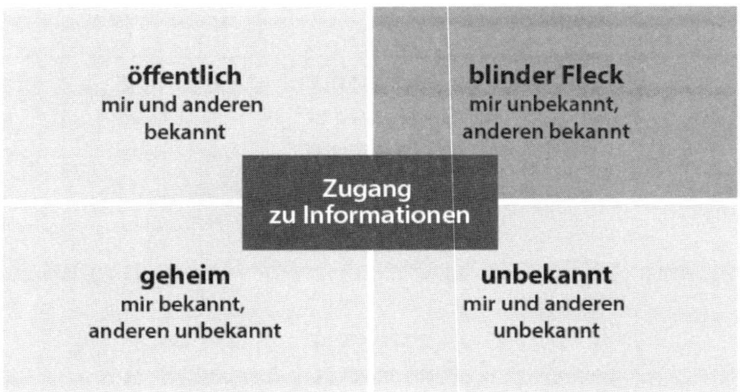

Abbildung 7: Das Johari-Fenster (nach Wisniewski & Zierer, 2017, S. 53)

Grund 2: Unterrichtsqualität

Hattie (2009; 2013) konnte belegen, dass das Einholen von Feedback zu einer Steigerung der Unterrichtsqualität führt. Die Autoren Wisniewski et al. (2019) weisen darauf hin, dass in der Regel ein solches Feedback-Nehmen Mut erfordert, weil Lehrkräfte nicht dafür vorbereitet werden – in der Lehrer*innenbildung werden sie zum Teil immer noch als Einzelkämpfer*innen sozialisiert, Fehler gilt es nach wie vor zu vermeiden.

*Grund 3: Beitrag zur Lehrer*innengesundheit*

Feedback kann einen wesentlichen Beitrag zur Gesundheit von Lehrer*innen leisten. Enns et al. (2004) konnten nachweisen, dass Lehrkräfte, die in ihre Berufspraxis regelmäßiges Feedback einholen,

- das Gefühl haben, als Lehrkraft bestärkt zu werden,
- an Sicherheit gewinnen,
- eigene Schwachpunkte relativieren,

- Arbeitspartnerschaften etablieren,
- eine forschende Haltung im Unterricht etablieren,
- Offenheit und Sensibilität entwickeln,
- ihre Arbeitszufriedenheit erhöhen,
- Stressfaktoren abbauen,
- Selbstwirksamkeit erleben und
- von Anerkennung und Bestärkung profitieren.

Feedback ist also ein entlastender Faktor für Lehrkräfte.

Peerfeedback

Unter Peerfeedback wird hier ein gegenseitiges Feedback von Mitschüler*innen verstanden. Hattie und Gan (2011) berichten von einer Studie, nach der bis zu 80 % des mündlichen Feedbacks im Klassenzimmer von Mitschüler*innen gegeben werde und dass die meisten der gegebenen Informationen falsch seien. Aus dieser Studie wird zweierlei ersichtlich:

- Lehrkräfte sollen erkennen, dass Peerfeedback häufiger geschieht als Feedback durch sie selbst.
- Peerfeedback muss angeleitet werden, wenn es wirksam sein soll.

Akzeptanz von Peerfeedback

Ergebnisse zu Peerfeedback sind spärlich, folgende Befunde liegen bisher vor (vgl. Strijbos et al., 2010):

- Was die Akzeptanz Gleichaltriger untereinander betrifft, wird Peerfeedback von einer*m kompetenten Partner*in eher angenommen. Gleichzeitig ist ein solches Feedback auch eher bedrohlich für das eigene Selbst. Was jedoch die Effektivität angeht, gibt es, entgegen der gängigen Meinung, keine Unterschiede zwischen einem*r mehr oder weniger kompetenten Feedbackgeber*in.
- Peerfeedback ist besonders erfolgreich, wenn beide Partner*innen das gleiche Level von Selbstregulation und Empathie haben.
- Peerfeedback wird dann mehr akzeptiert und ist wirksamer, wenn Aufgaben angeboten werden, die mehrere Lösungswege und auch Fehlkonzepte beinhalten.
- Ein anonymes Feedback, z. B. von irgendwem in der Klasse, wird nicht so positiv wahrgenommen wie eines von einem*r bestimmten Mitschüler*in.

Anleitungsregeln

Peerfeedback ist spezifischer und relevanter, wenn Schüler*innen darin angeleitet werden. Dabei gelten folgende Regeln:

- Rückmeldungen sind eindeutig zu formulieren.
- Jede positive Antwort ist lobend zu bestätigen.
- Die erreichten Lernfortschritte können protokolliert werden (in Tabellen und Lernkurven).
- Es sind Fähigkeiten des Sprechens und Zuhörens zu entwickeln. Dabei kann die Lehrkraft als Vorbild dienen.
- Der Unterschied zwischen den drei Ebenen der Aufgabe, des Prozesses und der Selbstregulation muss deutlich gemacht werden (vgl. 8.3).

Eine zentrale Gelingensbedingung ist der Aufbau von Qualitätskriterien für eine Leistung. Diese Kriterien müssen gemeinsam mit Lehrkräften und Lernenden erarbeitet werden. Dann dürfte auch die Angst unbegründet sein, die Lernenden würden sich selbst nur positiv sehen. Neben dem Aufbau von Kompetenz ist auch die Haltung zu berücksichtigen. Es besteht die Gefahr, aus Rücksicht gegenüber einem*r Freund*in unehrlich zu sein und nicht zu sagen, was er*sie nicht weiß. Ebenfalls kann es sein, dass sich aufgrund von Gruppenzwängen Schüler*innen nicht trauen, ihre Meinung offen zu sagen, gerade nicht gegenüber sogenannten Wortführer*innen in der Klasse.

Formen von Peerfeedback

Damit Feedback gelingen kann, muss es ökonomisch einsetzbar sein. Hier werden zwei Einsatzarten aufgezeigt:

- Bei Leistungsabfragen können sich Banknachbar*innen direkt Feedback geben. Der Vorteil einer sofortigen Rückmeldung wird bei einfachen Abfragen deutlich, z. B.: Die Lehrkraft bittet die Klasse, sich die gelernten und wiederholten Englischvokabeln der letzten Woche gegenseitig abzufragen. Die Schüler*innen schreiben aus dem Buch zehn Vokabeln auf einen Zettel und lassen diesen anschließend von dem*der Sitznachbarn*in ausfüllen. Anschließend korrigieren sie gegenseitig ihre Zettel und versehen sie zusätzlich mit einer Bemerkung, wie z. B.: „Ups, wenn ich heute unsere Lehrerin gewesen wäre, hättest Du auch nur ein ‚ungenügend' erhalten." oder: „Super, klasse, Du bist spitze!" Dieses Procedere ist auch in mündlicher Form möglich und selbstverständlich auch in anderen Fächern, so können auch Matheaufgaben gegenseitig gestellt und das Ergebnis rückgemeldet werden.
- Nach einer erfolgten Gruppenarbeit kann die Gruppe ihr Arbeitsverhalten reflektieren. Anschaulich und deutlich kann anhand einer Kurzskala (s. Tabelle 17) jedes Gruppenmitglied festhalten, wie es sich eingebracht hat. Anschließend können die Gruppenmitglieder die Ergebnisse gemeinsam besprechen. Der Vorteil liegt darin, dass sie im Nachhinein nicht aufeinander „losgehen", sondern ihr eigenes Verhalten in die Analyse mit einbringen.

Tabelle 17: Rückmeldeschema einer Gruppenarbeit (Quelle: eigene Tabelle)

Arbeitsweise	
Ich habe mich für die Aufgabe interessiert.	☺ 😐 ☹
Ich habe mich angestrengt.	☺ 😐 ☹
Ich habe mich konzentriert.	☺ 😐 ☹
Ich habe sorgfältig gearbeitet.	☺ 😐 ☹
Ich habe die Gruppenregeln beachtet.	☺ 😐 ☹
Gespräch	
Ich habe zugehört.	☺ 😐 ☹
Ich habe andere ausreden lassen.	☺ 😐 ☹
Ich habe freundlich gesprochen.	☺ 😐 ☹
Ich habe meine Meinung gesagt.	☺ 😐 ☹
Ich habe meine Meinung begründet.	☺ 😐 ☹

8.5 Wie können Schulen eine Feedback-Kultur entwickeln?

Von einer tatsächlichen Feedback-Kultur kann dann gesprochen werden, wenn Feedback als Bestandteil der Unterrichtswirklichkeit vom überwiegenden Teil eines Kollegiums angenommen und umgesetzt wird (vgl. im Folgenden Wisniewski et al., 2019). Um dies zu erreichen, sind bestimmte Gelingensfaktoren von Bedeutung.

Gelingensfaktoren

Der Erfolg der Implementierung von Unterrichtsfeedback wird davon abhängen, ob Lehrkräften Gründe an die Hand gegeben werden, warum sie diesen Schritt gehen sollen. Nicht nur die Lehrkräfte brauchen eine Einführung, sondern auch die Schüler*innen müssen darüber informiert werden, warum sie z. B. ihren Lehrkräften Rückmeldungen geben sollen und wie das an der jeweiligen Schule funktioniert.

Feedback muss für die Feedback-Geber*innen einen erkennbaren Nutzen bedeuten. Dieser zeigt sich dadurch, dass kritische Rückmeldungen in bestimmten Bereichen auch zu tatsächlichen Veränderungen führen. Ist dies nicht der Fall, so lässt sich eine Rückmeldepraxis längerfristig vermutlich nicht aufrechterhalten. Schüler*innen können nicht nachvollziehen, warum sie z. B. ihren Lehrkräften Rückmeldungen geben sollen, wenn sich danach am Unterricht nichts verändert. Es ist außerdem nicht unerheblich, den zeitlichen Aufwand für das Einholen und Auswerten von Feedback möglichst gering zu halten. Digitale Lösungen können hierfür hilfreich sein. Dies zeitersparende und ökonomische Potenzial haben die Kultusministerien der einzelnen Bundesländer früh erkannt und stellen umfassend online Tools bereit. Damit beschäftigen wir uns näher im Punkt 9.2. Technische Lösungen ersetzen aber nicht die Implementierung, sondern erleichtern sie lediglich (Wisniewski & Zierer, 2017).

Folgende Schritte auf dem Weg zu einem erfolgreichen Unterrichtsfeedback, wie sie in Tabelle 18 vorgeschlagen werden, können dabei behilflich sein (vgl. Wisniewski et al., 2019, S. 68):

Tabelle 18: Sinnvolle Schritte für eine gelingende Feedbackkultur (Quelle: eigene Tabelle)

Das Kollegium wurde über das Thema sachgerecht informiert.
Es gibt Möglichkeiten für das gesamte Kollegium, die eigene Haltung zu Unterrichtsfeedback zu reflektieren.
Eine klare Unterscheidung von Feedback, Bewertung und Beurteilung (vor allem durch die Schulleitung) ist gewährleistet.
Unterrichtsfeedback ist im Schulprogramm bzw. Schulprofil verankert.
Lehrkräfte haben Möglichkeiten zum Ausprobieren von Unterrichtsfeedback und erhalten gegebenenfalls Unterstützung dabei.
Schulische Gremien wie Personalrat, Elternbeirat/Schulpflegschaft und Schulforum haben der Einführung von Unterrichtsfeedback zugestimmt.
Der Sinn und Nutzen wurden für alle Beteiligten (Lehrpersonen, Schüler*innen, Eltern) verdeutlicht.
Es wurde explizit darauf hingewiesen, dass Unterrichtsfeedback immer zusammen mit den Feedback-Geber*innen thematisiert werden muss.
Evtl. verwendete technische Lösungen wurden vom Datenschutzbeauftragten der Schule freigegeben.

Reflexivität und Haltung als Erfolgsgaranten

Darüber, was Professionalität im schulischen Bereich bedeutet, gibt es sehr viele verschiedene Auffassungen. Ein Punkt ist aber nahezu allen Definitionsarten von Professionalität gemein: die Reflexivität in Bezug auf das eigene berufliche Handeln. Reflexivität stellt einen Kernbereich von Professionalität dar.

Ein zweites kommt hinzu: Es reicht nicht aus, zu wissen und zu können, wie, wann oder wo Feedback zu geben oder einzuholen ist. Entscheidend sind vielmehr, die Motivationen und die Motive, die immer mitschwingen, wenn Menschen etwas tun – oder auch nicht tun. Feedbackverfahren funktionieren nur dann, wenn sie auf einer entsprechenden Haltung aufbauen.

Allgemein betrachtet eröffnen sich zwei Zugänge, um Haltungsarbeit angehen zu können: Erstens durch eine Kompetenzerweiterung, die anschließend zu neuen Erfahrungen führt und diese wiederum Haltungen nachhaltig beeinflussen. Zweitens durch Offenlegung und Auseinandersetzung mit den bestehenden Haltungen. Am besten ist es, wenn beide Zugänge zusammenwirken.

Anhand folgender Aussagen, wie sie in Tabelle 19 stehen, kann jede Lehrkraft sich ihrer Feedbackhaltungen vergewissern (vgl. Wisniewski & Zierer, 2017, S. 152).

Tabelle 19: Selbstreflexion über Feedbackhaltungen (aus: Wisniewski & Zierer, 2017, S. 152)

Feedbackhaltungen	**1** stimme gar nicht zu	**2**	**3**	**4** stimme voll zu
Ich gebe regelmäßig Feedback.				
Ich bin überzeugt davon, dass Feedback wichtig ist.				
Ich suche regelmäßig Feedback von Kolleg*innen.				
Ich suche regelmäßig Feedback von den Lernenden.				
Ich kann mit positivem und negativem Feedback umgehen.				
Eine positive Fehlerkultur ist mir wichtig.				
Lernen und Lehren heißt auch „Fehler machen“.				

Fazit

In Abbildung 8 sind in einem Dreieck alle Akteur*innen aufgezeichnet, die sich im Unterricht gegenseitig Feedback geben: Lehrkräfte zu Schüler*innen, Schüler*innen zu Lehrerkräften, Peerfeedback.

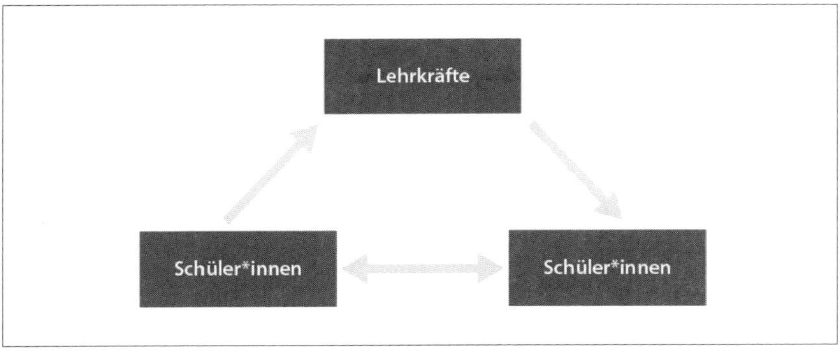

Abbildung 8: Feedback-Dreieck im Unterricht (Quelle: Eigene Abbildung)

In Tabelle 20 sind alle wichtigen Kriterien für ein effektives Feedback zusammengestellt, wie sie im Punk immer wieder angeklungen sind (vgl. Friedrich Jahresheft, 2019, Praxis „Feedback", S. 2).

Reflexionsfragen für eine Lehrkraft

Tabelle 20: Kriterien für ein effektives Feedback (Quelle: Eigene Tabelle)

Aspekt	Indikatoren
erwünscht	– ist das Feedback erbeten oder erzwungen? – ist das Feedback willkommen? – ist das Feedback auf ein gemeinsames Ziel ausgerichtet?
zeitnah	– wird das Feedback unmittelbar und nicht verzögert gegeben? – ist der Zusammenhang zu konkreten Lernabschnitten erkennbar? – ist das Feedback auf aktuelle Handlungen bezogen?
prozess-begleitend	– gibt es an mehreren Stellen im Lernprozess Feedback? – vor, während und nach dem Lernprozess? – wohin gehe ich? Wie komme ich voran? Wohin geht es danach?
klar und konkret	– ist das Feedback klar und verständlich formuliert? – bezieht es sich auf konkrete Aufgaben und Prozesse? – eröffnet es Handlungsoptionen? – weiß der*die Empfänger*in, was zu tun ist? – lässt sich durch inhaltliche Hinweise daraus lernen?
verhaltens-orientiert	– ist das Feedback auf begrenztes Verhalten und nicht allgemein auf die gesamte Person bezogen? – bezieht sich das Feedback auf veränderbares Verhalten? – liefert das Feedback Informationen zur Aufgabe, zum Lernprozess und zur Selbstregulation?
bedürfnisorien-tiert	– werden Stärken und Schwächen des*der Feedbacknehmers*in angesprochen? – ist das Feedback ohne moralische Verurteilung formuliert? – werden die Bedürfnisse der beteiligten Personen angemessen berücksichtigt?
konstruktiv	– wird das Feedback beschreibend formuliert? – ist das Feedback authentisch? – werden zusammen Verbesserungsvorschläge erarbeitet? – werden Ich-Botschaften genutzt? – kann das Feedback (durch Dritte) überprüft werden? – bezieht sich das Feedback auf Beobachtungen (z. B. sachliche Richtigkeit)? – und nicht auf Vermutungen, Fantasien oder Interpretationen?

Aspekt	Indikatoren
positiv	– motiviert das Feedback? – ist es zuversichtlich? Sind Verbesserungen möglich? – sind auch positive Aspekte enthalten? – zeigt es positive Perspektiven auf?
adaptiv	– für eher Leistungsschwache: • folgt das Feedback zeitlich möglichst unmittelbar? • ist es inhaltlich konkret und direktiv? • ist es eher eng geführt und strukturierend? • wird die individuelle Bezugsnorm angewendet? – für eher Leistungsstarke • wird es zeitlich aufgeschoben und nur bei komplexeren Aufgaben verwendet? • ist es inhaltlich herausfordernd? • wird das individuelle Tempo berücksichtigt?

9 Prüfungskultur in der digitalen Welt

Digitalisierung hat heute eine Dynamik, Bedeutung und Komplexität erreicht, von der nahezu alle gesellschaftlichen Bereiche erfasst werden. Man spricht von digitaler Büroorganisation, digitalen Bürgerservices, von der digitalen Gesundheitsakte usw.

Kaum ein Thema beschäftigt seit einigen Jahren und jetzt verstärkt nach der Corona-Pandemie die Bildungslandschaft unserer Gesellschaft so sehr wie die Einführung bzw. Nutzung digitaler Medien wie Computer, Laptops, Smartphones, Tablets und interaktive Whiteboards in der Schule. Allein durch das temporäre Home-Schooling hat sich die Lernkultur verändert, zumindest erweitert. Wenn neue Lernkulturen angestrebt werden, müssen auch die Prüfungsformate und -modalitäten überdacht werden, denn im Umkehrschluss prägen Prüfungen auch die Lernkulturen.

Entsprechend werden seitens der Bildungsadministration und der Wissenschaft Empfehlungen gegeben. Fünf Jahre nach Verabschiedung der Strategie „Bildung in der digitalen Welt“ beschließt die 376. Kultusministerkonferenz die ergänzende Empfehlung zur Strategie „Lehren und Lernen in der digitalen Welt“ vom 10.12. 2021 (KMK, 2021).

Exkurs: „digital“

In der Alltagssprache „geistern“ Begrifflichkeiten um die gemeinsame etymologische Wurzel „digital“. Das Wort stammt vom lateinischen Substantiv „digitus“ = der Finger und hat über das Englische „digit“ = die Zahl/Ziffer Eingang im Bereich der Elektronik/Informatik gefunden. Die englische Bezeichnung rührt daher, dass ab dem Kleinkindalter mit den Fingern **gezählt** wird. Folgende Begriffsdefinitionen sind wörtlich entnommen aus Irion und Knoblauch (2021, S. 124):

> Digitalisierung: Umwandlung und Verarbeitung analoger Signale in digitale Signale und Abspeicherung in digitalen Systemen
>
> Digitalität: Gesellschaftliche Veränderungen, die sich im Anschluss durch die Digitalisierung ergeben
>
> Kultur der Digitalität: Dieser Begriff wurde von Felix Stalder entwickelt. Er beschreibt kulturelle Veränderungen, die sich durch allgemeine Transformationsprozesse ergeben, die mit der Digitalisierung in Zusammenhang gesehen werden können (Stalder, 2016, S. 22).

Dabei nennt hier Stalder Veränderungen im Zugriff und in Weitergabe von Informationen, Veränderungen der Gemeinschaft und die Algorithmisierung von Abläufen, die auch zu neuen Ordnungen führen.

Die Empirie zeigt, dass im Bereich der Digitalisierung in der Schule offensichtlich noch „Luft nach oben“ ist, wie die ICILS Studie (International Computer and Information Literacy Study) zeigt (Labusch et al., 2020). Im Kontext der Studie wurden 14 Bildungssysteme untersucht. In Deutschland nahmen 210 Schulen, 3655 Schüler*innen und 2386 Lehrkräfte in einem Erhebungszeitraum von April bis Juli 2018 teil, die in einer achten Jahrgangsstufe unterrichteten. Während 98 % der Lehrkräfte angeben, nützliche Unterrichtsmaterialien im Internet zu finden, sieht es mit den selbsteingeschätzten digitalisierungsbezogenen Kompetenzen der deutschen Lehrkräfte eher bescheiden aus. Das diesbezügliche Item „Den Lernstand von Schüler*innen überprüfen“ beantworten 49 % der Lehrkräfte mit „Das kann ich“. Der internationale Anteil liegt mit 84 % signifikant darüber (Labusch et al., 2020, S. 32). 15 % der deutschen Lehrkräfte geben an, häufig bis immer digitale Medien zur individuellen Förderung einzelner Schüler*innen oder von kleineren Schüler*innengruppen beim Unterrichten zu verwenden. Der internationale Anteil liegt bei 36 %, der Anteil der EU bei 27 %, also jeweils signifikant höhere Werte. 11 % der Lehrkräfte in Deutschland geben an, häufig bis immer digitale Medien zu verwenden, um Rückmeldungen zur Arbeit der Schüler*innen zu geben. Der internationale Mittelwert (30 %) und der Mittelwert der Vergleichsgruppe EU (18 %) ist jeweils signifikant höher als der Anteil für Deutschland (Labusch et al., 2020, vgl. Tabelle 3.2, S. 37). Ebenfalls deutlich höher ist der Anteil im internationalen Vergleich, digitale Medien im Unterricht zu verwenden, um den Lernstand von Schüler*innen durch Tests zu überprüfen (11 % vs. 34 %).

Dabei gibt es heute gute Möglichkeiten, digitale Tools für eine Leistungsbeurteilung sinnvoll einzusetzen, wie im Punkt 9.2 gezeigt wird. Zuvor setzen wir uns mit digitalen Prüfungsformaten grundsätzlich auseinander (9.1). Schließlich wird eine Einschätzung gegeben, wie künstliche Intelligenz zukünftig schulisches Lehren und Lernen, damit auch die Leistungsbeurteilung beeinflussen könnte (9.3).

9.1 Hat die Digitalisierung das Verständnis von Diagnostik verändert?

Gerade in der computergestützten Diagnostik wurden mit dem Aufkommen der ersten Computer verstärkt seit den 80er Jahren des letzten Jahrhunderts große Erwartungen verbunden. Häufig genannt wurde hier insbesondere das adaptive Testen (vgl. im Folgenden Leutner & Brünken, 2018, S. 452). Seit 1960 und verstärkt seit 1980 hat man sich bemüht, die Adaptivität von übungs- und tutoriellen computergestützten Unterrichtsprogrammen dadurch zu erhöhen, dass man mithilfe kybernetischer Verfahren den Wissensstand der Lernenden diagnostizieren und geeignete tutorielle Maßnahmen auswählen wollte. Doch die Entwicklung hat sich als so aufwändig erwiesen, dass adaptives Testen in die schulische Praxis keinen Eingang gefunden hat. Anders im Bereich der psychologischen Diagnostik: Zur Bestimmung von Persönlichkeitsmerkmalen wie die Intelligenz wird adaptives Testen eingesetzt, das heißt das Programm greift auf solche Aufgaben zurück, die dem Fähigkeitsniveau der Proband*innen entsprechen und sie nicht deutlich über- oder unterfordern.

Albrecht (2021) setzt sich mit Prüfungsformaten im digitalen Wandel grundsätzlich auseinander. Er weist darauf hin, dass sich während der COVID-19-Pandemie in der Phase der Schulschließungen und des Homeschoolings gerade die Erhebung von Leistungsnachweisen als ein besonders neuralgischer Punkt erwiesen hat. Denn da die traditionellen Prüfungsformate in der Regel auf Präsenz, Kontrolle und Ausschluss analoger sowie digitaler Hilfsmittel ausgerichtet sind, waren sie mit den Bedingungen des digitalen Fernunterrichts nicht mehr kompatibel.

Doch man darf jetzt nicht den Fehler machen, und nur schauen, wie bspw. juristische Fragen geklärt werden. Vielmehr muss eine Prüfungskultur in der digitalen Welt sich auf den digitalen Wandel einstellen, in dem sich augenblicklich ein hybrider Unterricht (Mischung aus Präsenz- und Online-Unterricht) positioniert. Die Frage, inwieweit Digitalisierung das Verständnis von Diagnostik verändert hat, muss also grundsätzlich angegangen werden. Es geht um zeitgemäße Prüfungsformate im digitalen Fernunterricht, auch in hybriden Lernsettings sowie im Präsenzunterricht.

So geht es zunächst um die Frage, welches der ideale Gegenstand zeitgemäßer Prüfungsformate sein sollte.

Frage des idealen Gegenstandes

Im Zeitalter der Netzkultur, in dem Schüler*innen online zu allen schulrelevanten Themen Recherchen durchführen können, verliert die Schule, eigentlich seitdem es Schule gibt, ihr Informationsmonopol. Natürlich ist Grund- und Fachwissen in deklarativer Form die Basis für höhere Niveaustufen der Lernziele, doch inwiefern die reine Abfrage von Faktenwissen noch sinnvoll ist, sollte kritische hinterfragt werden. Dabei geben Irion und Knoblauch (2021) zu Bedenken, dass die Möglichkeiten für die Gestaltung von effizienten Instruktionseinheiten (z. B. Erklärvideos, Online-Tutorials) besondere Potenziale für instruktional ausgerichtete Lehr-Lern-Settings bieten. „Gerade in der Notsituation der Schulschließungen während der Pandemie wurde deutlich, dass der Einsatz digitaler Medien und Werkzeuge lediglich dazu führen kann, kognitive Unterrichtsformen, die auf Vermittlung und Abfragen basieren, nun im Digitalen zu manifestieren“ (S. 127).

„Reine Reproduktionsaufgaben, deren Antwort im Internet recherchiert und per *copy/paste* eingesetzt werden können, ohne dass kritisches Denken oder bestimmte Such- und Bewertungsstrategien erforderlich wären, müssen problemlösenden und Transfer-Aufgaben weichen“ (Albrecht, 2021, S. 86). Eigentlich gilt dieser Satz, seitdem sich Pädagogik, insbesondere die Reformpädagogik um 1900, aufgemacht hat, sich von der reinen „Paukschule“ zu verabschieden. Bereits 1909 veröffentlichte Wilhelm Ostwald, Nobelpreisträger für Chemie, ein Buch mit dem Titel „Wider das Schulelend. Ein Notruf". Umso dringlicher gilt der Satz von der Verabschiedung der „Paukschule" heute im digitalen Zeitalter.

Neben dem zu prüfenden Gegenstand muss es um die Frage gehen, ob der einzelne Mensch in einer digitalisierten Welt als Prüfungssubjekt noch sinnvoll ist, worum es im folgenden Abschnitt geht.

Frage des idealen Prüfungssubjekts

Das Zeitalter der digitalen Welt ist von Vernetzung „als dominante Vergesellschaftsform" (Rosa, 2019, S. 115) geprägt. Die solitäre Stellung und Bedeutung der einzelnen Expert*innen geht zurück zugunsten eines kollektiven Netzwerks. Das hat zur Folge, dass das Subjekt von Lernprozessen nicht mehr ausschließlich das Individuum ist, sondern das interpersonale soziale System. „Digitalität ist geprägt durch neue Kulturen des Austausches, die weit über Vermittlungsdidaktik hinausgehen", so Irion et al. (2021, S. 123). Lernkulturen setzen somit in einer Kultur der Digitalität bewusste Gegenpole. Und wenn Lernen interpersonalisiert wird, sollte auch an erweiterte Möglichkeiten einer Prüfungskultur nachgedacht werden. Wie wir ja bei der Behandlung umfassender Verfahren bei der Leistungsbeurteilung (P. 7) schon gesehen haben, besteht ein Problem bei kooperativ erbrachten Leistungen darin, die Anteile der einzelnen Schüler*innen einwandfrei zu identifizieren. Vielleicht ist jetzt der Zeitpunkt gekommen darüber nachzudenken, ob solche individuellen Zuschreibungen noch Sinn machen. „Neben der Beurteilung von Einzelleistungen muss also in der Kultur der Digitalität verstärkt die Beurteilung von Gruppenleistungen und Teamarbeit in den Fokus rücken", so resümiert Albrecht (2021, S. 136).

Zusammenfassend zeigen die bisherigen Ausführungen, dass digitaler Unterricht, besonders digitaler Fernunterricht, eine Transformation der Prüfungsformate zur Folge hat. Es geht um anspruchsvolle, didaktisch wohl überlegte Aufgabenformate und um rechtliche Reformen von Unterricht und Schule, inwieweit kollektiv erbrachte Leistungen auch als solche für das Kollektiv gelten dürfen. Auf die rechtlichen Implikationen gehen wir in 11.4 eigens ein.

9.2 Welche Möglichkeiten der Leistungsbeurteilung bieten sich an?

Vorneweg soll aus den ergänzenden Empfehlungen der KMK (2021) zitiert werden:

> Vor dem Hintergrund einer sich verändernden Lern- und Arbeitskultur und einer sich weiterentwickelnden Aufgabenkultur … wird auch der Bereich der in schulischer Verantwortung stehenden Prüfungskultur einschließlich seiner Formate und Bewertungsweisen … weiterzuentwickeln sein. Dabei stehen die Entwicklung von Prüfungsformaten, die die Kompetenzen in der digitalen Welt überprüfen, sowie die Nutzung der erweiterten digi-

> talen Möglichkeiten im Fokus. Im Wandel des Lehrens und Lernens in der digitalen Welt sind – ausgehend von klassischen handschriftlichen Klassenarbeiten und Klausuren – unter Nutzung digitaler Medien und Werkzeuge etablierte Prüfungsformate anzupassen sowie neue Prüfungsformate zu entwickeln. …
> Zukünftige Prüfungsformate beziehen daher auch verstärkt Kreativität, Kollaboration, kritisches Denken und Kommunikation mit ein. (S. 13)
> In mündlichen Prüfungsformaten können in einer Kultur der Digitalität unter Nutzung digitaler Möglichkeiten die kommunikativen Anteile des Lernens und Verstehens umfangreicher als bisher einbezogen werden. (S. 14)

Voraussetzung hierfür, das sehen die KMK Empfehlungen klar vor, ist der Ausbau einer entsprechenden IT-Infrastruktur (S. 32):

> Voraussetzungen zur Nutzung der zuvor aufgeführten Perspektiven für das Lehren und Lernen in einer immer stärker digital geprägten Welt sind
> - der stetige Ausbau flächendeckender und nachhaltiger sowie nutzungsfreundlicher schulischer IT-Infrastruktur, insbesondere zunächst der Ausbau eines zeitgemäßen Breitbandanschlusses für alle Schulen,
> - die Ausstattung aller an Lehr-Lern-Prozessen Beteiligten mit digitalen Endgeräten inklusive des entsprechenden schulnahen Supports sowie
> - die Sicherung und der Ausbau digitaler Vernetzungsstrukturen, die die Kommunikation und Kooperation zwischen allen an Lehr-Lern-Prozessen direkt und indirekt Beteiligten ermöglichen.

Auf folgende Möglichkeiten wollen wir eingehen, weil sie entweder bereits gut eingeführt sind oder sich „in statu nascendi" befinden.

Feedback – online

Da die Wirkung von Feedback mittlerweile unbestritten ist, hat sich an den Schulen zunehmend eine Feedback-Kultur entwickelt (vgl. P. 8). Das Thema digitales Feedback ist in der Coronakrise besonders in den Fokus gerückt, es war ein wichtiges Werkzeug des Corona-Unterrichts, da die Lehrkräfte ja keine „Stapel unbeantworteter Schüler*innenarbeiten" vor sich hatten (Nölte, 2021, S. 25).

Mittlerweile bieten die Bildungsbehörden über alle Bundesländer hinweg auf ihren Internetportalen Online-Fragebögen an, um ein strukturiertes Feedback zu ermöglichen. Der besondere Reiz besteht darin, dass für die Befragungen nicht nur wissenschaftlich geprüfte Fragebogenvorlagen zur Verfügung stehen, sondern dass die Daten auch automatisch ausgewertet und die Ergebnisse anschaulich dargestellt werden. Auch lassen sich die Fragebogen individuellen Bedürfnissen entsprechend abändern.

Sozusagen die „Mutter" all dieser Fragebogen ist EMU (*Evidenzbasierte Methoden der Unterrichtsdiagnostik)* (http://www.unterrichtsdiagnostik.info). Im Auftrag der KMK hat ein Autor*innenteam unter der Leitung von Andreas Helmke ein Konzept und entsprechende Werkzeuge für eine evidenzbasierte Unterrichtsdiagnostik entwickelt. Für eine mehrperspektivische Einschätzung liegen Fragebögen vor. Der Begriff „evidenzbasiert“, bisher eher in der Medizin gebräuchlich, meint auf der Basis empirisch zusammengetragener und bewerteter wissenschaftlicher Erkenntnisse erfolgend.

EMU ist ein praktikables, flexibel einsetzbares und offen ausgestaltbares Instrument, um den Unterricht datengestützt weiterzuentwickeln. Kern des Ansatzes ist es, Einschätzungen in Form von Daten über den eigenen Unterricht zu gewinnen und diese Daten zu nutzen, um den Unterricht zu verbessern. Im Idealfall wird der Unterricht mehrperspektivisch von der unterrichtenden Lehrperson, einem*r hospitierenden Kollegen*in und den Schüler*innen selbst auf seine Qualität hin beurteilt. Die vergleichende Betrachtung dieser drei Urteilsperspektiven dient dazu, eigene Sichtweisen zu verdeutlichen, zu bestätigen oder zu korrigieren, die Einseitigkeiten der subjektiven Wahrnehmung zu überwinden und blinde Flecken zu beseitigen.

Es werden Fragebögen eingesetzt, die den Fokus auf zentrale Dimensionen der Unterrichtsqualität richten: Klassenführung, Lernförderliches Klima und Motivierung, Klarheit und Strukturiertheit, Aktivierung und Bilanz. Für diese Zwecke werden im Netz vielfältige Materialien wie Fragebögen für die drei Zielgruppen, ein EDV-Tool zur Auswertung und Visualisierung der Ergebnisse kostenfrei zur Verfügung gestellt (www.unterrichtsdiagnostik.info). Neben einer Grundschulversion wird eine weitere Version für alle anderen Schularten angeboten. Schulen, die bereits über Online-Werkzeuge verfügen (wie z. B. UniPark, LimeSurvey, GrafStat) können die EMU-Fragebögen in ihre Verfahren einpflegen. Alternativ dazu besteht die Möglichkeit, den Fragebogen direkt am Computer, also digital zu beantworten.

In der Tabelle 21 wird aus dem Schülerfragebogen zur Unterrichtsrückmeldung an die Lehrkraft (Sekundarstufe) die letzte Skala „Bilanz“ aufgezeigt.

Tabelle 21: Bilanzierende Unterrichtsbeurteilung von Schüler*innen (Quelle: eigene Tabelle)

	stimme nicht zu	**stimme eher nicht zu**	**stimme eher zu**	**stimme zu**
Ich habe in diesem Fach im laufenden Schuljahr sehr viel dazu gelernt.				
Ich finde das Fach sehr interessant.				
Ich fühle mich im Unterricht dieses Faches sehr wohl.				
Ich bin in diesem Fach wirklich gut.				

Ebenfalls ist die Fülle mittlerweile zur Verfügung stehender kommerzieller Software/ Apps beachtlich. Die Autorinnen Eichler-Seitz und Frommer (2021) geben darüber einen guten Überblick. So nennen sie https://wp.feedbackschule.de, https://www.mentimeter.com, tweedback.de, padlet.com und pixabay.com. Sehr anschaulich beschreibt Nölte (2021) die App GoFormative und das Lern-Management-System qwiqr. education,

Auf diese kommerziellen Angebote gehen wir aus zwei Gründen nicht näher ein: Wenngleich die Angebote für kurze Zeit oder für weniger Nutzer*innen kostenfrei getestet werden können, so bieten die entsprechenden Ministerien der einzelnen Länder für ihr Personal kostenlose Angebote an. Zum anderen ist beim Schreiben dieser Zeilen schon nicht mehr klar, welche Angebote von einzelnen Bundesländern zur Nutzung untersagt sind und/oder nicht empfehlen werden. Wir verweisen hier auf die Webseite des Deutschen Schulportals (https://deutsches-schulportal.de). Das Deutsche Schulportal ist eine Initiative der Robert Bosch Stiftung und wurde 2018 in Kooperation mit der ZEIT Verlagsgruppe gelauncht. Hier kommen Expert*innenstimmen aus Wissenschaft und Praxis zu Wort, Diskurse zu aktuellen Themen wie eben Digitalisierung in Schule und Unterricht ermöglichen den Austausch verschiedener Perspektiven und aktueller Trends.

Exemplarisch wird ein online-Befragungstool zum Schüler-Feedback der mebis Plattform skizziert, die auf der Basis der weltweit verbreiteten Lernplattformsoftware Moodle vom bayerischen Kultusministerium allen bayerischen Schulen zur Verfügung gestellt wird. (https://www.isb.bayern.de/grundsatzabteilung/qualitaetsentwicklung/schulentwicklung/information_schueler_feedback/)

Der Einsatz von Lehrkräfte- und Schüler*innenfragebögen bietet die Möglichkeit, die Selbsteinschätzung einer Lehrkraft mit der Fremdeinschätzung durch Schüler*innen oder die Ergebnisse zurückliegender Erhebungen mit einer aktuellen Wiederholungsbefragung zu vergleichen. Alle Beteiligten, die in der Regel über einen Zugang zu mebis verfügen, können sich mittels einer Selbsteinschreibung für eine Online-Befragung anmelden. Die Daten werden bei der Erfassung *pseudonymisiert*; damit sind Rückschlüsse auf Personen nicht mehr möglich, hohe Datenschutzanforderungen deshalb garantiert. Geliefert wird eine Grafik, die den Lehrkräften einen Vergleich zwischen ihrer Selbsteinschätzung und der Fremdeinschätzung durch die Schüler*innen ermöglicht.

Bei der Bewertung der Ergebnisse und der Interpretation der Daten können für die Lehrkräfte folgende Leitfragen hilfreich sein:

- In welchen Bereichen fallen die Einschätzungen besonders positiv oder besonders negativ aus?
- In welchen Bereichen unterscheiden sich die Einschätzungen der Schüler*innen von der Selbsteinschätzung ihrer Lehrkräfte am deutlichsten?
- Stehen die Einschätzungen über die Bereiche hinweg in einem ausgewogenen Verhältnis zueinander? Wo gibt es Schwankungen oder Ausreißer im Profil?
- Entsprechen die Ergebnisse den Erwartungen der Lehrkräfte? Von welchen Einschätzungen der Schüler*innen sind sie überrascht?

Solch festgestellten Diskrepanzen können Anlass für ein Gespräch mit der Klasse sein. Aufgrund des anonym abgegebenen Feedbacks ist es sinnvoll, neben regelmäßigen mündlichen Feedbacks im Klassenverbund auch online-Feedbackbögen einzusetzen.

Genannt seien hier noch als weitere Selbstevaluationsportale, die Hamburg (sep-hamburg.de) oder Berlin und Brandenburg (sep.isq-bb.de) zur Verfügung stellen.

Bleibt noch zu erwähnen, dass alle Angebote heute das Feedback-Dreieck Lehrkräfte zu Schüler*innen, Schüler*innen zu Lehrerkräften, Peerfeedback im Blick haben (vgl. Abbildung 8), wie im Punkt 8 erwähnt.

Während die in Deutschland zur Verfügung stehenden digitalen Tools sich bisher allein auf eine bewertende Feedbackfunktion beschränken, beschreiben Munshi und Deneen (2018) weitergehende Funktionen. So kann den Schüler*innen ein sofortiges diagnostisches Feedback zu bestimmten Merkmalen des Schreibens wie Grammatik, Stil, Organisation gegeben werden (Warschauer & Ware, 2006). Attali (2004) fasst die bis dato vorliegenden drei Metaanalysen zusammen und folgert, dass die Schüler*innen durch diese Art von technologiegestütztem Feedback verbesserte Fähigkeiten bei der Korrektur ihrer Fehler sowie eine Verbesserung der überarbeiteten Texte zeigten. Außerdem verbesserten sie ihre Kompetenzen beim selbstgesteuerten Lernen, was wir als eine zentrale Voraussetzung einer umfassenden Diagnosekultur herausarbeiteten (vgl. P. 6.2). Freilich muss man einschränkend auch sagen, dass keines des von automatischen Bewertungsprogrammen erzeugten Feedbacks bis jetzt mit dem vergleichbar ist, was geschulte Lehrkräfte geben können. Warschauer und Ware (2006) geben außerdem zu Bedenken, dass der Großteil der Evaluationsforschung dieser Programme von den Firmen durchgeführt wird, die sie herstellen. So plädieren die Autoren für mehr Objektivität bei der Bewertung dieser Systeme.

Munshi und Deneen (2018) analysierten nun die in den Folgejahren gemachten Fortschritte. Sie fassen die Ergebnisse der Auswirkungen technologiegestützten Feedbacks zusammen, indem sie vier Arten von Systemen unterscheiden:

- Audiovisuelle Feedback-Methoden: Studierende empfinden digital aufgezeichnetes Feedback und Kommentare als klarer, nützlicher, persönlicher, konstruktiver und zufriedenstellender als textbasierte Kommentare. Außerdem kann diese Art von Feedback eine wiederholte und selbstregulierte Beschäftigung mit dem Feedback fördern. Dieses Vorgehen hat auch zu einer Zeitersparnis für das Personal (Lehrkräfte, Tutor*innen) geführt.

- Online-Portale: Online-Portale ermöglichen ein bequemes Hochladen und den Zugriff auf Feedback-Informationen. Die Portale können auch genutzt werden, um Zugriffsstatistiken von Schüler*innen zu erhalten. So wurde festgestellt, dass leistungsstärkere Schüler*innen häufiger auf das Feedback auf der Website zugriffen.

- E-Learning Anwendungen: Solche Anwendungen geben den Schüler*innen selbstständig Feedback, indem sie deren Antworten auf eine bestimmte Aufgabe auswerten. Die Auswirkungen auf Motivation und Lernen werden als weitgehend positiv gesehen.

- Automatisierte Markierungssysteme: Hier wird auf der Grundlage von Freitextantworten wie Aufsätzen Feedback gegeben. Die Studierenden setzen sich mit den vom Computer vorgeschlagenen Korrekturen positiv auseinander, die Akzeptanz ist hoch, sie lesen die Rückmeldungen genauso sorgfältig wie die von Lehrpersonen erstellten. Freilich gibt es Bedenken, ob die Studierenden das Computer-Feedback ernst nehmen. Nicht alle sind davon überzeugt, dass das System ihre Antworten auch richtig versteht.

Insgesamt folgern die Autoren, dass die Auswirkungen aller vier Systeme auf die Studierenden als positiv zu bewerten sind. Aber es gibt Möglichkeiten zur Verbesserung. So erscheint ein tieferes Verständnis dafür, wie die Systeme arbeiten, als sinnvoll. Die Art der Wahrnehmung dieser Systeme durch die Schüler*innen kann ihre Reaktion auf die Feedback-Botschaft und deren Aufnahme beeinflussen.

Digitaler Fernunterricht

Für den digitalen Fernunterricht bieten sich folgende zwei Prüfungsformate an:

In einer **Online-Open-Book-Klausur**, auch Kofferklausur genannt, bearbeiten Prüflinge in einem eng begrenzten Zeitraum Aufgaben auf ihrem Endgerät mit Netzanschluss. Dabei kann auf alle zur Verfügung stehende Hilfsmittel – off- und online – zugegriffen werden. Schon diese Möglichkeit zeigt logischerweise, dass die Aufgaben über eine Reproduktionsleistung hinaus Problemlöse- und/oder Transfercharakter haben sollen. Da die Zeit begrenzt ist, ist es sinnvoll, dass die Prüflinge im Voraus das für die Prüfung anstehende Material strukturieren und aufbereiten. Als Tipp mag also gelten, dass die Lernmaterialien übersichtlich zusammengefasst vorliegen und so die darin enthaltenen Informationen schnell und unkompliziert auffindbar sind.

In **Take-Home-Exams** steht den Schüler*innen ein längerer Zeitraum für die Bearbeitung der Aufgaben zur Verfügung. Es können Bearbeitungszeiten von ein bis drei Tagen oder auch ein bis zwei Wochen sein. Es ist das klassische Format der Hausarbeit.

Bleibt natürlich bei Online-Prüfungen die Frage des Schummelns: Dazu schrieb das Handelsblatt am 17.4.2021: „Zertifikat durchs Schummeln: Wie sich Studierende durch Onlineklausuren tricksen“ (Handelsblatt, 2021).

Dagegen wird seitens der Schulen versucht gegenzusteuern: Die Schüler*innen sollen nicht nur Kamera und Mikrofon aktivieren und ihren Bildschirm teilen, sondern die Aufnahmen werden auch aufgezeichnet und gespeichert. Im Idealfall kommen zwei Webcams zum Einsatz. Die eine nimmt den Prüfling von vorne auf, die andere von hinten. So soll ausgeschlossen werden, dass sich oberhalb des Monitors ein zweiter Laptop oder im Raum ein*e Einflüsterer*in verbirgt.

Freilich ist nicht auszuschließen, dass ein Prüfling von einer anderen Person per Kabel oder Funk Anweisungen erhält. Oder der Prüfling legt die Datei mit den Aufgaben auf einem Cloud-Server ab, wo sie von einer anderen Person bearbeitet werden kann.

Was ist also zu tun? Prüfungen sollten so gestaltet sein, dass Kompetenzen abgeprüft werden, die die Kreativität der Prüflinge erfordern.

Albrecht (2021) macht darauf aufmerksam, dass es im digitalen Zeitalter „eines moralischen Umdenkens sowie einer Haltungsänderung“ (S. 141) der Lehrenden gegenüber ihren Schüler*innen bedarf. Anstatt ihnen in Prüfungen mit Misstrauen und Kontrolle zu begegnen, „sollten Leistungserhebungen von einer Kultur des Vertrauens, der (Selbst-) Verantwortung und der Aufrichtigkeit geprägt sein“ (S. 141) – ein weiterer Punkt, der auf die Frage verweist, ob die Digitalisierung das Verständnis von Diagnostik verändert hat (vgl. P. 9.1).

Leistungsdiagnostik und individuelle Förderung im Zeitalter von KI

KI-Diagnostik in der Medizin und Leistungsanalyse mit KI in der Sportwissenschaft sind heute z. B. bereits etablierte Verfahren anderer Disziplinen. Adaptives Testen, das wie oben geschildert (P. 9.1), nie wirklich in den Unterricht Eingang gefunden hat, kann mithilfe von KI reaktiviert werden. So kann der Einsatz von KI bei der individuellen Förderung hilfreich sein, weil mithilfe von KI eine Individualdiagnose und individuelle Förderung Hand in Hand gehen können. Der dahinterstehende Gedanke ist, dass erhobene Leistungen von Schüler*innen selbstständig von einem Computer analysiert werden, um mithilfe der Ergebnisse frühzeitig Lernschwierigkeiten der Schüler*innen aufzudecken und diese mit adäquaten Aufgaben gezielt fördern zu können. Die Lehrkraft würde bei der Diagnostik der Leistungsniveaus ihrer Schüler*innen sowie bei der Auswahl geeigneter Lernmaterialien durch die Technik unterstützt werden.

Ein vielversprechendes Forschungsprojekt, bei dem bereits KI eingesetzt wird, nennt sich Hypermind (https://rptu.de/uedu/arbeitsfelder/unterrichtskonzepte-af1/hypermind). Im Rahmen dieses Kooperationsprojekts zwischen dem Deutschen Forschungszentrum für Künstliche Intelligenz (DFKI) und der Technischen Universität (TU) Kaiserslautern wurde ein intelligentes Schulbuch für Tablets und Stationäre PCs entwickelt, Das antizipierende Schulbuch trägt als dynamisch-adaptives, persönliches Lehrbuch dazu bei, individuelles Lernen zu ermöglichen. Die statische Struktur des klassischen Buches wird aufgelöst, die Buchinhalte werden portioniert und die resultierenden Wissensbausteine assoziativ verlinkt. Durch einen im Display integrierten Eye-Tracker, der die Blickrichtung der Leser*innen erkennt und analysiert, kann überprüft werden, ob die Schüler*innen Lerninhalte verstanden haben. Für die Analyse und Auswertung der Daten wird KI eingesetzt. Während des Lesens wird anhand von Sensordaten – beispielsweise mithilfe der Eyetracking-Technologie oder elektro-dermaler Armbänder – analysiert, welche Lernfortschritte die Lesenden machen und wie ihr kognitiver Zustand ist. So lässt sich zum Beispiel durch die Messung der Gesichtstemperatur mittels Infrarotkameras die Belastung der Lernenden feststellen. Dadurch können in kürzester Zeit Rückschlüsse – sogar noch während der Bearbeitung von Aufgaben – gezogen werden, z.B. ob die Schüler*innen noch Unterstützung bei einem bestimmten Thema benötigen oder welche Themen sie besonders interessieren. Die Technik ermöglicht es auch, besondere Interessen der Lernenden zu erkennen. Blicken sie bspw. öfter in der Folge auf ein bestimmtes Wort, kann das System ihnen weitere Informationen dazu liefern, etwa über den Internetbrowser.

9.3 Künstliche Intelligenz: Hoffnungsträger oder Schummel-Hilfe?

Beim Schreiben dieser Zeilen erhält der Chatbot ChatGPT höchste mediale Aufmerksamkeit. Ein Chatbot basiert auf künstlicher Intelligenz und kann Texteingabe, Audioeingabe oder beides unterstützen. Die Software ChatGPT erstellt nach Eingabe weniger Stichworte ganze Aufsätze, Gedichte und gibt Antworten auf eingegebene Fragen.

Im Folgenden beziehen wir uns auf ein Gespräch, das Martina Himmer (2023), Online-Redakteurin am DIPF (Leibniz-Institut für Bildungsforschung und Bildungsinformation; Frankfurt a. M.), mit Wissenschaftler*innen, die am DIPF forschen, geführt hat (Abteilung Informationszentrum Bildung in den Arbeitsbereichen Educational Technologies und Bildungsinformatik).

Es geht um die Fragen, ob mit ChatGPT eine Revolution des Lernens und Lehrens bevorsteht.

Positiv wird von den Wissenschaftler*innen hervorgehoben, dass in Zukunft die Lehrkräfte die Hausaufgaben und Übungen anders und besser gestalten müssen, allein zeitaufwändige Aufgaben als Hausaufgaben reichen nicht mehr.

KI-Tools werden wohl in Zukunft vermehrt Einzug in Schulen halten, was ChatGPT miteinschließt. Dies darf jedoch, wie der generelle Einsatz von Technik in Schulen, kein reiner Selbstzweck sein, sondern muss Schüler*innen in konkreten pädagogischen Anwendungsfällen zugutekommen. Uneingeschränkt wird das Potenzial bei Feedback betont. Über dessen Bedeutung haben wir ausführlich im Punkt 8 geschrieben. Bei einem Betreuungsschlüssel von ca. 30 Schüler*innen auf eine Lehrkraft wird klar, dass die Lehrkräfte nicht auf alle gleichermaßen eingehen können. Hier kann KI eingreifen und anstelle von Lehrkräften Feedback geben. Unabhängig von der z. T. subjektiv gefärbten Meinung der Lehrkräfte – erwähnt seien nur die in 4.2.2 behandelten Beurteilungsfehler, von denen keine Lehrkraft gefeit ist – könnte dieses Feedback für mehr Fairness sorgen, da alle Schüler*innen gleichermaßen Unterstützung erhielten. Es würden keine Schüler*innen möglicherweise aufgrund von Voreingenommenheit übersehen werden. Automatisches Feedback war vorher oft nur für simple Aufgabentypen wie Multiple-Choice-Fragen oder Lückentexte möglich. Mit moderner KI-Technologie ändert sich das vermutlich nach und nach. Vorstellbar ist etwa Feedback auf längere Textantworten oder durch Übersetzungsprogramme und Rechtschreibkorrektur.

Auf die Frage von Frau Himmer, wie es mit der Leistungsbeurteilung aussieht, geben die Wissenschaftler*innen eine differenzierte Antwort: Vor dem Hintergrund von ChatGPT ist aber klar, dass etablierte Methoden der Leistungsüberprüfung an Schulen und Hochschulen hinterfragt werden müssen.

- Die klassische Form der schriftlichen oder mündlichen Prüfung wird durch die Existenz von KI-Anwendungen wohl nicht beeinflusst werden.
- Leistungsbeurteilung aus benoteten Hausaufgaben oder Projektergebnissen wird erschwert, weil Schüler*innen kaum einen Beweis erbringen können, die Leistung selbst erbracht zu haben. Hier war es häufig auch ohne KI-Anwendungen schon so, dass die Leistung zwar prinzipiell auch von jemand anderem als den Prüflingen erbracht werden konnte. Man konnte jedoch davon ausgehen, dass es organisatorisch oder finanziell zu aufwändig war, die gestellte Aufgabe nicht selbst zu erledigen. Mit der Anwendung wie ChatGPT ändert sich das jedoch. Ganz auf diese Formen der Leistungsbeurteilung zu verzichten, wäre jedoch in vielen Fällen aus pädagogischer Sicht ein Rückschritt. Eine Kombination mit mündlichen Überprüfungen könnte jedoch einen gangbaren Weg darstellen.
- Mittelfristig sollten wir uns aber vor allem die Frage stellen, inwiefern Prüfungen in ihrer aktuellen Form nötig sind, und inwieweit sie die tatsächliche Leistungsfähigkeit von Prüflingen abbilden. Die Prüfungen, die an Schulen und Universitäten gestellt werden, ignorieren oft wichtige Erkenntnisse aus der Assessment-Forschung. Bildung ist aber mehr als die pure Ausbildung von Arbeitskräften – und deshalb sollte die Frage nach Prüfungen im Diskurs um den KI-Einsatz in Schulen keinesfalls die zentrale sein. Statt uns den Kopf über potenzielle Schummeleien zu zerbrechen und wie wir diese verhindern können, sollten wir vor allem das positive Potenzial von KI für einen besseren und gerechteren Schulalltag evaluieren.

Das Fazit der Wissenschaftler*innen lautet: Eigenständige, kritische Reflexion beim Schreiben muss für junge Menschen jederzeit möglich sein, wenn sie KI zur Schreibhilfe nutzen. Das muss pädagogisch unterstützt werden und von Seiten der Technik-Anbieter*innen durch Transparenz und Zusammenarbeit mit Bildungsinstitutionen gewährleistet werden. Die Aufgabe von Bildungseinrichtungen ist es deshalb, Bildungsangebote zu schaffen, die das eigenständige Nachdenken und Schreiben fördern. Dies kann auch in einem KI-Zeitalter erfolgen. Am Ende des Tages birgt ChatGPT wie jede neue Technologie Gefahren und Potenziale, und Schulen müssen ihren Umgang damit finden. Ein simples Verbot der neuen Technologie wird nicht funktionieren. Im Grunde genommen geht es um eine Anpassungsleistung von Lehrkräften an geänderte Umweltanforderungen.

Fazit

Bei der Frage nach der adäquaten Prüfungskultur in der digitalen Welt muss geklärt werden, wie der ideale Prüfungsgegenstand aussieht und wer die Adressat*innen der Prüfungen sind. Mittlerweile werden viele Online Tools zum Teil kostenfrei, zum Teil kommerziell zur Leistungsbeurteilung angeboten. Vor allem zum Feedback werden auf den Landesservern der einzelnen Kultusministerien für die Schulen sehr gute Möglichkeiten bereitgestellt.

Beim Schreiben dieses Buches werden Chancen und Risiken, die KI für die Schulen bedeutet, intensiv diskutiert.

Reflexionsfragen für eine Lehrkraft

Darf ich davon ausgehen, dass die mir digital vorgelegten Leistungen auch wirklich von den von mir angenommenen Schüler*innen stammen? Wie kann ich das sicherstellen? Nehme ich die von dem Landesserver meines Bundeslandes bereitgestellten Angebote wahr?

10 Prüfungsangst

Der prominente Schweizer Pädagoge und Psychologe Hans Aebli (1923-1990) nannte die Prüfungsangst mal die „geheime Not" der Schüler*innen. Sie ist unsichtbar, wird nicht gehört, und doch ist sie präsent – gerade, wenn es im Umgang mit Schulleistungen geht. Mit der Aufnahme des Punktes Prüfungsangst in diesem Buch verbinden wir die Hoffnung, dass alle Personen vorliegende Erkenntnisse zu dieser negativen Emotion in ihrer täglichen Arbeit im professionellen Umgang mit Schulleistungen berücksichtigen können. Zunächst erklären wir das Konstrukt der Prüfungsangst (10.1) und räumen mit der weit verbreiteten Annahme auf, dass ein wenig Angst vor Prüfungen noch nie geschadet habe (10.2). Wir geben Gründe an, weshalb Prüfungsangst leistungsschädlich ist (10.3), und gehen auf ihre Ursachen ein (10.4). Schließlich zeigen wir Strategien auf, die Lehrkräften, Schüler*innen sowie deren Eltern im Umgang mit Prüfungsangst helfen (10.5).

10.1 Was versteht man unter Prüfungsangst?

Rost, Schermer und Sparfeldt (2018, S. 424) setzen Leistungs- und Prüfungsängstlichkeit miteinander gleich, da diese aufgrund von bestimmten Situationen, wie zum Beispiel Leistungs-, Lern- oder Lehrsituationen, verursacht werden. Nach Pekrun und Götz (2006, S. 248) kann das Erleben der Angst sowohl vor, während und nach solchen Situationen stattfinden.

Prüfungsangst ist eine Emotion, die sich anhand eines Komponentenmodells darstellen lässt (Frenzel et al., 2020). In Tabelle 22 sind die Komponenten und jeweils Beispiele zu den einzelnen Komponenten aufgeführt.

Tabelle 22: Komponenten von Prüfungsangst mit Beispielen (Quelle: eigene Tabelle)

Komponente	Beispiele
affektive	unangenehmes, nervöses bis panisches Gefühl
kognitive	Sorgen, nicht genug gelernt zu haben Gedanken an mögliche negative Folgen wie schlechte Noten oder gar Sitzenbleiben
expressive	sorgenvoller, ängstlicher Gesichtsausdruck starre verkrampfte Haltung zittrige Stimme
physiologische	schwitzen, erhöhter Puls, zittern, Kurzatmigkeit, Übelkeit
motivationale	Situation verlassen wollen, weit weg sein wollen

Affektive Komponente

Kern einer jeden Emotion und damit auch von Prüfungsangst ist die affektive Komponente. Sie ist die notwendige, aber auch hinreichende Bedingung dafür, dass man von einer Emotion spricht. Selbst wenn also die anderen Komponenten nicht ausgeprägt sein sollten, spricht man von Prüfungsangst, wenn die affektive Komponente erlebt wird. Bei Prüfungsangst handelt es sich hierbei um ein unangenehmes, nervöses bis hin zu panischem Gefühl.

Kognitive Komponente

Sie umfasst alle Gedanken, die bei Prüfungsangst durch den Kopf schwirren. Es sind primär Sorgen, wie z. B. möglicherweise nicht genug oder auch falsch gelernt zu haben, vielleicht zu scheitern und dann die Konsequenzen tragen zu müssen (z. B. eine schlechte Note erhalten oder die Versetzung gefährdet sehen).

Expressive Komponente

Sie umfasst alles nach außen hin Sichtbare und Hörbare der Angst, wie z. B. einen sorgenvollen Gesichtsausdruck, starre und verkrampfte Körperhaltung, zittrige Stimme und sichtbares Zittern.

Physiologische Komponente

Sie umfasst alle körperlichen Reaktionen, die mit Angst einhergehen – ob sichtbar oder nicht. Typisch bei Angst sind erhöhte Körpertemperatur („Lampenfieber"), erhöhter Puls, Zittern, Kurzatmigkeit, Brustatmung, Übelkeit, Austrocknen des Mund- und Rachenraums, erschwertes Schlucken, Harndrang und Durchfall.

Motivationale Komponente

Die vorherrschende Motivation bei Prüfungsangst ist, die Situation verlassen zu wollen – oft einhergehend mit dem Wunsch, möglichst weit weg vom Geschehen zu sein. In dieser Komponente zeigt sich auch ganz besonders der evolutionäre Ursprung von Angst, nämlich im Falle von Gefahr (z. B. man erblickt einen Bären) verschwinden zu wollen. Prüfungssituationen werden wir oft als potenzielle Gefahrensituationen erlebt.

Jenseits dieser generellen Aussagen dazu, wie Prüfungsangst definiert ist, ist Angst in ihrem Erleben etwas sehr Individuelles. Das heißt, die einzelnen Komponenten und auch die Aspekte innerhalb der Komponenten können sehr individuell ausgeprägt sein. Manche Prüflinge schwitzen bei Angst sehr stark, andere nicht.

10.2 Stimmt die weit verbreitete Aussage „Ein wenig Angst vor Prüfungen schadet doch nicht"?

Diese Aussage ist, mit einem Wort gesagt, falsch. Mittlerweile liegen tausende von Studien zur Prüfungsangst vor, die zeigen, dass diese im Lern- und Leistungskontext mit schlechten Leistungen einhergeht (Götz & Hall, 2020; Zeidner, 1998, 2014).

Natürlich muss man sich fragen, weshalb sich eine offensichtlich von der Wissenschaft nicht bestätigte Aussage so hartnäckig halten kann. Als Begründung wird häufig auf das sog. Yerkes-Dodson-Gesetz Bezug genommen, das 1908 veröffentlicht wurde (Yerkes & Dodson, 1908). Hier wird postuliert, dass die Leistung bei einer mittleren körperlichen Aktivation am höchsten ist. Bei sehr geringer oder sehr hoher Aktivation sollte die Leistung hingegen schwach sein. Es lässt sich jedoch von diesem „Gesetz" nicht ableiten, dass ein mittleres Maß an Prüfungsangst ideal wäre – auch wenn dies manchmal fälschlicherweise gemacht wird (s. Teigen, 1994: Yerkes-Dodson: A Law for all Seasons). Zum einen basiert das Yerkes-Dodson-Gesetz auf Experimenten mit Labormäusen. Zum anderen, und das ist zentral, bedeutet ein mittleres Aktivationsniveau nicht zwangsläufig, dass dazu ein gewisses Maß an Angst vorhanden sein muss. Auch andere Emotionen, wie Freude oder Stolz, können eine entsprechende körperliche Aktivation herbeiführen.

Die gestellte Frage ist also klar beantwortbar: Angst, auch nur leichte Angst, ist eindeutig leistungsschädlich.

Lediglich sehr kurzfristig kann Angst in spezifischen Fällen zu etwas höherer Leistung führen – durch auf Angst begründeten vermehrten Zeitaufwand für das Lernen (Pekrun et al., 2023). Längerfristig ist sie jedoch eindeutig leistungsschädlich. Prüfungsangst ist jenseits seiner negativen Wirkung auf die Leistung ein sehr unangenehmes Gefühl, das unser Wohlbefinden mindert, damit auch das unterrichtliche Erleben. Und ein über längere Zeit hinweg relativ hohes Angst-Level kann zu körperlichen und psychischen Beschwerden führen. Zudem hat sie negative Auswirkungen auf die Berufs- und Studienwahl. Wer studiert z. B. schon ein Fach, das mit Angst besetzt ist – selbst wenn man in dem Fach sehr gut ist (Götz & Hall, 2020)?

10.3 Warum ist Prüfungsangst leistungsschädlich?

Warum Prüfungsangst leistungsschädlich ist, kann anhand der Abbildung 9 verdeutlicht werden (in Anlehnung an Frenzel & Stephens, 2017).

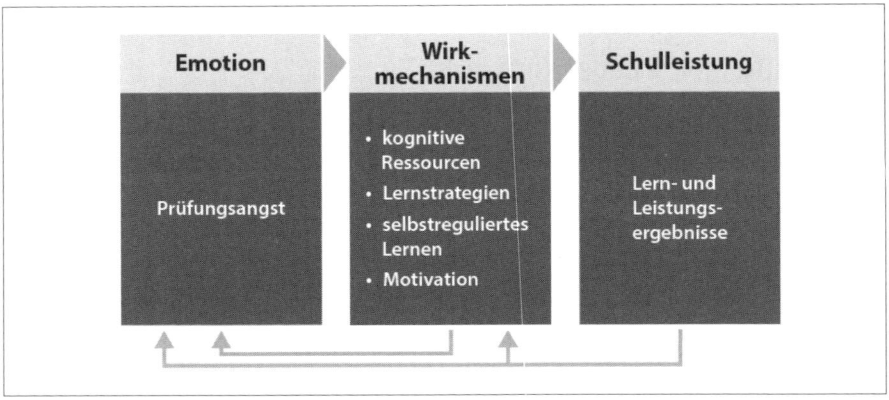

Abbildung 9: Übersicht zur Wirkung von Prüfungsangst (Quelle: eigene Abbildung)

Prüfungsangst nimmt entsprechend ihrer in Tabelle 22 (10.1) aufgeführten Komponenten Einfluss auf die in Abbildung 9 gezeigten Wirkmechanismen und dadurch schließlich auf das Leistungsergebnis. Es handelt sich hier um ein sogenanntes Mediationsmodell: Die Wirkungen von Prüfungsangst auf die Leistung werden vermittelt, d.h. mediiert über die Wirkmechanismen. Im Modell wird auch angenommen, dass die Leistung rückwirkend Prüfungsangst beeinflussen kann (z.B. Reduzierung der Angst, wenn gute Leistung erbracht wurde). Auch die Wirkmechanismen können Prüfungsangst beeinflussen (z.B. Reduzierung der Angst, wenn man merkt, dass man selbstreguliert gut beim Lernen vorankommt. Im Folgenden wird primär auf die Wirkmechanismen, d.h. nicht auf die rückwirkenden Effekte eingegangen.

Kognitive Ressourcen

Erlebt man während einer Prüfungsarbeit Angst, wird dementsprechend Aufmerksamkeit von der zu bearbeitenden Aufgabe abgelenkt (z.B. durch Sorgen im Hinblick auf ein mögliches Versagen) und die Leistung so gemindert. Dies gilt umso mehr für komplexe Aufgaben, die viel Aufmerksamkeit beanspruchen.

Lernstrategien

Angst führt dazu, dass beherrschte Strategien, wie eine Textaufgabe in Mathematik klar zu analysieren, in akuter Prüfsituation eher wenig oder sehr rigide eingesetzt werden. Generell werden beim Erleben von Angst eher sehr oberflächliche Lernstrategien (z.B. stupides Wiederholen) und wenig tiefenverarbeitende Strategien (z.B. Elaboration) eingesetzt.

Selbstreguliertes Lernen

Emotionen entfalten Wirkungen auf das Ausmaß der Selbstregulation des Lernens. Im Falle negativer Emotionen wie Prüfungsangst wird eher das Befolgen extern vorgegebener Regeln gefördert. Selbsregulationsprozesse, wie z. B. das Setzen individueller Lernziele, die Auswahl individuell passender Lernstrategien und die Optimierung des Lernens auf der Basis einer kontinuierlichen Reflexion, werden durch Prüfungsangst sehr eingeschränkt.

Motivation

Empfindet man Angst vor einer Prüfung, so ist ist man primär extrinsisch motiviert, d. h., primär auf das Leistungsergebnis fixiert (möglichst keine schlechte Leistung zeigen). Und die intrinsische Motivation, wie z. B. das Interesse an der Bearbeitung der Aufgaben ist in der Regel sehr schwach ausgeprägt.

Insgesamt sind, vermittelt durch die Wirkmechanismen, die Effekte von Prüfungsangst auf die Lern- und Leistungsergebnisse negativ.

10.4 Was sind Ursachen von Prüfungsangst in Verbindung mit Leistungserhebungen?

Die Neigung zu Prüfungsangst ist eine Facette der Persönlichkeit, d. h., Menschen unterscheiden sich darin, wie prüfungsängstlich sie sind. Jenseits dieser Unterschiede gibt es für alle gleichermaßen gültige Ursachen von Prüfungsangst (Pekrun et al., 2018). In Anlehnung an Frenzel und Stephens (2017, S. 46) werden in Abbildung 10 Ursachen von Prüfungsangst dargestellt.

In der Emotionsforschung wurden sogenannte Appraisal-Ansätze (Appraisal im Sinne von subjektiven Einschätzungen) entwickelt, die besagen, dass nicht die Situationen an sich, sondern die Interpretationen dieser Situationen zu einem bestimmten Erleben von Emotionen führen. Für die Erklärung von Prüfungsangst lässt sich die Kontroll-Wert-Theorie von Pekrun (2006, 2018, 2021) heranziehen, die innerhalb der pädagogischen Psychologie und auch darüber hinaus sehr weit verbreitet ist. Für Prüfungsangst am bedeutsamsten sind die beiden Appraisals Kontrolle und Wert. Angst entsteht entsprechend der Kontroll-Wert-Theorie dann, wenn eine Situation als wenig kontrollierbar erlebt und als wichtig eingeschätzt wird. Ein Beispiel hierzu ist die Bearbeitung eines Tests, bei dem man die Aufgaben nicht hinreichend lösen kann (geringe Kontrolle) und dieser Test zudem sehr wichtig ist (z. B. im Hinblick auf den Numerus clausus für ein angestrebtes Studiums). Aspekte der Umwelt haben wiederum einen Einfluss auf die Appraisals, d. h. auf die individuelle Einschätzung einer Situation. Die

Abbildung 10 zeigt, dass der Einfluss der Umwelt auf Prüfungsangst über die Einschätzung der Situation mediiert, d. h., vermittelt wird.

Ähnlich wie in der Abbildung 9 „Übersicht zur Wirkung von Prüfungsangst" ist von rückwirkenden Effekten auszugehen: Prüfungsangst kann die Einschätzung der Situation beeinflussen (z. B. Erwartung von Misserfolg bei starker Angst) sowie die Umwelt (z. B. bei starker Prüfungsangst geringere Leistungserwartungen).

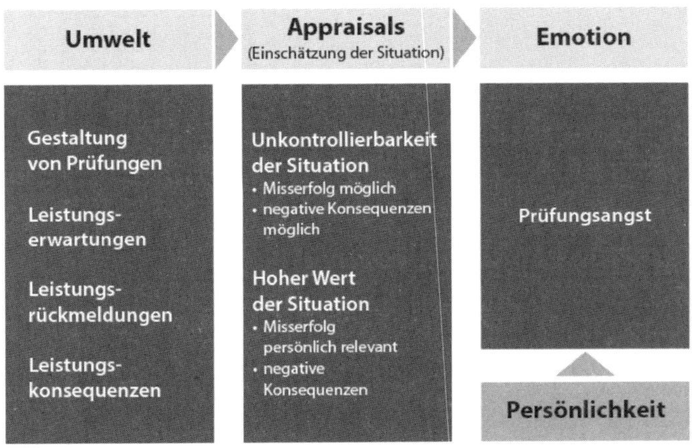

Abbildung 10: Ursachen von Prüfungsangst (Quelle: eigene Abbildung)

Bei der Einschätzung der Situation sind, wie bereits aufgeführt, nach der Kontroll-Wert-Theorie zwei Appraisals für die Entstehung von Prüfungsangst zentral: zum einen das Ausmaß an Unkontrollierbarkeit der Situation im Hinblick auf das Ergebnis und die Konsequenzen, und zum anderen der Wert der Ergebnisse und Konsequenzen.

- Unkontrollierbarkeit der Situation: Die Einschätzung der Unkontrollierbarkeit kann sich auf zwei Bereiche beziehen: auf die Unkontrollierbarkeit von Dingen bei einem selbst und auf die Unkontrollierbarkeit von Dingen außerhalb einem selbst. Auf sich selbst bezogen könnte man bei einer Prüfung seine Gedanken nicht unter Kontrolle haben, auf außerhalb bezogen könnten die Leistungserwartungen der Eltern als so hoch eingeschätzt werden, dass man das Gefühl hat, diesen kaum entsprechen zu können. Beide mal erscheinen Misserfolg und entsprechend negative Konsequenzen durchaus realistisch.

- Hoher Wert der Situation: Prüfungsangst entsteht insbesondere dann, wenn eine Situation sehr wichtig ist. Bei ihr sind die Relevanz eines möglichen Misserfolgs

(Erhalt einer schlechten Note) und die daraus resultierenden negativen Konsequenzen zentral, bspw. nicht Versetzen in die nächsthöhere Jahrgangsstufe.

Unterschiedliche Aspekte der Umwelt können zu Appraisals der Unkontrollierbarkeit und hohen Wertes führen (vgl. auch Rost et al., 2018, S. 425/6):

- Gestaltung von Prüfungen: Die Auswahl der Art und Schwierigkeit von Aufgaben kann bei Leistungsüberprüfungen die Einschätzung der Situation sehr stark beeinflussen. Wenig vertraute Aufgabenformate können z. B. die wahrgenommene Kontrolle senken und somit Prüfungsangst aufkommen lassen. Auf die Gestaltung von Prüfungen wird in dem Buch an anderer Stelle eigens eingegangen (P. 5).

- Leistungserwartungen: Im Zusammenhang mit Prüfungen werden vorab seitens der Lehrkräfte oder Eltern oft klare Leistungserwartungen kommuniziert. Dies kann auf verbale und auch nonverbale Art geschehen. Hier nur so viel: Wenn immer wieder auf die Wichtigkeit einiger Fächer oder guter Leistungen hingewiesen wird, wenn überhöhte Leistungserwartungen gebetsmühlenartig kommuniziert werden, kann dies ein Gefühl von Unkontrollierbarkeit vermitteln und die Wichtigkeit von entsprechenden Tests sehr stark erhöhen, was in der Regel zu hoher Prüfungsangst führt (Näheres hierzu in 10.5).

- Leistungsrückmeldungen: Seit Hatties Studien wird dem Lehrer*innenfeedback eine bedeutende Rolle im Zusammenhang mit zu erbringenden Leistungen und damit auch Prüfungsangst beigemessen (vgl. 8). Wiederholte Misserfolgsrückmeldungen führen zu niedrigen Kontrollüberzeugungen und dem Erleben von Kontrollverlust in einer konkreten Prüfungssituation, mit entsprechend ungünstigen emotionalen Folgen, sprich Prüfungsangst.

- Leistungskonsequenzen: Wenn die Folgen schwacher Leistungen sehr hoch sind, dann führt das zu einer Einschätzung hoher Relevanz von Misserfolg. Doch Vorsicht ist auch geboten im Fall von Erfolgen. Wenn Erfolge zu hoch gelobt werden, ist die Enttäuschung bei einem Nichterreichen umso größer. Somit ist Prüfungsangst in zukünftigen Leistungserhebungen denkbar.

10.5 Welche Strategien helfen Lehrkräften, Schüler*innen sowie deren Eltern im Umgang mit Prüfungsangst?

Vor dem Hintergrund der hohen Relevanz von Prüfungsangst für die Art und Weise des Lernens, die Motivation, die Leistungsergebnisse, für lebenslanges Lernen und insbesondere auch für die Fächerwahl und Berufsentscheidungen, ist es überaus wichtig,

Strategien zum Umgang mit Prüfungsangst zu kennen und auch anwenden zu können. Zunächst wird ein allgemein gehaltenes Prozessmodell zur Emotionsregulation vorgestellt (10.5.1), bevor dann detaillierter die möglichen Strategien von Lehrkräften (10.5.2), Schüler*innen (10.5.3) und Eltern (10.5.4) aufgezeigt werden.

10.5.1 Prozessmodell zur Emotionsregulation

Gross und Thompson (2007) haben ein sog. Prozessmodell zur Emotionsregulation entwickelt, das geeignet ist, alle Emotionen zu regulieren, d. h., förderlich auf positive Emotionen und reduzierend auf negative einzuwirken. In der Abbildung 11 ist es auf die Regulation von Prüfungsangst ausgerichtet.

Abbildung 11: Regulation von Prüfungsangst (Quelle: eigene Abbildung)

In dem Modell werden Stadien dargestellt, in denen Angst entsteht (1–4), und ein Stadium (5), in welchem Angst bereits vorhanden ist. Entsprechen lassen sich die Regulationsstrategien in solche einteilen, die die Entstehung von Angst zu verhindern versuchen, und jene, die dabei helfen, mit der Angst umzugehen, wenn sie bereits vorhanden ist (s. in Abbildung 11 die Bereiche „Regulation der Ursachen von Prüfungsangst" und „Regulation von Prüfungsangst").

Im Folgenden werden die einzelnen Stadien charakterisiert:

1. Situationswahl. Sie setzt bei den Ursachen von Prüfungsangst an. Es geht darum, sich weniger oder auch gar nicht in Situationen zu begeben, in denen man wahrscheinlich Prüfungsangst erleben wird. Wenn man sich erst gar nicht in solche Situationen begibt, wird Prüfungsangst nicht auftreten. Und damit wird deutlich, dass Schüler*innen an diesem Hebel nicht ansetzen können. Prüfungen werden vorge-

geben und sind verpflichtend. Bei einer Prüfung nicht zu erscheinen wäre in diesem Sinne eine Form von Regulation, d. h. der Vermeidung von Prüfungsangst, die aber natürlich dysfunktional ist. Für die Zeit nach der Schule ist die Situationswahl von größerer Bedeutung, z. B. ob man sich für einen Beruf entscheidet, bei dem potenziell häufig Prüfungsangst auftritt (z. B. öffentliche Auftritte, Präsentationen).

2. Situationsmodifikation. Auch die Situationsmodifikation setzt bei den Emotionsursachen an. Und die Situation wird sehr stark von einem selbst geprägt. Eine gute Prüfungsvorbereitung bspw. trägt im Sinne der Situationsmodifikation zur Reduzierung von Prüfungsangst bei. Ansonsten haben Schüler*innen relativ wenig Einfluss auf die Gestaltung der Prüfungssituationen. Außerhalb der Schule gibt es hier häufig mehr Möglichkeiten (z. B. individuelle Festlegung der Position im Raum bei einem Vortrag, Lichtverhältnisse, ...).
3. Aufmerksamkeitslenkung. Auch bei der Aufmerksamkeitslenkung wird bei den Ursachen von Prüfungsangst angesetzt. Bei der Strategie der Aufmerksamkeitslenkung geht es darum, die Aufmerksamkeit möglichst von jenen Faktoren wegzulenken, die Prüfungsangst auslösen. Hier gibt es für Schüler*innen zahlreiche Möglichkeiten. Statt die Aufmerksamkeit von angstauslösenden Faktoren „auszuschalten“, dürfte es hin und wieder einfacher sein, sie auf andere, möglichst schöne Dinge zu lenken (z. B. Erfolgserlebnisse, Ferien, schöne Begegnungen,...). Falls die Konzentration auf vergangene, schöne Dinge schwierig ist, kann es auch hilfreich sein, sich auf für die Angst irrelevante Dinge zu konzentrieren, wie z. B. irgendetwas nicht-angstauslösendes zu beobachten (z. B. aus dem Fenster schauen). Wir sind dem Blick auf angstauslösende Faktoren nicht ausgeliefert, sondern können starken Einfluss darauf nehmen. Insgesamt geht es bei dieser Strategie darum, den potenziell angstauslösenden Dingen einfach keine oder wenig Aufmerksamkeit zu schenken. Es ist auch stärkend, die eigene Souveränität und Entscheidungsfähigkeit zu spüren, bestimmten Dingen mehr oder weniger Aufmerksamkeit zu schenken.
4. Umbewertung. Auch bei der Umbewertung geht es darum, an den Ursachen von Prüfungsangst anzusetzen. Bei diesem Aspekt sind wir aber bereits bei den sehr direkten Emotionsauslösern angekommen. Trotz dieser vorausgegangenen Schritte der Emotionsentstehung kann es sein, dass in der konkreten Situation angstauslösende Gedanken aufkommen. Umbewertung bedeutet, diese angstauslösenden Gedanken, die man über die Situation und sich selbst hat, zu verändern. Wie oben beschrieben (s. „Appraisals – Einschätzung der Situation“ in der Kontroll-Wert-Theorie; Abbildung 10) wird Prüfungsangst vor allem durch Gedanken ausgelöst, die sich auf Unkontrollierbarkeit und hohe Relevanz (bezüglich der Ergebnisse und Konsequenzen) beziehen.
   – Kontrolle: Im Hinblick auf Kontrolle kann man sich z. B. vergegenwärtigen, dass man sehr gut vorbereitet ist und sein Bestes gegeben hat. Hilfreich für das Kontrollerleben ist es auch, sich seine eigenen Fähigkeiten und Stärken bewusst zu

machen. Ein innerer Monolog wie „Ich habe mich auf heute sehr gut vorbereitet und ich kann das“ kann eine Hilfe sein.

- Relevanz: Was die Relevanz belangt, so ist es hilfreich, die Situation nicht zu überhöhen, in dem Sinne, dass man ihr keine extreme Relevanz zuschreibt. Selbstverständlich sind Prüfungen wichtig – aber es gibt immer auch Alternativen, und so gut wie nie hängt alles im Leben von einem einzigen Moment ab. Das soll nicht bedeuten, dass Schüler*innen mit Gleichgültigkeit in Prüfungen hineingehen sollen – aber sicher nicht mit einer überhöhten Einschätzung ihrer Relevanz, insbesondere im Hinblick auf einen möglichen Misserfolg und dessen Konsequenzen.

Insgesamt geht es bei der Umbewertung also darum, das Vertrauen in sich selbst zu stärken und die Relevanz der Situation nicht zu überhöhen, sondern sie aus neuen Perspektiven zu betrachten. Die Umbewertung ist der letzte Schritt, um die Entstehung von Prüfungsangst zu vermeiden. All dies kann mehr oder weniger gelingen. Und dennoch ist in der konkreten Situation ein gewisses Maß an Prüfungsangst denkbar – und hier kann die Emotionsveränderung hilfreich sein.

5. Emotionsveränderung. Hier geht es, anders als bei den bisherigen Strategien (1–4), darum, wie mit bereits vorhandener Prüfungsangst umgegangen werden kann. Man versucht die Prüfungsangst hin in ein positiveres Gefühl zu verändern. Da Angst aus unterschiedlichen Komponenten besteht (s. Komponentenmodell, Tabelle 22), kann man hier bei den einzelnen Komponenten ansetzen:
   - Affektive Komponente. Eine Möglichkeit, Einfluss auf die affektive Komponente zu nehmen, besteht darin, die Angst als solche zunächst einmal anzunehmen und sie als eine natürliche und sehr nachvollziehbare Facette der Situation zu sehen. Die Angst nicht als einen Feind zu sehen, kann diese deutlich reduzieren (z. B. „Es ist völlig in Ordnung, wenn ich Angst habe“). Eine andere Möglichkeit besteht darin, sich in eine positivere Stimmung zu versetzen, z. B. indem man an etwas Schönes denkt oder sich etwas Lustiges vergegenwärtigt. Positive Emotionen sind mit der Angst inkompatibel und können die Angst dadurch reduzieren. Auch Nahrung oder Trinken kann beruhigend wirken. Deshalb ist es kleinlich, wenn in Prüfungssituationen Lehrkräfte ihren Schüler *innen verbieten, ein Getränk mitzunehmen.
   - Kognitive Komponente. Auch wenn bestimmte Kognitionen primär die Ursachen von Angst darstellen, so ist, wie bei den Wirkungen der Angst beschrieben, das Sich-Sorgen-Machen kurz vor und während eines Tests leistungsschädlich (Verbrauch kognitiver Ressourcen). Insofern kann man versuchen, seinen Sorgen-Gedanken keinen oder zumindest wenig Raum zu geben, z. B. durch einen bewussten Sorgen-Gedanken-Stopp wie „Stopp! Ich lasse diese Gedanken nicht länger zu.“
   - Expressive Komponente. Auch eine Veränderung der expressiven Aspekte von Angst kann sehr hilfreich sein. Zum Beispiel ist es nützlich darauf zu achten, dass

man nicht starr, sondern eher locker steht oder sitzt, dass man statt einem sorgenvollen und ängstlichen Gesichtsausdruck versucht, eher neutral oder sogar positiv (z. B. leichtes Lächeln) zu blicken. Dies mag etwas eigenartig klingen, aber tatsächlich wirkt eine Veränderung im Körperlichen auf unsere Prüfungsangst zurück.
– Physiologische Komponente. Prüfungsangst geht mit einer Vielzahl körperlicher Reaktionen einher. Verändert man diese bewusst, so reduziert sich dadurch auch das Gesamterleben der Angst. Beispiele hierfür sind Entspannungsübungen (z. B. progressive Muskelrelaxation), möglichst ruhig und gleichmäßig zu atmen und sich etwas zu bewegen (primär ruhige und gleichmäßige Bewegungen), sodass sich Anspannungen lösen.
– Motivationale Komponente. Das Gefühl, weit weg sein zu wollen, kann reduziert werden, indem man sich bewusst für das Hier und Jetzt entscheidet. Zum Beispiel kann man mit Selbstbewusstsein auf seinen Platz gehen und dort selbstbewusst sitzen. Es ist hilfreich, das Da-Sein bewusst zu bejahen.

Das soeben beschriebene Prozessmodell der Emotionsregulation zeigt eine Vielzahl von Möglichkeiten auf, die Entstehung von Prüfungsangst zu verhindern. Und es verweist zudem auf viele Strategien, sie zu reduzieren, falls sie bereits vorhanden ist. Es können entweder einzelne Strategien zum Einsatz kommen oder eine bestimmte Kombination von Strategien.

Meist ist es deutlich einfacher, bei den bereits frühen Stadien der Angstentstehung anzusetzen (siehe horizontaler Pfeil in Abbildung 11). Je weiter der Prozess der Angstentstehung vorangeschritten ist, d. h., je weiter man auf dem Weg von links nach rechts bereits ist, desto aufwändiger und schwieriger wird es meist, die Angst in den Griff zu bekommen. Es ist somit effektiver, schon sehr früh der Entstehung von Angst entgegenzuwirken. Zudem ist eine frühzeitige Regulation deutlich weniger riskant – z. B. kann die Regulation von Angst, wenn sie bereits aufgetreten ist, auch mal misslingen, was dann entsprechende Folgen hätte.

Es ist wichtig zu erwähnen, dass die Emotionsregulation sehr individuell ist. Einfache Ratschläge im Sinne von „Machen Sie einfach dieses oder jenes!“ werden der individuellen Angstregulation sicher nicht gerecht. Man muss ganz individuell verschieden Strategien erproben und Erfahrungen mit ihnen sammeln. Auch die Regulation von Angst muss gelernt und geübt werden. Dies ist in der Regel ein längerer Prozess, der aber sehr aussichtsreich und hilfreich ist. Generell ist es wichtig, daran zu glauben, dass man der Angst nicht ausgeliefert ist, sondern sie mit etwas Übung in aller Regel sehr gut in den Griff bekommen kann. Nur wenn man daran glaubt, dass Angst regulierbar ist, dann wird man auch an ihr arbeiten (Götz & Bieg, 2016).

Im Falle von starker Prüfungsangst ist es sehr empfehlenswert, sich professionell unterstützen zu lassen. Angsttherapie ist eine der Therapien mit sehr guten Erfolgsaussichten (Zeidner, 2014) – und dies bei in der Regel relativ wenigen Sitzungen. Es gibt eine ganze Reihe von entsprechenden Therapieformen, die auch auf den oben genannten Prinzipien aufbauen, wie z. B. Entspannungstrainings, systematische Desensibilisierung, Aufmerksamkeitstrainings, kognitive Restrukturierungstrainings, Denkstiltrainings, Stressinokulationstrainings und Angstreduktions-Strategietrainings (Pekrun & Götz, 2006). Erste Ansprechpartner*innen an den Schulen sind in der Regel die Schulpsycholog*innen.

10.5.2 Strategien von Lehrkräften

Hier wird noch mal eine vermeintlich sinnvolle Strategie angesprochen, die bereits im Punkt 3, insbesondere in 3.1.2 bei der Diskussion der Verbalbeurteilungen argumentativ widerlegt wurde. Wenn es auch eine strukturelle ist, so wird sie hier genannt, weil sie ja von Lehrkräften umzusetzen wäre: Immer wieder wurde und wird argumentiert, dass Verbalbeurteilungen Ziffernbeurteilungen überlegen seien, gerade was die emotionalen Auswirkungen auf Schüler*innenseite betrifft. Doch das, so die Empirie, scheint eher Wunschdenken als Realität zu sein.

- Eher verspricht eine Lösung das Schaffen eines emotionsgünstigen Klassenklimas. Anders ausgedrückt geht es um das Vermeiden eines autoritären und extrem dirigistischen Verhaltens; Zuwendungsentzug; Tadel, Spott, Herabsetzung, gezielte Demütigung; Nichtbeachtung; Strafarbeiten und Ausschluss von belohnenden Lern-Aktivitäten (vgl. auch im Folgenden Rost et al., 2018, S. 425f.). Das Schüler*innen-Schüler*innen-Verhältnis sowie das Lehrkraft-Schüler*innen-Verhältnis sollten von Kooperationswillen und gegenseitiger Unterstützung geprägt sein. Für Spott, Mobbing und Gewalt ist in der Klasse und natürlich der gesamten Schule kein Platz.
- Weiterhin geht es um eine lernpsychologische Optimierung des Unterrichts. Darunter fallen eine klare und sprachlich verständliche Informationsvermittlung, eine sachlogisch klare Strukturierung, klare Angabe und Präzisierung von Lehrzielen, umfassende Vermittlung von (prüfungsrelevantem) Wissen, entsprechende Fertigkeiten und Kompetenzen, klares Feedback (vgl. 8.3), individualisierender Unterricht.
- Zu entschärfen ist der Bedrohlichkeitscharakter von Leistungs- und Prüfungssituationen. Schulleistungsbewertungen und die Gestaltung von Prüfungssituationen müssen fair sein (vgl. P. 5).

Zusammenfassend geht es um ein personorientiertes Unterrichten und Erziehen. Dabei haben die einstmals in den 70er Jahren des letzten Jahrhunderts von Tausch und Tausch (1970) aufgestellten Dimensionen sensu Rogers nicht an Bedeutung eingebüßt: Erstens Achtung, Wertschätzung, Rücksichtnahme, zweitens Empathie, drittens Echtheit und Aufrichtigkeit.

10.5.3 Strategien von Schüler*innen

Während aus dem Prozessmodell der Emotionsregulation (10.5.1) bereits Maßnahmen auf Schüler*innenseite abgeleitet wurden, werden hier eigens Strategien behandelt, die auf die Selbstregulation abzielen. Ausgehend von einer Studie, bei welcher auch die Autoren beteiligt waren, lassen sich begründet Ansatzpunkte für Strategien von Schüler*innen ableiten (Sticca et al., 2017). Dabei geht es um die kurz- und langfristigen Auswirkungen von einer Überbewertung von Schulnoten auf das akademische Selbstkonzept und die schulischen Leistungen.

Befragt wurden Schüler*innen aus acht deutschsprachigen Oberstufenschulen in der Schweiz zu drei Erhebungszeitpunkten in den letzten drei Schuljahren, also in der Oberstufe. Die Schüler*innen gaben die Noten in ihren letzten Zwischenzeugnissen und ihr Selbstkonzept in den Fächern Mathematik, Deutsch, Englisch und Französisch an. Die tatsächlichen Zwischenzeugnisnoten wurden von den Schulverwaltungen eingeholt. Die Ergebnisse zeigen, dass bei den Schüler*innen, die ihre Noten überwerteten (d. h., Angabe besserer Noten als jene von der Schulverwaltung mitgeteilt), auch deren Selbstkonzept kurzfristig gestiegen ist. Langfristig war die Überbewertung der Noten jedoch direkt mit einer stärkeren Abnahme des Selbstkonzepts und indirekt mit einer stärkeren Abnahme der Leistungen verbunden. Erklärt wird dieses Ergebnis mit einem kurzfristig überhöhten Selbstkonzept.

Die Daten stützen nicht die Vorstellung, dass Überbewertung als Motivator angesichts von Widrigkeiten wirkt und damit langfristig zu besseren Leistungen führt. Schüler*innen, die sich bewusst oder unbewusst selbst aufwerten, fühlen sich in diesem Moment möglicherweise besser. Ein so erhöhtes Selbstkonzept könnte zu unrealistischen Erwartungen führen. Die langfristigen Auswirkungen der Selbstaufwertung auf die Schulleistungen sind jedoch überwiegend negativ.

Eine unrealistische Selbsteinschätzung birgt das Risiko eines Rückgangs des Selbstkonzepts und der Leistung auf lange Sicht. Ebenso macht diese unrealistische Einschätzung das Erreichen der eigenen Erwartungen unrealistisch, was zu geringeren Leistungen als erwartet führen kann. Wenn die Erwartungen nicht erfüllt sind, ist das Selbstkonzept bedroht, und die Selbstverbesserung kann erneut ausgelöst werden, um ein stabiles Selbstbild zu erhalten. So könnte aus dieser Dynamik eine Abwärtsspirale entstehen.

Im Folgenden wird aufgezeigt, dass die Wirkung der Selbstaufwertung auf die Leistung recht komplex zu sein scheint und eine Reihe von moderierenden (z. B.: Lernanstrengung) und vermittelnden (z. B. Kausalattribution) Faktoren umfasst:

Rolle der Lernanstrengung

Schüler*innen, die sich selbst aufwerten, könnten dazu neigen, den Aufwand zu unterschätzen, der erforderlich ist, um ein bestimmtes Leistungsniveau zu erreichen, was wiederum die Wahrscheinlichkeit erhöht, dass sie zu wenig Aufwand betreiben.

Rolle von Kausalattributionen

Eine hohe Selbstaufwertung könnte mit schützenden Attributionen einhergehen, wenn die eigenen Erwartungen nicht erfüllt werden. So hat sich gezeigt, dass Selbstaufwerter*innen dazu neigen, Erfolg auf interne und stabile Ursachen (z. B. Fähigkeiten) zurückzuführen, während sie gleichzeitig Misserfolge auf externe und instabile Ursachen (z. B. Pech) zurückführen. Diese Selbstschutzstrategie könnte die Schüler*innen davor bewahren, den Grund bzw. die Gründe für die eigenen suboptimalen Noten zu erkennen, was wiederum die Gefahr birgt, dass sich die Schüler*innen weiterhin selbst aufwerten, ein unrealistisches Selbstkonzept entwickeln und die Leistungen dadurch sinken. So kann die oben erwähnte Abwärtsspirale durch diese Zuschreibungen verstärkt werden, sodass die Wahrscheinlichkeit sinkt, das Lernverhalten zu ändern. Im Laufe der Zeit dürfte die Strategie der Selbstverbesserung an Wirksamkeit verlieren, da sich der Leitungsrückgang unweigerlich auf das Selbstkonzept auswirkt und zu dessen Rückgang führt.

Aufgrund dieser geschilderten Zusammenhänge und Annahmen können bei Schüler*innen begründet folgende Ansatzpunkte genannt werden, die darauf abzielen, Lernstrategien, Anstrengung und Leistung zu verbessern.

- Schüler*innen sollten die Bedeutung genauer Selbsteinschätzungen und realistischer Selbsterwartungen in Bezug auf vergangene und zukünftige Leistungen vermittelt werden. Es geht also um eine genaue Abgleichung des Selbstkonzepts, salopp formuliert, sich nicht in die eigene Tasche zu lügen.
- Bei Schüler*innen muss das Bewusstsein für die potenziell negativen Auswirkungen externer Attributionen nach einem Misserfolg geschärft werden. Sie sind darin zu schulen, einen Attributionsstil zu entwickeln, der zu einem höheren schulischen Engagement und adaptiven Bewältigungsstrategien führt. Das bedeutet nicht, dass der Optimismus gebremst oder entmutigt werden muss. Vielmehr müssen die Schüler*innen über die Fähigkeiten und das Engagement aufgeklärt werden, die erforderlich sind, um das von ihnen erwartete Leistungsniveau zu erreichen.

Dies könnte besonders wichtig für Schüler*innen mit vergleichsweise geringen Fähigkeiten sein, da die Tendenz zur Selbstüberschätzung in dieser Gruppe besonders ausgeprägt ist – möglicherweise zurückzuführen auf den wahrgenommenen zusätzlichen Druck, bessere Noten zu erzielen. Unglücklicherweise neigen sie eher dazu, ihr Selbstkonzept kurzfristig durch Überbewertung zu regulieren, sind dabei aber nicht in der Lage, entsprechende Lernanstrengungen zu unternehmen.

10.5.4 Strategien von Eltern

„Das Hineinwirken von Leistungssituationen in das Elternhaus hat entscheidenden Anteil an der Genese und Stabilisierung schulischer Ängste“, so die Autoren Rost et al. (2018, S. 433). Als Beleg führen sie eine Studie von Gartner und Jiraski (1999) an. Kinder ängstlich-fordernder Eltern weisen statistisch signifikant mehr Prüfungsängstlichkeit und ein schlechteres Selbstkonzept auf als Kinder angstfrei-fordernder bzw. angepasst-fordernder Väter und Mütter. Vermutlich setzen Eltern mit zu hohen Leistungsanforderungen sich selbst und ihre Kinder unter Schulstress, da sie einen enormen Druck erzeugen und die Entstehung chronischer Leistungsangst begünstigen.

Im Prozessmodell der Emotionsregulation (10.5.1) ist das erste Stadium die Situationswahl. Eltern können schon von vorneherein typische Krisensituationen wie die Einschulung oder den Übergang auf weiterführende Schulen entschärfen. Dabei sollten sie eine den Fähigkeiten des Kindes geeignete Schulart wählen und keine überhöhten Leistungsanforderungen dem Kind gegenüber kommunizieren. Dies gilt auch im weiteren Verlauf in der Schulkarriere des Kindes.

Im Zusammenhang mit Prüfungen sollten vorab seitens der Eltern realistische Erwartungen geäußert werden. Dies kann auf verbale und auch nonverbale Art geschehen.

Wenn bspw. Eltern regelmäßig im Zusammenhang mit Prüfungen auf einen erfolgreichen Schulabschluss zu sprechen kommen und damit auf gute Startchancen für das „spätere Leben“ hinweisen, kann beim Kind ein Erfolgsdruck aufgebaut werden, der bei ihm ein Gefühl von Unkontrollierbarkeit auslösen kann. Bei einer anstehenden Prüfung können sich ganz unbewusst Fehler einschleichen, die die Eltern eigentlich gar nicht wollen. Wenn bspw. vor einer Klassenarbeit ein besonderes „energiereiches“ Frühstück zubereitet wird oder ein „Kraftriegel“ zusätzlich eingepackt wird, ist dies für das Kind eher kontraproduktiv. Ihm wird signalisiert, dass es heute um etwas ganz Besonderes geht. Dabei sollten gesundes Frühstück und Pausenbrot die Regel sein. Vielmehr ist es Aufgabe der Eltern, die vielleicht ohnehin schon angespannte Situation entkrampft zu sehen, indem sie nicht noch zusätzlichen Stress aufbauen. In einer misslichen Lage, wenn trotz guter Prüfungsvorbereitung wieder einmal eine Klassenarbeit danebenging, kann eine Umbewertung helfen im Sinne „Schule ist nicht alles, wir sind froh, dass es Dir ansonsten gut geht – und das ist das Allerwichtigste“ (vgl. hierzu P. 4).

Wünschenswert ist eine Intensivierung von Kommunikation und Kooperation zwischen Elternhaus und Schule.

In der Tabelle 23 werden die in diesem Punkt vorgeschlagenen Strategien im Umgang mit Prüfungsangst von Schüler*innen auf Lehrkräfte-, Schüler*innen- und Elternseite im Überblick dargestellt.

Tabelle 23: Strategien im Umgang mit Prüfungsangst von Schüler*innen (Quelle: eigene Tabelle)

	Lehrkräfte	**Schüler*innen**	**Eltern**
strukturell	Schulklima, Art der Beurteilung (vgl. 3.1.2)	Zeiten für das Lernen einplanen	Klima bei schulischen Themen
Unterricht	Klassenklima, lernpsychologische Optimierung	emotionale Einstellung zum Unterricht	emotionale Einstellung zu Schule/Unterricht
Leistungserwartungen	Klarheit, realistische Erwartungen (vgl. 4.2)	realistische Selbsteinschätzung und Selbsterwartung, günstige Kausalattribution	keine überhöhten Leistungserwartungen
Situationswahl	geeignete Schulempfehlung	sich nicht überfordern	geeignete Schulwahl
Situationsmodifikation	entspannte Prüfungssituation (vgl. 5)	gute Prüfungsvorbereitung	kein Stress vor einer Prüfung („besonderes Frühstück", „Kraftriegel")
Aufmerksamkeitslenkung	vor einer Prüfung diese nicht zu oft betonen	Entspannung, sich kurz ablenken	vor einer Prüfung für eine entspannte Situation sorgen
Umbewertung	Relevanz von Prüfungen nicht zu sehr betonen	Kontrolle: Innerer Monolog („Ich kann das."), Relevanz: „Ein Misserfolg ist kein Beinbruch." Alternativen sehen	Relevanz; Unser Kind ist gesund, ist „nur" Schule; Alternativen aufzeigen

	Lehrkräfte	Schüler*innen	Eltern
Emotions-veränderung	Emotionsveränderungen der Schüler*innen fördern (z. B. Getränk mitnehmen lassen, Atemübungen während Prüfungen zulassen)	s. 10.5.1 (5) affektive Komponente: Angst annehmen/sich in positive Stimmung versetzen/Essen, Trinken kognitive Komponente: Sorgen-Gedanken-Stopp expressive Komponente: Keine Verkrampfung in der äußeren Haltung physiologische Komponente: Entspannungsübungen Motivational: Selbstbewusstsein	über Möglichkeiten der Emotionsveränderung sprechen, evtl. externe Unterstützung dazu holen

Fazit

Prüfungsangst ist eine Emotion, die aus einer affektiven, kognitiven, expressiven, physiologischen und motivationalen Komponenten besteht. Für die Erklärung von Prüfungsangst bedeutsam ist die Einschätzung der Situation. Angst entsteht dann, wenn die Situation als wenig kontrollierbar erlebt und gleichzeitig als wichtig eingeschätzt wird. Im Umgang mit Prüfungsangst werden zwei Typen von Regulationsstrategien unterschieden. Die einen versuchen, die Entstehung von Angst zu verhindern, die anderen helfen, mit der Angst umzugehen.

Reflexionsfragen für eine Lehrkraft

Sorge ich für ein emotionsgünstiges Klassenklima? Orientiere ich mich an einer lernpsychologischen Optimierung des Unterrichts? Lege ich Wert auf eine faire Prüfungssituation?

Vermittle ich meinen Schüler*innen realistische Erwartungen in Bezug auf ihre Leistungen? Sind sie in der Lage, ihre Leistungen realistisch zu attribuieren?

Gegenüber Eltern könnte ich mit folgender Frage einwirken: Kommunizieren die Eltern realistische Erwartungen an ihre Kinder?

11 Rechtliche Vorgaben bei der Leistungsüberprüfung

Organisationsrechtlich mag die Schule eine Behörde sein, nicht anders als z. B. ein Finanzamt. (vgl. im Folgenden Haag, 2014). Der Bildungs- und Erziehungsauftrag benötigt allerdings Freiräume. In Anlehnung an Theodor W. Adornos Begriff der „verwalteten Welt“ spricht man in kritischer Absicht von der „verwalteten Schule“. In diesem Zusammenhang wird Verrechtlichung als Einschränkung oder staatliche Gängelung des pädagogischen Handlungsspielraums kritisiert. Insgesamt wird generell eine Inkompatibilität des Rechts mit den Ambitionen der pädagogischen Vernunft diagnostiziert, worauf z. B. eindringlich Habermas (1981) hinweist.

Erzieherisches Tun wird dabei allzu leicht als ein rechtsfreies, auf unvermittelter Moralität beruhendes Geschehen idealisiert. Pädagogische Freiheit als Kürzel soll das Handeln von Lehrer*innen vor staatlichen Interventionen schützen. Es geht primär um das Bedenken gegen eine administrative Fremdlenkung der schulischen Erziehungsarbeit. Ihre Funktion besteht darin, Eingriffe der Schulaufsicht in die im Schulalltag getroffenen Entscheidungen von Lehrkräften abzuwehren.

Dabei geht eine solche Kritik der Verrechtlichung von der problematischen Voraussetzung aus, dass Erziehung ein ursprünglich konfliktfreies Geschehen darstelle und deshalb nicht verrechtlicht werden sollte oder könnte. Doch leider sieht die Wirklichkeit manchmal anders aus. Deshalb muss immer klar sein: Erziehung wird durch Recht vermittelt. Pädagogische Akteur*innen werden kraft Rechts dazu genötigt, rechtliche Bewertungen in ihren Handlungshorizont einzubeziehen.

Im Folgenden geht es im Besonderen um die rechtlichen Spielräume und Grenzen im Umgang mit der Leistungsbewertung (Kulow, 2011). Dabei sind die unterschiedlichen rechtlichen Voraussetzungen auf Bundes- und Landesebene zu berücksichtigen (11.1). Bei einer Leistungsüberprüfung lässt sich die Phase der Leistungserhebung (11.2) von der Phase der Leistungsbeurteilung (11.3) unterscheiden. Bei der Leistungsüberprüfung geht es immer um einen sehr individuellen Vorgang, zum einen, weil Beurteilungen in ein bestimmtes Bezugssystem der Prüfer*innen eingebunden sind, zum anderen, weil eine Leistungsüberprüfung einmalig und erstmals nicht wiederholbar ist. Aufgrund der derzeitigen Diskussion um digitale Prüfungsformate fassen wir zentrale Ergebnisse eines zeitnahen Interviews zum Thema, wie es im Deutschen Schulportal veröffentlicht wurde, zusammen (11.4).

11.1 Welche Hierarchieebenen sind zu berücksichtigen?

„Alle Menschen sind vor dem Gesetz gleich." Dieser Artikel 3 Absatz 1 des Grundgesetzes ist die Grundnorm jeglicher Leistungserhebung und -bewertung, er setzt für den Bildungsbereich das Verfassungsprinzip der Chancengleichheit. Bildung in Deutschland ist Ländersache, wie das Grundgesetz im Artikel 30 regelt („Die Ausübung der staatlichen Befugnisse und die Erfüllung der staatlichen Aufgaben ist Sache der Länder, soweit dieses Grundgesetz keine andere Regelung trifft oder zuläßt."). Da das Grundgesetz keine Regelungen definiert, die über Artikel 7 hinausgehen („Das gesamte Schulwesen steht unter staatlicher Aufsicht."), ist Schulrecht in Deutschland Länderangelegenheit. So sind in den Länderverfassungen zentrale Aspekte über Bildung und Schule verankert. Auf der nächsten Hierarchieebene weiter unten stehen Gesetze, die generelle Regelungen über das landesweite Erziehungs- und Schulwesen betreffen. Dazu gehören auch Grundsätze des Schulbetriebs, worunter auch Nachweise des Leistungsstands, Bewertung der Leistungen und Zeugnisse fallen. Die nächste untere Hierarchiestufe befasst sich mit den Schulordnungen der unterschiedlichen Schularten. Hier werden ganz konkret die Bestimmungen zur Durchführung und Auswertung sowie die unterschiedlichen Formen von Leistungsüberprüfungen festgelegt. Auf der untersten Ebene können auf Schulebene auch die einzelnen Schulen Regelungen treffen. Hier werden Vereinbarungen festgelegt, was beispielsweise die Anzahl von Prüfungen über das Schuljahr betrifft.

Wenngleich das Schulrecht durch die verschiedenen Landesschulgesetze z. T. recht unterschiedlich ausgestaltet ist, gibt es nichtsdestotrotz förmliche Vereinbarungen der durch Staatsvertrag zwischen den Ländern eingesetzten Kultusministerkonferenz. Zur Stärkung der Schulhoheit der Länder und zu deren Abstimmung auch im Hinblick auf Schulregelungen wurde die KMK (ständige Konferenz der Kultusminister der Länder der Bundesrepublik Deutschland) 1948 gegründet. Im Rahmen der KMK schlossen die Länder 1964 das sog. Hamburger Abkommen. In ihm wurde u. a. die Bezeichnung der Notenstufen von „sehr gut" bis „ungenügend" festgelegt. Für die gymnasiale Oberstufe wurde ein 15-Punkte-System festgelegt (KMK, 1972), das seit dem Schuljahr 2006/2007 auch in Fachoberschulen und Berufsoberschulen angewendet wird.

11.2 Wie ist die Rechtslage im Bereich der Leistungserhebung?

Hier zeigen die Ländervereinbarungen eine sehr zurückhaltende Regelung:

- Eine Leistungserhebung hat auf ein jeweiliges Unterrichtsfach zu erfolgen. Es wird zwischen mündlichen, schriftlichen und praktischen Leistungen unterschieden.
- Es sind zwei qualitativ unterschiedliche Formen zu unterscheiden:

Eine punktuelle Form (z. B. Schulaufgaben/Klassenarbeiten, Kurzarbeiten, Facharbeiten) ist durch einen expliziten Prüfungscharakter gekennzeichnet und besteht aus einer Aufgabenstellung und einem Zeitrahmen.
Eine permanente Form über die Mitarbeit der Schüler*innen hat informellen Charakter und bezieht sich auf das gesamte gezeigte Verhalten. Spezielle Normen, wie eine solche permanente Leistungserhebung zu erfolgen hat, bestehen nicht.

- Von den Ländern ganz unterschiedlich ausgestaltet sind die Vorgaben, wann und wie viele punktuelle Leistungserhebungen durchgeführt werden dürfen, ob mit Ankündigung oder nicht. Regulierungsziel ist eine möglichst gleichmäßige Verteilung von punktuellen Leistungserhebungen. Dabei soll nur der Stoff geprüft werden, der auch im Unterricht vermittelt wurde.
- Einschlägige Prüfungsordnungen regeln den Prüfungsgegenstand für schulische Abschlussprüfungen.
- Da eine Leistungsbeurteilung grundsätzlich das gegenwärtige, tatsächlich vorhandene Wissen von Schüler*innen abprüft, muss sie immer unter Aufsicht durchgeführt werden.
- Wenn es darum geht, Berechtigungen für Lernende zu verleihen, müssen die gleichen Bedingungen vorherrschen. Fairness ist so ein Stichwort. Die Lehrperson darf keine sarkastischen oder spöttischen Bemerkungen Einzelnen gegenüber äußern. Bei Unwohlsein und Krankheit während einer Prüfung oder wenn dies nachträglich geltend gemacht wird, sind hohe Anforderungen an einen Rücktritt zu stellen. So muss eine Krankheit unverzüglich angezeigt und durch ein ärztliches Attest nachgewiesen werden.

Kulow (2011, S. 79) merkt an, dass sich keinerlei Regelungen für die mündlichen Mitarbeitsnoten finden lasen, „was angesichts der Bedeutung für die Zeugnisnoten verwundert“.

11.3 Wie ist die Rechtslage im Bereich der Leistungsbeurteilung?

Die Benotung durch die Lehrkraft erfolgt in deren eigener pädagogischer Verantwortung unter Berücksichtigung ihres pädagogischen Beurteilungsspielraums. Da Leistungsbeurteilungen vielschichtige Vorgänge sind, hat eine Lehrkraft hier einen Spielraum. Die unterrichtende Lehrkraft ist für die Notengebung zuständig, hierin kann von der Schulleitung nicht ohne weiteres eingegriffen werden. Besondere Bedeutung kommt der Transparenz der Notengebung zu. So sind den Schüler*innen sowie Eltern die maßgeblichen Bewertungskriterien mitzuteilen.

Weiterhin hat eine Lehrkraft auf folgende Punkte zu achten:

- Ist ein*e Erst- und Zweitkorrektor*in seitens der Prüfungsordnung vorgesehen, ist Sorge dafür zu tragen, dass beide unabhängig voneinander die Leistung bewerten.
- Die Gewichtung einzelner Anforderungsbereiche darf von der Lehrperson nicht willkürlich geändert werden, wenn diese vorgeschrieben ist.
- Irrtümer über die Bewertungsgrundlage sind zurückzunehmen. Hierunter fällt beispielsweise das Übersehen von Ausführungen bei schriftlichen Prüfungen
- Es muss die tatsächlich erbrachte Leistung bewertet werden, ein früher erbrachter Leistungsstand darf nicht in das Urteil miteinbezogen werden.

Kulow (2011) sieht bei einer Analyse der schulrechtlichen Regelungen folgende Probleme:

- Die grundlegende Forderung nach **chancengleicher Beurteilung und pädagogischer Verantwortung** stellt die Lehrkräfte vor eine praktisch schwierige Aufgabe. Gleichheit und Einzelfallgerechtigkeit stehen in einem nicht auflösbaren Spannungsverhältnis. „Als Pädagoge*in ist der*die Lehrer*in aber auf den*die einzelne*n Schüler*in, also eher auf die Einzelfallgerechtigkeit ausgerichtet, als Wahrer*in der Chancengleichheit hat er*sie die Gleichheit der Anforderungen zu beachten“ (Kulow, 2011, S. 79; gendergerechte Sprache durch die Autoren eingefügt).
- Lehrkräfte haben in der Unterrichtspraxis oft keine eindeutigen **normierten Bewertungsmaßstäbe**. Oft ist nicht klar, ob eine Note die soziale, kriteriale oder individuelle Bezugsnorm zum Maßstab hat. Wenn sich eine Lehrkraft pädagogisch motiviert den individuellen Leistungsfortschritt zum Maßstab wählt, verletzt sie den überragenden Aspekt der Chancengleichheit auf der Basis einer kriterialen Bezugsnorm.
- Seit Ingenkamps bahnbrechender Publikation „Die Fragwürdigkeit der Zensurengebung“ aus dem Jahre 1971 liegt mittlerweile eine unübersehbare Fülle an Studien zur Frage nach dem Wert von Zensuren als Mittel einer **objektiven und gerechten Leistungsbewertung** vor. Deshalb folgert er: „Die gesetzliche Leitvorstellung einer stets objektiv in pädagogischer Verantwortung handelnden Lehrkraft überfordert die Schulpraxis“ (Ingenkamp, 1971, S. 80).
- Dazu passt, dass Notenspiegel von Klassenarbeiten häufig eine **Normalverteilung** („Glockenkurve“) aufweisen. Hier besteht der Verdacht, dass nicht die Leistungen bewertet werden, sondern der Notenspiegel der eigentliche Bezugspunkt der Bewertung ist. „Dies widerspricht der Chancengleichheit“ (Ingenkamp, 1971, S. 80).

11.4 Aktuelles Interview zum Thema/Urteile aus der Rechtsprechung

Beim Schreiben dieses Punktes wird ein Interview im Deutschen Schulportal veröffentlicht, das die Journalistin Annette Kuhn mit dem Juristen Stephan Rademacher, u. a. verantwortlich im Bremer Senat für den Bereich der Schulaufsicht, führte. Dabei ging es zu dem Thema Schulrecht um die Frage „Worauf müssen Lehrkräfte bei der Leistungsbewertung achten? (https://deutsches-schulportal.de/unterricht/schulrecht-worauf-muessen-lehrkraefte-bei-der-leistungsbewertung-achten/)

Auf die Frage, was Lehrkräfte bei der **Konzeption von Leistungsüberprüfungen** grundsätzlich beachten müssen, antwortet Rademacher, dass aus schulrechtlicher Sicht zwei Aspekte wichtig sind, die von den Verwaltungsgerichten nachträglich auf ihre Rechtmäßigkeit hin überprüft werden und nicht im Belieben der Lehrkräfte stehen:

1. Formulierung der konkreten Aufgabenstellung.

   Bei der Formulierung der konkreten Aufgabe ist zwingend darauf zu achten, dass sie verständlich und in sich widerspruchsfrei ist. Vor allem darf sie nicht mehrdeutig sein, es darf beispielsweise nicht nur ein Lösungsweg suggeriert werden, wenn tatsächlich mehrere zur Verfügung stehen. Auch ist es wichtig, dass die Aufgabenstellung objektiv lösbar sein muss.

2. Auswahl der Inhalte der geplanten Leistungsüberprüfung

   Für schulalltägliche Leistungskontrollen wie Klassenarbeiten oder Klausuren gilt der Grundsatz ‚Prüfungsstoff folgt Unterrichts- bzw. Lehrstoff'. Bei der Auswahl des Prüfungsgegenstands ist von den Lehrkräften also zwingend darauf zu achten, dass die Inhalte zuvor auch nachweislich im Unterricht bearbeitet wurden. Es darf von Schüler*innen nichts verlangt werden, was sie im Unterricht nicht gelernt haben können. Denn wenn es bei den sogenannten summativen Leistungsüberprüfungen vor allem darum geht, den Lernerfolg der Schüler*innen zu bilanzieren und zu prüfen, ob im weiteren Unterrichtsverlauf noch eventuell vorhandene Lerndefizite ausgeglichen werden müssen, dann ist es selbstverständlich, dass die anzubahnenden Kompetenzen vorher Gegenstand des Unterrichts gewesen sein müssen.

   Sofern es zu Beschwerden über den ausgewählten Prüfungsstoff kommt, müssen Lehrkräfte nachweisen können, dass sie ihn zuvor im Unterricht behandelt haben. Insoweit ist es unerlässlich, die behandelten Themen- bzw. Kompetenzbereiche im Klassenbuch nachvollziehbar zu dokumentieren. Das gilt grundsätzlich auch für die verschiedenen schulischen Abschlussprüfungen. Da mit ihnen aber immer auch bestimmte „übergeordnete" Zwecke verfolgt werden – beispielsweise die Feststellung der Studierfähigkeit im Rahmen der Prüfung zur allgemeinen Hochschulreife (Abitur) oder die Eignung für einen bestimmten Beruf –, muss der Kreis der zulässigen Prüfungsaufgaben und Prüfungsfragen weitergehen dürfen als in den sonstigen Leistungskontrollen im Schulalltag. Abschlussprüfungen nehmen auch das Hintergrundwissen und Allgemeinwissen der Schüler*innen oder bestimmte Schlüsselqualifikationen in den Blick.

Auf die Frage, worauf Lehrkräfte bei der **Leistungsbewertung** achten müssen, antwortet Rademacher u. a.:

> Nach der Rechtsprechung der Verwaltungsgerichte haben Lehrkräfte bei der Beurteilung alltäglicher Leistungskontrollen und Prüfungsleistungen grundsätzlich einen eigenen Bewertungsspielraum. Diesen überschreiten sie zum Beispiel, wenn sie gegen Verfahrensvorschriften verstoßen, allgemeingültige Bewertungsmaßstäbe verletzen oder sich von sachfremden Erwägungen bei der Leistungsbewertung leiten lassen. Solange sich eine Lehrkraft also innerhalb ihres Beurteilungsspielraums bewegt, sind auch die Gerichte daran gebunden und dürfen eine bestimmte Note nicht einfach für rechtswidrig oder ‚unpassend' erklären.

Böhm (2015) ergänzt diese Hinweise, dass sich eine eher zurückhaltende Regelung der Länder im Bereich der Leistungsüberprüfung auch in bisherigen Gerichtsurteilen zeigt.

> Die Gerichte beurteilen die Rechtmäßigkeit einer Leistungsbeurteilung nach folgenden Kriterien:
>
> - Wurde von zutreffenden Tatsachen ausgegangen?
> - Wurde das Verfahren ordnungsgemäß durchgeführt?
> - Wurden allgemein anerkannte Bewertungsmaßstäbe eingehalten?
> - Unterlag die Bewertung sachfremden Einflüssen?
> - Wurde Vertretbares als falsch bewertet? (S. 3).

Es wird deutlich, es geht um ganz allgemein gehaltene Verstöße.

Was verbirgt sich genau hinter den einzelnen Grenzen des **Beurteilungsspielraums** bei der Leistungsbewertung?, so fragt die Journalistin:

> Das Thema ist Gegenstand zahlreicher Gerichtsentscheidungen – nicht nur im Schulbereich, sondern auch und vor allem bei universitären Prüfungen. Im Grunde geht es um Selbstverständlichkeiten: Wer beispielsweise als Lehrkraft nachweislich voreingenommen eine erbrachte Leistung bewertet, lässt sich von sachfremden Erwägungen leiten, was die Beurteilung fehlerhaft werden lässt. Oder ein anderes Beispiel: Zu den allgemeingültigen Maßstäben bei der Leistungsbewertung gehört es, dass eine vertretbare und mit gewichtigen Argumenten folgerichtig begründete Lösung nicht als falsch gewertet werden darf. Das ist zum Beispiel für das Fach Politik wichtig: Hier muss die Lehrkraft ggf. eine bestimmte Sichtweise der Schüler*innen akzeptieren – selbst, wenn sie diese Lösung gerade nicht favorisiert.

Auch bei der **Leistungsbewertung von Gruppenarbeiten** macht der Jurist klare Aussagen:

> Bei der Beurteilung einer kooperativ erbrachten Leistung kommt es darauf an, dass die (Teil-)Leistung jedes*r einzelnen Schülers*in deutlich von den anderen Leistungen abgrenzbar und individuell zurechenbar ist. Dieser Grundsatz hat große Bedeutung für Projektarbeiten, die von Schüler*innen in der Regel in Kleingruppen angefertigt werden. Sofern es sich bei dem jeweiligen Produkt um eine schriftliche Ausarbeitung handelt, müssen die Schüler*innen hinreichend deutlich machen, wer für welchen Teil inhaltlich verantwortlich ist. Eine solche eindeutige Abgrenzung liegt zumindest dann vor, wenn die Arbeit nach Abschnitten äußerlich aufgeteilt ist. Ein allgemeiner Hinweis auf dem Deckblatt über die Autorenschaft der Arbeit genügt hingegen nicht. Bei anderen Produkten wie Filmen, Skulpturen oder Theaterstücken ergibt sich eine solche inhaltliche Zuordnung erst durch weitere Aspekte, wie beispielsweise Reflexionsberichte oder Kolloquien.

Die Regelungen zu **alternativen Prüfungsformaten** sind in den Bundesländern unterschiedlich. Allein die Vorgaben, wie viele Klassenarbeiten und Tests durch alternative Prüfungsformate ersetzt werden dürfen, sind nicht nur von Bundesland zu Bundesland unterschiedlich, sondern auch noch mal innerhalb der verschiedenen Bildungsgänge. Für die Einführungsphase der gymnasialen Oberstufe in Bremen bspw. werden in den Fächern Deutsch, Mathematik und Erste Fremdsprache je Halbjahr mindestens zwei Klausuren geschrieben. Dabei kann eine der beiden Klausuren durch eine vergleichbare Leistung wie Referat oder Präsentation ersetzt werden.

Weshalb es gerade in der **Oberstufe und im Abitur** sehr strenge Regeln zu den Klausuren gibt, wird schulrechtlich mit der intendierten Vergleichbarkeit des Abschlusses „Allgemeine Hochschulreife" begründet, welche ja vonseiten der Kultusministerkonferenz immer stärker eingefordert wird. Insoweit gibt es in den einzelnen Bundesländern nicht nur relativ detaillierte Vorgaben für die eigentliche Abiturprüfung, sondern auch bereits für die beiden Jahre der Qualifikationsphase, denn auch die Leistungen aus diesen beiden Jahren stellen einen gewichtigen Teil des Schulabschlusses „Abitur" dar.

Aktuell interessiert natürlich, was bei **digitalen Prüfungsformaten** zu beachten ist.

> Schulalltägliche Leistungskontrollen im Online-Format sollten grundsätzlich nur dann durchgeführt werden, wenn sich die Schüler*innen dazu ausdrücklich gegenüber der Lehrkraft bereit erklären. Sie können zu einer Teilnahme wohl nicht verpflichtet werden.
>
> Zwar ist die Mitwirkung an Leistungsüberprüfungen ein grundsätzlicher Bestandteil der Schulpflicht, allerdings werden bei Online-Formaten auch datenschutzrechtliche Aspekte bedeutsam, denn die Schüler*innen müssen es grundsätzlich nicht hinnehmen, dass Dritte während der Leistungsüberprüfung Einblick in die privaten Räumlichkeiten der elterlichen Wohnung wie Kinderzimmer oder Wohnzimmer erhalten. Das gilt selbst dann, wenn der

Hintergrund unscharf gestellt werden kann. Ebenfalls ist zu berücksichtigen, dass während der Videokonferenz sehr sensible personenbezogene Daten im Sinne von Art. 9 Abs. 1 Datenschutz-Grundverordnung (DSGVO) verarbeitet werden. Dies ist gemäß den rechtlichen Vorgaben nur dann ohne eine Einwilligung möglich, wenn zwingende Gründe hierfür vorliegen. Davon wird man aber wohl für den Bereich schulischer Leistungskontrollen nicht unbedingt ausgehen können.

Selbst wenn man jedoch von einer Teilnahmepflicht der Schüler*innen an Online-Leistungsüberprüfungen ausgeht, sollte man aus prüfungsrechtlicher Sicht davon Abstand nehmen, denn es steht zu befürchten, dass allgemeine Grundsätze des Prüfungsrechts bei der Durchführung möglicherweise nicht eingehalten werden (können). Dazu zählt der Grundsatz, dass die Leistung persönlich und nur mit den zugelassenen Hilfsmitteln zu erbringen ist. Gerade aber bei Online-Klausuren besteht die Gefahr, dass die Schüler*innen unzulässige Hilfsmittel nutzen könnten.

Die genannten Probleme können Lehrkräfte umgehen, wenn die Schüler*innen freiwillig in die Durchführung beispielsweise einer Online-Klausur einwilligen und sich mit bestimmten Verfahrensabsprachen ausdrücklich einverstanden erklären. In diesem Fall wäre es nämlich der zu prüfenden Person infolge des Grundsatzes von Treu und Glauben (§ 242 BGB) verwehrt, sich nachträglich auf die Unzulässigkeit der Leistungsüberprüfung zu berufen.

Die hier genannten Bedenken bestehen für die Beurteilung sonstiger schulischer **Leistungen im Fernunterricht** (Beispiele: schriftliche Ausarbeitungen, künstlerische oder ästhetische Produkte in jedweder Form) nicht im gleichen Umfang, da diese eher einer Beurteilung zugänglich sind.

Wichtig ist hierbei jedoch einerseits, dass die erbrachte Leistung tatsächlich von dem*r Schüler*in stammt und auch nur die eventuell zugelassenen Hilfsmittel verwendet wurden. Genau wie bei den umfangreicheren Projekt- bzw. Profilleistungen in den Oberstufen wäre zumindest bei älteren Schüler*innen zu empfehlen, dass eine kurze Erklärung zur Urheberschaft des jeweiligen „Werks“ eingeholt wird, um so auf eventuelle Täuschungshandlungen angemessen reagieren zu können.

Andererseits sollten sich die Lehrkräfte aber auch immer bewusst machen, dass die häuslichen Arbeits- und Lernbedingungen sehr unterschiedlich sind und beispielweise nicht alle Schüler*innen über ein eigenes (Arbeits-)Zimmer oder einen Computer verfügen. Und es ist sicherzustellen, dass die Schüler*innen für die Bearbeitung der gestellten Aufgaben verlässliche Ansprechpartner*innen in der Schule haben, sodass diese bei eventuell auftretenden Schwierigkeiten eine angemessene Hilfestellung geben können.

Fazit

Zusammenfassend werden hier nochmals die Konsequenzen aufgezeigt, wie sie sich aufgrund der gesetzlichen Bestimmungen zur Leistungserhebung für eine Lehrkraft darstellen

Die Gesetze und Verordnungen weisen die Beurteiler*innen an, ihr Bewertungshandeln stets transparent und nachvollziehbar zu gestalten. Die bei Ingenkamp angesprochene Fragwürdigkeit der Zensurengebung wird dezidiert angesprochen; es werden Regelungen getroffen, die ein anfechtbares Verhalten untersagen.

Die Kriterien für die Gestaltung des Anforderungsrahmens werden nicht festgeschrieben, sondern müssen aus den Lehrplänen abgeleitet werden. Hier haben die jeweiligen Beurteiler*innen einen hohen Gestaltungsspielraum, den sie in pädagogischem Sinne nutzen sollen. Der Gesetzgeber erkennt damit die Profession des Lehrberufs ausdrücklich an. Die Lehrkraft ist keine „Prüfungsmaschine“, sondern Pädagoge*in.

Willkür und eigene Befindlichkeit bleiben ausgeschlossen. Der Beurteilungsweg ist zu dokumentieren, die Note fach- und sachgerecht zu begründen, damit bei eventuellen Beschwerden nachvollzogen werden kann, auf welcher Weise die Bewertung zustande gekommen ist. Dies dient in hohem Maße der Sicherheit, der Gerechtigkeit und der Gleichbehandlung (vgl. Lerche, 2014, S. 93).

Ausblick

Zunächst werden nochmals zusammenfassend zentrale Merkmale der Leistungsbeurteilung zusammengefasst. Dabei zeigen wir, wie diese Merkmale in einer Diagnosekompetenz zusammengeführt werden können. Auch wenn sich ein professioneller Umgang mit Schulleistungen zunächst auf die Einzellehrkraft bezieht, so muss dieser in der ganzen Schule ankommen und umgesetzt werden. Allein bei dem Hinweis eines Beurteilungskonzepts für eine ganze Schule wollen wir es hier belassen.

Qualitätsmerkmale der Leistungsbeurteilung

Die Qualität der Leistungsbeurteilung von Schüler*innen zeigt sich in einer Reihe von theoretisch abgesicherten und in der Praxis bewährten Merkmalen, wie sie in diesem Buch behandelt wurden:

- Förderorientierung (Lernprozesse optimieren)
- Erweiterte Beurteilung (alle Kompetenzbereiche: neben Fach- auch Sozial- und Methodenkompetenzen)
- Lernzielorientierung (kriteriale Norm)
- Transparenz (Inhalte, Formen, Zeitpunkte)
- Voraussetzung: Absicherung der Gütekriterien, Offenlegen der beabsichtigten Bezugsnormen, Fehlerquellen sehen bei der Urteils- und Eindrucksbildung, Vereinbarungen über die Anlage und Durchführung von Prüfungen, Absprachen im Kollegium
- Abstimmung (in jeder Jahrgangsstufe einheitliche Standards)
- Einbezug der Schüler*innen (Selbstbeurteilung)
- Einbezug auch der Eltern (Gespräche)
- Aufbau einer Feedbackkultur
- Wahrnehmen von Chancen der digitalen Welt
- Beachten der rechtlichen Vorgaben
- Regelung des Informationsflusses zwischen allen Beteiligten (Lehrkräfte, Schüler*innen, Eltern, Schulleitung, Gesamtkollegium)

Einhalten einer Systematik

Ein gangbarer Weg, eine eigene Diagnosekompetenz zu entwickeln, besteht darin, sich an wissenschaftlichen und damit methodisch kontrollierten Regeln zu halten. Vogt (2011) schlägt ein standardisiertes Vorgehen vor, indem sie von folgendem Prozesskreislauf ausgeht, wie er in Abbildung 12 aufgetragen ist.

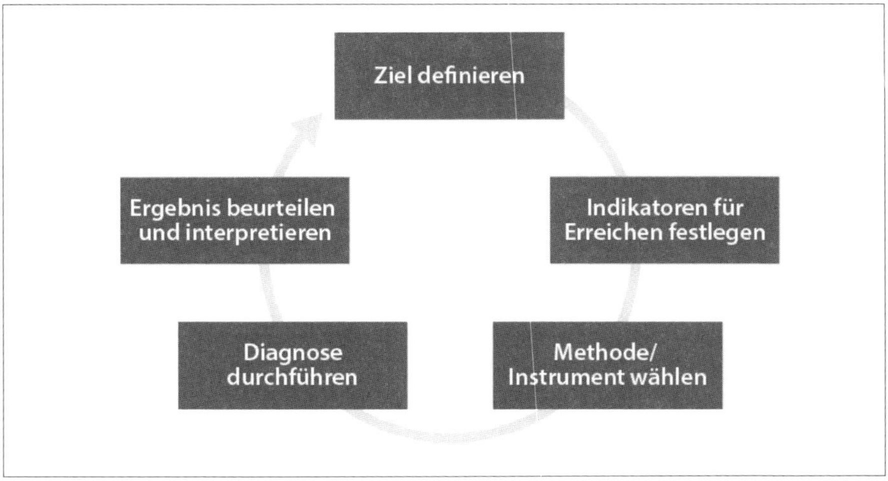

Abbildung 12: Diagnosekreislauf (nach Vogt, 2011, Abbildung 1, S. 3)

Es geht um die Beachtung von fünf Punkten:

Ziel definieren

Pädagogische Diagnostik dient der Lern- und Entwicklungsförderung der Schüler*innen. Es wird zwischen Förder- bzw. Prozessdiagnostik und Status- bzw. Selektionsdiagnostik unterschieden. Dabei setzen unterschiedliche Ziele unterschiedliche Bezugsnormen voraus (vgl. P. 2.3).

Indikatoren für Erreichen festlegen

Es geht darum, wie das zu untersuchende Schüler*innenverhalten gemessen werden soll. Die zu untersuchende Kompetenz muss messbar gemacht werden. Nicht die Kompetenz selbst wird gemessen, sondern lediglich gezeigtes Verhalten, durch das auf die Kompetenz rückgeschlossen werden kann. Es wird also von der Handlung auf die Kompetenz geschlossen (vgl. P. 2.5 und 5.3).

Methode/Instrument wählen und Diagnose durchführen

Pädagogische Diagnostik ist in den Schulalltag integriert, in dem die Lehrkraft selbst Teil der Situation ist. Dies erfordert entsprechende Methoden und Instrumente. Dazu wurden im Punkt 7 unterschiedlichste Vorschläge gemacht. Im Punkt 4 haben wir aufgezeigt, welche Faktoren die Beurteilung von Schulleistungen beeinflussen können. Dieser Tatsache muss sich eine Lehrkraft stets bewusst sein.

Ergebnisse beurteilen und interpretieren

Im Anschluss an eine Beobachtung bzw. bei Vorliegen von Ergebnissen mittels eines diagnostischen Verfahrens schließt sich eine Interpretation der Ergebnisse und ein Rückschluss auf das Vorhandensein spezifischer Kompetenzen an. Dabei muss die Frage beantwortet werden, ob das gemessene Ergebnis nur von der speziellen Situation abhängig war, in der die Leistung gemessen wurde, oder ob es als stabil angesehen werden darf (vgl. P. 2.2.3).

Vogt (2011) weist darauf hin, dass im Unterricht oft deutlich wird, was Schüler*innen nicht leisten. Dabei sollte die Wahrnehmung von Fortschritten und Lernpotenzialen im Vordergrund stehen. Diagnosen sollen zeigen, wie es in Zukunft besser werden kann und nicht, wer für die Vergangenheit die Schuld trägt. Damit dies gelingt, sollte Leistungsüberprüfung den selbstreflexiven Prozess der Lehrkräfte anregen und die Bereitschaft, sich verstärkt mit der Qualität ihres Unterrichts auseinanderzusetzen, da diese sehr eng mit dem Lernerfolg der Schüler*innen zusammenhängt.

Wer Unterricht individualisieren will, muss Lernende für ihre Eigenverantwortung für das Lernen sensibilisieren. Das bedeutet, dass das Leistungsergebnis an die Lernenden zurück gespiegelt und um deren eigene Selbsteinschätzung ergänzt werden muss (vgl. P. 8 Feedback). Ebenso ist es eine Hilfe, Kolleg*innen den eigenen Unterricht beobachten zu lassen, um ein objektiveres Bild vom realen Geschehen und eigenen Tun zu erhalten.

Beurteilungskonzept einer Schule

Die Einhaltung dieser Qualitätsmerkmale der Leistungsbeurteilung ist eine Voraussetzung für einen professionellen Umgang mit Schulleistungen. Eine weitere ist, professionellen Umgang mit Schulleistungen als einen Baustein von Schulentwicklung zu betrachten, ein Beurteilungskonzept für eine Schule zu erstellen unter der Fragestellung, wie eine ideale Prüfungssituation aussehen sollte.

Leistungsbeurteilung muss in den Schulalltag eingebettet und damit Aufgabe jeder Lehrkraft sein. Es ist hierbei nicht zielführend, nur die Zusatzqualifikationen einzelner Lehrkräfte, wie beispielsweise Beratungslehrkräfte oder Schulpsycholog*innen, in den Blick zu nehmen. Leistungsbeurteilung muss jede Lehrkraft im Unterricht anwenden können.

Wenn individuelle Förderung als ein allgemeines Unterrichtsprinzip gesehen wird, dann – so abschließend – sollte für Schulen ein neues Konzept der Leistungsüberprüfung gelten, ein Programm, in dem das Kollegium einer Schule Zielsetzungen, Leitsätze und konkrete Abmachungen zur Prüfungs- und Beurteilungspraxis schriftlich fixiert.

Literatur

Achtenhagen, F., & Baethge, M. (2007). Kompetenzdiagnostik als Large-Scale-Assessment im Bereich der beruflichen Aus- und Weiterbildung. In M. Prenzel, I. Gogolin, & H.-H. Krüger (Hrsg.), *Kompetenzdiagnostik. Zeitschrift für Erziehungswissenschaft, Sonderheft 8* (S. 51–70). VS Verlag für Sozialwissenschaften, GWV Fachverlage GmbH.

Aebli, H. (1969). *Grundformen des Lehrens* (6. Aufl.). Klett.

Aebli, H. (1983). *Zwölf Grundformen des Lehrens. Eine Allgemeine Didaktik auf psychologischer Grundlage*. Klett-Cotta.

Albrecht, C. (2021). Prüfungsformate im digitalen Wandel. In W. Klee, P. Wampfl, & A. Krommer (Hrsg.), *Hybrides Lernen. Zur Theorie und Praxis von Präsenz- und Distanzlernen* (S. 130–146). Beltz.

Allmendinger, J., & Aisenbrey, S. (2002). Soziologische Bildungsforschung. In R. Tippelt (Hrsg.), *Handbuch der Bildungsforschung* (S. 41–60). Leske + Budrich.

Attali, Y. (2004). *Exploring the feedback and revision features of Criterion*. National Council on Measurement in Education (NCME), Educational Testing Service, Princeton, NJ.

Autorengruppe Bildungsberichterstattung (2018). *Bildung in Deutschland 2018*. https://www.bildungsbericht.de/de/bildungsberichte-seit-2006/bildungsbericht-2018/bildung-in-deutschland-2018 [Zugriff: 2.5.2023].

Autorengruppe Bildungsberichterstattung (2022). *Bildung in Deutschland 2022*. https://www.bildungsbericht.de/de/bildungsberichte-seit-2006/bildungsbericht-2022/pdf-dateien-2022/bildungsbericht-2022.pdf [Zugriff: 2.5.2023].

Bach-Blattner, T., & Bohl, T. (2011). Leistungsüberprüfung und Leistungsbeurteilung im Kontext der neuen Lernkultur. In W. Sacher, & F. Winter (Hrsg.), *Diagnose und Beurteilung von Schülerleistungen. Professionswissen für Lehrerinnen und Lehrer*, Band 4 (S. 177–194). Schneider Verlag.

Baer, M., Fuchs, M., Füglister, P., Reusser, K., & Wyss, H. (Hrsg.) (2006). *Didaktik auf psychologischer Grundlage*. h.e.p. verlag ag.

Baumann, J., & Götz, T. (2024). *Werteorientierung und Wertebildung in der Schulentwicklung*. Beltz Juventa.

Becker-Mrotzek, M. (2012). Kompetenzorientiertes Unterrichten und Bildungsstandards in der Allgemeinbildung. In M. Paechter u. a. (Hrsg.), *Handbuch Kompetenzorientierter Unterricht* (S. 272–287). Beltz.

Betz, T., Meyer-Hamme, A., & Halle, A.-C. (2022). *Soziale Ungleichheit und die Rolle sozialer Beziehungen in der (Ganztags-)Schule*. Bertelsmann Stiftung.

Bieleke, M., Götz, T., Krannich, M., Roos, A. L., & Yanagida, T. (2023). Starting tests with easy versus difficult tasks: Effects on appraisals and emotions. *The Journal of Experimental Education, 91*(2), 317–335. https://doi.org/10.1080/00220973.2021.1947764

Bieleke, M., Schwarzkopf, J.-M., Götz, T., & Haag, L. (2022). The agonizing effects of uncertainty: Effects of announced vs. unannounced performance assessments on emotions and achievement. *PLOS ONE, 17*(8), 0272443. https://doi.org/10.1371/journal.pone.0272443

Birkel, P., & Tarnai, C. (2018). Zensuren und verbale Schulleistungsbeurteilung. In D. H. Rost, J. R. Sparfeldt, & S. R. Buch (Hrsg.), *Handwörterbuch Pädagogische Psychologie* (5. Aufl., S. 904–917). Beltz.

Bloemen, A., & Schlömer, T. (2012). Berufliche Handlungskompetenz. In M. Paechter u. a., *Handbuch Kompetenzorientierter Unterricht* (S. 119–135). Weinheim: Beltz.

Bloom, B. S., Engelhart, M. D., Furst, E. J., Hill, W. H., & Krathwohl, D. R. (Hrsg.) (1956). *Taxonomy of Educational Objectives. The Classification of Educational Goals, Handbook I: Cognitive Domain*. David McKay Company.

Boekaerts, M. (1999). Self-regulated learning: Where we are today. *International Journal of Educational Research, 31*(6), 445–457. https://doi.org/ 10.1016/S0883-0355(99)00014-2

Böhm, T. (2015). *Grundkurs Schulrecht III.* (2., Aufl.). Carl Link.

Bohl, T. (2022). Leistungsbeurteilung. Grundbegriffe und Grundlagen. *Friedrich Jahresheft 40,* 6–9.

Bonefeld, M., & Dickhäuser, O. (2018). (Biased) Grading of Students' Performance: Students' Names, Performance Level, and Implicit Attitudes. *Frontiers in Psychology, 9*, 481. https://doi.org/10.3389/fpsyg.2018.00481

Bonefeld, M., Dickhäuser, O., Janke, S., Praetorius, A.-K., & Dresel, M. (2017). Migrationsbedingte Disparitäten in der Notenvergabe nach dem Übergang auf das Gymnasium. *Zeitschrift für Entwicklungspsychologie und Pädagogische Psychologie, 49*(1), 11–23.

Bortz, J., & Döring, N. (2003). *Forschungsmethoden und Evaluation* (3. Aufl.) Springer.

Bourdieu, P. (1987). *Die feinen Unterschiede. Kritik der gesellschaftlichen Urteilskraft*. Suhrkamp.

Bourdieu, P., & Passeron, P. (1971). *Die Illusion der Chancengleichheit: Untersuchungen zur Soziologie des Bildungswesens am Beispiel Frankreichs.* Klett.

Bräu, K. (2022). Leistungszuschreibungen und Leistungsbewertung. Eine sozialkonstruktivistische Perspektive. *Friedrich Jahresheft 40,* 10–13.

Brake, A. (2011). Der Bildungsort Familie. Annäherungen an die alltäglichen Bildungsprozesse in Familien und ihre Rahmenbedingungen. In S. Albisser, & C. B. Buschor (Hrsg.), *Sozialisation und Entwicklungsaufgaben Heranwachsender* (S.91–118). Schneider.

Breidenstein, G. (2018). Das Theorem der ‚Selektionsfunktion der Schule' und die Praxis der Leistungsbewertung. In S. Reh, & N. Ricken (Hrsg.), *Leistung als Paradigma* (S. 307–327). Springer VS.

Brophy, J. E., & Good, T. L. (1976). *Die Lehrer-Schüler-Interaktion*. Urban und Schwarzenberg.

Brügelmann, H. (2006). Sind Noten nützlich – und nötig? Ziffernzensuren und ihre Alternativen im empirischen Vergleich. Eine Expertise der Arbeitsgruppe Primarstufe an der Universität Siegen im Auftrag des Grundschulverbandes e.V. Frankfurt. In H. Bartnitzky, H. Brügelmann, U. Hecker, & G. Schönknecht (Hrsg.), *Pädagogische Leistungskultur* (S. 17–46). Grundschulverband e. V.: Frankfurt.

Brühwiler, C., Helmke, A., & Schrader, F.-W. (2017). Determinanten der Schulleistung. In M. K. W. Schweer (Hrsg.), *Lehrer-Schüler-Interaktion* (3. Aufl., S. 291–314). Springer VS.

Brühwiler, C., & Helmke, A. (2018). Determinanten der Schulleistung. In D. H. Rost, J. R. Sparfeldt, & S. R. Buch (Hrsg.), *Handwörterbuch Pädagogische Psychologie* (5. Aufl., S. 78–92). Basel: Beltz.

Brunner, E. J., & Noack, P. (2010). Lehrer-Schüler-Interaktion. In D. H. Rost (Hrsg.), *Handwörterbuch Pädagogische Psychologie* (4. Aufl., S. 421–430). PVU.

Brunswik, T. (1956). *The conceptual framework of psychology*. Univ. of Chicago Press.

Bühner, M. (2011). *Einführung in die Test- und Fragebogenkonstruktion* (2., Aufl.). Pearson Studium.

Busse, V., Bloch, R., Haag, L., Wernke, S., Wisniewski, B., & Zierer, K. (Hrsg.) (2019). *Feedback.* Friedrich Verlag GmbH.

Calmbach, M., Flaig, B., Edwards J., Möller-Slawinski, H., Borchard, I., & Schleer, C. (2020). *SINUS-Jugendstudie 2020 – Wie ticken Jugendliche? Lebenswelten von Jugendlichen im Alter von 14 bis 17b Jahren in Deutschland.* Bonn: Bundeszentrale für politische Bildung. https://www.bpb.de/system/files/dokument_pdf/SINUS-Jugendstudie_ba.pdf [Zugriff: 2.5.2023].

Deci, E. L., & Ryan, R. M. (1993). Die Selbstbestimmungstheorie der Motivation und ihre Bedeutung für die Pädagogik. *Zeitschrift für Pädagogik, 39*(2), 223–238.

De Groot, A. D. (1971). *Fünfen und Sechsen*. Beltz.

Deutscher Bildungsrat (1970). *Strukturplan für das Bildungswesen*. Klett.

Deutsches PISA-Konsortium (2001). *PISA 2000: Basiskompetenzen von Schülerinnen und Schülern im internationalen Vergleich*. Leske und Budrich.

Dewey, J. (1993). *Demokratie und Erziehung. Eine Einleitung in die philosophische Pädagogik*. Herausgegeben von Jürgen Oelkers, übersetzt von Erich Hylla. Beltz.

Diederich, J. (1994). Zweifel an Projekten. Eine reformpädagogische Idee und ihr Pferdefuß. *Friedrich Jahresheft, 12*, 92–94.

Ditton, H. (2002), Lehrkräfte und Unterricht aus Schülersicht. *Zeitschrift für Pädagogik, 48*(2), 262–286.

Ditton, H., & Maaz, K. (2011). Sozioökonomischer Status und soziale Ungleichheit. In H. Reinders, H. Ditton, C. Gräsel, & B. Gniewosz (Hrsg.), *Empirische Bildungsforschung* (S. 193-208). VS.

Ditton, H., & Müller, A. (Hrsg.) (2014). *Feedback und Rückmeldungen*. Waxmann.

Dreeben, R. (1968). *On what is learned in school*. Addison-Wesley Publishing Company.

Dreeben, R. (1980). *Was wir in der Schule lernen*. Suhrkamp.

Dresel, M., & Lämmle, L. (2017). Kapitel 2: Motivation. In T. Götz (Hrsg.), *Emotion, Motivation und selbstreguliertes Lernen* (2. Aufl., S. 80–142). Schöningh.

Dunkake, I., Kiechle, T., Klein, M., & Rosar, U. (2012). Schöne Schüler, schöne Noten? Eine empirische Untersuchung zum Einfluss der physischen Attraktivität von Schülern auf die Notenvergabe durch die Lehrpersonen. *Zeitschrift für Soziologie, 41*(2), 142–161.

Eichler-Seitz, A., & Frommer, M. (2021). Praxisbeispiele zu Peer-Feedback und Feedback von Lehrenden. In W. Klee, P. Wampfl, & A. Krommer (Hrsg.), *Hybrides Lernen. Zur Theorie und Praxis von Präsenz- und Distanzlernen* (S. 52–68). Beltz.

Einsiedler, W. (1998, 5. Oktober). *Bildung grundlegen und Leisten lernen in der Grundschule* .[Vortrag]. Fachtagung Sich Lernen leisten – Grundschule vor den Herausforderungen der Wissensgesellschaft, München, Deutschland.

Emer, W., & Lenzen, K.-D. (2002). *Projektunterricht gestalten – Schule verändern*. Schneider.

Enns, E., Rüegg, R., Schindler, B., & Strahm, P. (2004). *Lehren und Lernen im Tandem. Porträt eines partnerschaftlichen Fortbildungssystems.* Zentralstelle für Lehrerinnen- und Lehrerfortbildung Kanton Bern.

Erikson, R., Goldthorpe, J. H., & Portocarero, L. (1979). Intergenerational class mobility in three Western European societies: England, France and Sweden. *British Journal of Sociology, 30*(4), 341–415.

Fauser, P. (2022). Wohin mit der Leistungsbeurteilung? Ein pädagogischer Weckruf. *Friedrich Jahresheft 40*, S. 32–33.

Fend, H. (1977). *Schulklima. Soziale Einflussfaktoren in der Schule*. Beltz.

Fend, H. (2008). *Neue Theorie der Schule* (2. Aufl.). VS Verlag für Sozialwissenschaften.

Fengler, J. (1998). *Feedback geben. Strategien und Übungen*. Beltz.

Frenzel, A. C., Götz, T., & Pekrun, R. (2020). Emotionen. In E. Wild, & J. Möller (Hrsg.), *Pädagogische Psychologie* (S. 211–234). Springer.

Frenzel, A. C., & Stephens, E. J. (2017). Kapitel 1: Emotionen. In T. Götz (Hrsg.), *Emotion, Motivation und selbstreguliertes Lernen* (2. Aufl., S. 15-77). Schöningh.

Staatsinstitut für Schulqualität und Bildungsforschung München (ISB). (2022). *Handreichung Realschule Projektarbeit Projektpräsentation*. https://www.isb.bayern.de/download/1749/online-fassung_08-10-22.pdf [Zugriff: 2.5.2023].

Staatsinstitut für Schulqualität und Bildungsforschung München (ISB). (2022). *Handreichung Realschule Projektarbeit Projektpräsentation*. https://www.isb.bayern.de/download/1749/online-fassung_08-10-22.pdf [Zugriff: 2.5.2023].

Ganzeboom, H. B. G., de Graaf, P. M., & Treiman, D. J. (1992). A standard international Socio-Economic Index of Occupational Status. *Social Science Research, 21*, 1–56.

Gartner, F., & Jirasko, M. (1999). „Ehrgeizige" Eltern und schlechte Schulleistungen. Fördern überhöhte elterliche Ausbildungswünsche die kindliche Prüfungsangst? *report psychologie, 24*, 272–279.

Gebhardt, M. (2015). Gemeinsamer Unterricht von Schülerinnen und Schülern mit und ohne sonderpädagogischen Förderbedarf – ein empirischer Überblick. In E. Kiel (Hrsg.), *Inklusion im Sekundarbereich* (S. 39–52). Kohlhammer.

Götz, T. (Hrsg.) (2017). *Emotion, Motivation und selbstreguliertes Lernen* (2. Aufl.). Schöningh, utb.

Götz, T., & Bieg, M. (2016). Academic emotions and their regulation via emotional intelligence. In A. A. Lipnevich, F. Preckel, & R. D. Roberts (Hrsg.), *Psychosocial skills and school systems in the 21st century: Theory, research, and practice* (S. 279–298). Springer.

Götz, T., & Hall, N. C. (2020). Emotion and achievement in the classroom. In J. Hattie, & E. M. Anderman (Hrsg.), *Visible Learning Guide to Student Achievement* (S. 145–152). Routledge.

Götz, T., Lipnevich, A. A., Krannich, M., & Gogol, K. (2018). Performance feedback and emotions. In A. A. Lipnevich, & J. K. Smith (Hrsg.), *The Cambridge Handbook of Instructional Feedback* (S. 554–574). Cambridge University Press.

Götz, T., & Nett, U. E. (2017). Selbstreguliertes Lernen. In T. Götz (Hrsg.), *Emotion, Motivation und selbstreguliertes Lernen* (2. Aufl., S. 143–184). Schöningh, utb.

Gross, J. J., & Thompson, R. A. (2007). Emotion regulation: Conceptual foundations. In J. J. Gross (Hrsg.), *Handbook of emotion regulation* (S. 3–24). Guilford Press.

Grunder, H.-U., & Bohl, T. (Hrsg.) (2001). *Neue Formen der Leistungsbeurteilung in den Sekundarstufen I und II*. Schneider.

Haag, L. (2014). Erziehung – Recht – Moral. Pädagogisches Handeln im Spannungsfeld heterogener Werte und Normen. *spektrum Universität Bayreuth, 10*(1), 80–83.

Haag, L., & Götz, T. (2012). Mathe ist schwierig und Deutsch aktuell: Vergleichende Studie zur Charakterisierung von Schulfächern aus Schülersicht. *Psychologie in Erziehung und Unterricht, 59*(1), 32–46.

Haag, L., & Götz, T. (2019). Was wissen wir über Feedback? Synopse des aktuellen Forschungsstandes. *Friedrich Jahresheft 37,* S. 14–17.

Haag, L., & Jäger, R. (2009). Potentiale von Nachhilfeunterricht. *Empirische Pädagogik, 23*(3), 277–289.

Haag, L., & Streber, D. (2014). *Individuelle Förderung*. Beltz.

Haag, L., & Streber, D. (2017). *Studienbrief Berufspädagogik für Gesundheits- und Sozialberufe. Schulpädagogik. Beurteilen und Evaluieren von Lehr-Lern-Prozessen.* Hamburger Fern-Hochschule.

Haag, L., & Streber, D. (2020). *Klassenführung* (2. Aufl.). Beltz.

Habermas, J. (1981). Theorie des kommunikativen Handelns. Suhrkamp.

Häcker, T. (2011). Portfolioarbeit – ein Konzept zur Wiedergewinnung der Leistungsbeurteilung für die pädagogische Aufgabe der Schule. In W. Sacher, & F. Winter (Hrsg.), *Diagnose und Beurteilung von Schülerleistungen. Professionswissen für Lehrerinnen und Lehrer, Band 4* (S. 217–230). Schneider Verlag.

Haecker, T., & Feindt, A. (2022). Professioneller Umgang mit Leistungen? Handeln in den Fallen der Institution. *Friedrich Jahresheft 40,* S. 36–38.

Haenisch, H. (1996). *Beurteilungen ohne Noten auf dem Prüfstand.* Landesinstitut für Schule und Weiterbildung. (Arbeitsberichte zur Curriculumentwicklung, Schule- und Unterrichtsforschung Nr. 42).

Handelsblatt (2021). *Zertifikat durch Schummeln.* (https://www.handelsblatt.com/politik/oekonomische-bildung/online-studium-zertifikat-durchs-schummeln-wie-sich-studierende-durch-onlineklausuren-tricksen/27099494.html) [Zugriff: 2.5.2023].

Hattie, J. A. C. (2009). *Visible learning. A synthesis of over 800+ meta-analyses on achievement.* Routledge.

Hattie, J. A. C. (2013). *Lernen sichtbar machen* (W. Beywl, Hrsg., & K. Zierer, Hrsg., 3. Aufl.). Schneider.

Hattie, J. A. C, & Gan, M. (2011). Instruction Based on Feedback. In R. E. Mayer, & P. A. Alexander (Hrsg.), *Handbook of Research on Learning and Instruction* (S. 249–271). Routledge.

Hattie, J. A. C., & Timperley, E. (2007). The Power of Feedback. *Review of Educational Research 77*(1), 81–112.

Hattie, J. A. C., & Zierer, K. (2016). *Kenne deinen Einfluss!* Schneider Hohengehren.

Heimlich, U. (2013). Inklusion in Schule und Unterricht. In L. Haag, S. Rahm, H. J. Apel, & W. Sacher (Hrsg.), *Studienbuch Schulpädagogik* (5. Aufl., S. 263–281). Klinkhardt.

Heimlich, U., & Bjarsch, S. (2020). Inklusiver Unterricht. In U. Heimlich, & E. Kiel, *Studienbuch Inklusion* (S. 248–294). Klinkhardt, utb.

Heimlich, U., & Kiel, E. (2020). *Inklusiver Unterricht.* Klinkhardt, utb.

Helmke, A. (2003). *Unterrichtsqualität.* Kallmeyer.

Helmke, A. (2012). *Unterrichtsqualität und Lehrerprofessionalität. Diagnose, Evaluation und Verbesserung des Unterrichts* (4. Aufl.). Klett-Kallmeyer.

Helmke, A. (2022). *Unterrichtsqualität und Lehrerprofessionalisierung. Diagnostik von Lehr-Lern-Prozessen und evidenzbasierte Unterrichtsentwicklung* (8. Aufl.). Klett-Kallmeyer.

Himmer, M. (2023). *ChatGPT: Die Revolution des Lernens und Lehrens.* https://dipfblog.com/2023/02/13/chatgpt-die-revolution-des-lernens-und-lehrens/ [Zugriff: 2.5.2023].

Hofer, M. (1981). Schülergruppierungen im Urteil und Verhalten des Lehrers. In M. Hofer (Hrsg.), *Informationsverarbeitung und Entscheidungsverhalten von Lehrern* (S. 192–221). Urban & Schwarzenberg.

Hofer, M. (1986). *Sozialpsychologie erzieherischen Handelns*. Hogrefe.

Hopp, A.-D., & Lienert, G. A. (1976). Eine Verteilungsanalyse von Gymnasialzensuren. In K. H. Ingenkamp (Hrsg.), *Die Fragwürdigkeit der Zensurengebung* (6. Aufl., S. 250–263). Beltz.

Huberman, M. (1980). *Selbstkonzept. Eine Untersuchung über die Wirkung von Noten, Ranglisten und Preisen auf Kinder der Genfer Primarschule*. FAPSE.

Hughes, J. N. (2012). Teacher-Student Relationships and School Adjustment: Progress and Remaining Challenges. *Attachment and Human Development, 14*(3), 319–327.

Ingenkamp, K. H. (Hrsg.) (1971). *Die Fragwürdigkeit der Zensurengebung*. Texte und Untersuchungsberichte. (6., Aufl). Beltz.

Ingenkamp, K. (1992). *Lehrbuch der Pädagogischen Diagnostik*. Beltz.

Inglin, O. (2003). Lernberichte und Lerngespräche als Ergänzung des Ziffernzeugnisses: „Erweiterte Beurteilungsformen“ (EBF). *Pädagogische Rundschau, 57*(4), 449–459.

Irion, T., & Knoblauch, V. (2021). Lernkulturen in der Digitalität. Von der Buchschule zum zeitgemäßen Lebens- und Lernraum im 21. Jahrhundert. In M. Peschel (Hrsg.), *Kinder lernen Zukunft. Didaktik der Lernkulturen* (S. 122–145). Grundschulverband e.V. https://www.pedocs.de/frontdoor.php?source_opus=24387.

Jürgens, E. (2000). Brauchen wir ein pädagogisches Leistungsverständnis? In S.-I. Beutel, & W. Vollstädt (Hrsg.), *Leistung ermitteln und bewerten* (S. 15–25). Bergmann + Helbig Verlag.

Jung, J. (2013). *Schülerleistungen erkennen, messen, bewerten*. Kohlhammer.

Keller, S. (2011). Beurteilungsraster und Kompetenzmodelle. In W. Sacher, & F. Winter (Hrsg.), *Diagnose und Beurteilung von Schülerleistungen – Grundlagen und Reformansätze* (S. 143–160). Schneider Verlag Hohengehren.

Kiel, E. (2022). *Schulpädagogik. Normen – Theorien – Empirie*. Klinkhardt, utb.

Klafki, W. (1976). Sinn und Unsinn des Leistungsprinzips in der Erziehung. In W. Klafki, *Aspekte kritisch-konstruktiver Erziehungswissenschaft. Gesammelte Beiträge zur Theorie-Praxis-Diskussion* (S. 141–176). Beltz.

Klafki, W. (1985). *Neue Studien zur Bildungstheorie und Didaktik*. Beltz.

Klieme, E., & Diedrich, M. (2007). Schulleistung und Leistungsmessung. In H.-E. Tenorth, & R. Tippelt (Hrsg.), *Beltz Lexikon Pädagogik* (S. 634–635). Beltz.

Klippert, H. (1994). *Methoden-Training* (2. Aufl.). Beltz.

KMK (1972). *Vereinbarung zur Gestaltung der gymnasialen Oberstufe und der Abiturprüfung*. Beschluss vom 7.7.1972. https://www.kmk.org/fileadmin/Dateien/veroeffentlichungen_beschluesse/1972/1972_07_07-VB-gymnasiale-Oberstufe-Abiturpruefung.pdf [Zugriff: 2.5.2023].

KMK (2007). *Handreichung für die Erarbeitung von Rahmenlehrplänen der Kultusministerkonferenz für den berufsbezogenen Unterricht in der Berufsschule und ihre Abstimmung mit Ausbildungsordnungen des Bundes für anerkannte Ausbildungsberufe*. https://www.kmk.org/fileadmin/veroeffentlichungen_beschluesse/2007/2007_09_01-Handreich-Rlpl-Berufsschule.pdf [Zugriff: 2.5.2023].

KMK (2011). *Inklusive Bildung von Kindern und Jugendlichen mit Behinderungen in Schulen* (Beschluss der Kultusministerkonferenz vom 20.10.2011). https://www.kmk.org/fileadmin/

veroeffentlichungen_beschluesse/2011/2011_10_20-Inklusive-Bildung.pdf [Zugriff: 2.5.2023].

KMK (2021). *Lehren und Lernen in der digitalen* Welt. Kultusministerkonferenz verabschiedet ergänzende Empfehlung zur Strategie „Bildung in der digitalen Welt" vom 10.12.2021. https://www.kmk.org/aktuelles/artikelansicht/lehren-und-lernen-in-der-digitalen-welt-kultusministerkonferenz-verabschiedet-ergaenzende-empfehlung.html [Zugriff: 2.5.2023].

KMK (2022). *Bildungsstandards für das Fach Deutsch*. Erster Schulabschluss (ESA) und Mittlerer Schulabschluss (MSA) (Beschluss der Kultusministerkonferenz vom 15.10.2004 und vom 4.12.2003 i.d.F. vom 23.6.2022). https://www.kmk.org/fileadmin/Dateien/veroeffentlichungen_beschluesse/2022/2022_06_23-Bista-ESA-MSA-Deutsch.pdf [Zugriff: 2.5.2023].

Kulow, A.-C. (2011). Rechtliche Spielräume und Grenzen der Leistungsüberprüfung und Leistungsbewertung. In W. Sacher, & F. Winter (Hrsg.), *Diagnose und Beurteilung von Schülerleistungen* (S. 73–82). Schneider Verlag Hohengehren.

Labusch, A., Eickelmann B., & Conze, D. (2020). *ICILS 2018 #Transfer. Gestaltung digitaler Schulentwicklung in Deutschland*. Waxmann. https://kw.uni-paderborn.de/fileadmin/fakultaet/Institute/erziehungswissenschaft/Schulpaedagogik/2020_Labusch_Eickelmann_Conze_ICILS_2018__Transfer.pdf [Zugriff: 2.5.2023].

Landesinstitut für Schule und Weiterbildung NRW (1997). *Leistungsbewertung ohne Noten in der Grundschule*. Kettler.

Leisen, J., & Höttecke, D. (2011). Leistungsmessung und Schülerbeurteilung. In M. Hopf, H. Schecker, D. Höttecke, & H. Wiesner (Hrsg.), *Physikdidaktik kompakt* (S. 63–71). Aulis Verlag.

Lerche, T. (2014). *Grundwissen Lehrerbildung – Leistung messen*. Cornelsen.

Leutner, D., & Brünken, R. (2018). Lernen mit elektronischen Medien. In D. H. Rost, J. R. Sparfeldt, & S. R. Buch (Hrsg.), *Handwörterbuch Pädagogische Psychologie* (5. Aufl., S. 450–455). Beltz.

Leutner, D., & Kröner, S. (2018): Pädagogisch-psychologische Diagnostik. In D. H. Rost, J. R. Sparfeldt, & S. R. Buch (Hrsg.), *Handwörterbuch Pädagogische Psychologie* (5. Aufl., S. 609–619). Beltz.

Lindner, M. A., Strobel, B., & Köller, O. (2015). Multiple-Choice-Prüfungen an Hochschulen? *Zeitschrift für Pädagogische Psychologie, 29(3-4)*, 133–149.

Lütgert, W., Tillmann K.-J., Beutel, S. I., Jachmann, M., & Vollstädt, W. (2001).*Leistungsbeurteilung und Leistungsrückmeldung an Hamburger Schulen*. Bericht über ein Forschungsprojekt. Freie und Hansestadt Hamburg. https://www.fachportal-paedagogik.de/literatur/vollanzeige.html?FId=790380 [Zugriff: 2.5.2023].

Ludwig, P. H. (2010). Erwartungseffekt. In D. Rost (Hrsg.), *Handwörterbuch Pädagogische Psychologie* (4. Aufl., S. 144–150). PVU.

Lukesch, H. (1998). *Einführung in die pädagogisch-psychologische Diagnostik* (2. Aufl.). Roderer.

Mannheim, K. (1930). Über das Wesen und die Bedeutung des wirtschaftlichen Erfolgsstrebens. Ein Beitrag zur Wirtschaftssoziologie. *Archiv für Sozialwissenschaften und Sozialpolitik, 63*, 449–512.

Maier, U. (2015). *Leistungsdiagnostik in Schule und Unterricht*. Klinkhardt, utb.

Mayer, R. (2018). Leistungsorientierung und Leistungsideologien. In S. Reh, & N. Ricken (Hrsg.), *Leistung als Paradigma* (S. 291–306). Springer VS.

Mergendoller, J. R., Markham, T., Ravitz, J., & Larmer, J. (2006). Pervasive Management of Project Based Learning: Teachers as Guides and Facilitators. In C. M. Evertson, & C. M. Weinstein (Hrsg.), *Handbook of Classroom Management* (S. 583–615). Routledge.

Mertens, D. (1974). Schlüsselqualifikationen. *Mitteilungen aus der Arbeitsmarkt- und Berufsforschung 1(1)*, 36–43.

Meulemann, H. (1979). *Soziale Herkunft und Schullaufbahn. Arbeitsbuch zur sozialwissenschaftlichen Methodenlehre*. Campus Verlag.

Meyer, H. (2004). *Was ist guter Unterricht?* Cornelsen.

Möller, J., & Machts, N. (2017). *Evaluation des Entwicklungsberichts in Form eines Kompetenzrasters in Schleswig-Holstein*. https://docplayer.org/58137869-Kompetenzzeugnisse-faire-rueckmeldung-fuer-schuelerinnen-und-schueler-prof-dr-jens-moeller-cau-kiel.html [Zugriff: 2.5.2023].

Müller, R. (2013). *Bedingungsfaktoren schulischer Leistungen in der Grundschule – (Womit) Kann Schulerfolg prognostiziert werden? – Eine Längsschnittuntersuchung an Grundschulen und Schulen der Sekundarschule I in Bayern und Sachsen*. Herbert Utz Verlag.

Munshi, C., & Deneen, C. C. (2018). Technology-Enhanced Feedback. In A. A. Lipnevich, & J. K. Smith (Hrsg.), *The Cambridge Handbook of Instructional Feedback* (S. 335–356). Cambridge University Press.

Narciss, S. (2006). *Informatives tutorielles Feedback*. Waxmann.

Neuweg, G. H. (2014). *Schulische Leistungsbeurteilung. Rechtliche Grundlagen und pädagogische Hilfestellungen für die Schulpraxis*. Trauner Verlag.

Nölte, B. (2021). Lernförderliches Feedback mit digitalen Tools. *Pädagogik 5*, 25–28.

Oelkers, J. (1997). Geschichte und Nutzen der Projektmethode. In D. Hänsel (Hrsg.), *Handbuch Projektunterricht* (S. 13–30). Beltz.

Oelkers, J. (2001). *Leistungsbeurteilung als Problem und Chance der Schulentwicklung*. https://www.phil-fak.uni-duesseldorf.de/fileadmin/Redaktion/Institute/Sozialwissenschaften/BF/Lehre/WiSe13_14/Reformpaedagogik/oelkers-leistungsbeurteilung_neu.pdf [Zugriff: 2.5.2023].

Ostwald, W. (1909). *Wider das Schulelend. Ein Notruf*. Verlag Akademische Verlagsanstalt.

Otto, G. (1997). Projektunterricht als besondere Unterrichtsform. In J. Bastian, H. Gudjons, J. Schnack, & M. Speck (Hrsg.), *Theorie des Projektunterrichts* (S. 187–198). Bergmann + Helbig.

Ovid (1994). *Metamorphosen*. Lateinisch/Deutsch. Klett: Stuttgart (Liber X, Verse 243-297).

Pant, H. A., Emmrich, R., Harych, P., & Kuhl, P. (2011): Leistungsüberprüfung durch Schulleistungsstudien und Vergleichsarbeiten. In W. Sacher, & F. Winter (Hrsg.), *Diagnose und Beurteilung von Schülerleistungen* (S. 123–141). Schneider.

Paradies, L, Wester, F., & Greving, J. (2009). *Leistungsmessung und -bewertung: Berlin* (5. Aufl.). Cornelsen Scriptor.

Paulson, L. F., Paulson, P. R., & Meyer, C. A. (1991). What Makes a Portfolio a Portfolio? Eight thoughtful guidelines will help educators encourage self-directed learning. *Educational Leadership, 48* (5), 60–63.

Pekrun, R. (2006). The control-value theory of achievement emotions: Assumptions, corollaries, and implications for educational research and practice. *Educational Psychology Review, 18*(4), 315–341. https://doi.org/10.1007/s10648-006-9029-9

Pekrun, R. (2018). Control-value theory: A social-cognitive approach to achievement emotions. In G. A. D. Liem, & D. M. McInerney (Hrsg.), *Big theories revisited 2: A volume of research on sociocultural influences on motivation and learning* (S. 162–190). Information Age Publishing.

Pekrun, R. (2021). Self-appraisals and emotions: A generalized control-value approach. In T. Dicke, F. Guay, H. W. Marsh, R. G. Craven, & D. M. McInerney (Hrsg.), *Self – a multidisciplinary concept* (S. 1–30). Information Age Publishing.

Pekrun, R., & Götz, T. (2006). Emotionsregulation: Vom Umgang mit Prüfungsangst. In H. Mandl, & H. F. Friedrich (Hrsg.), *Handbuch Lernstrategien* (S. 248–258). Hogrefe.

Pekrun, R., Marsh, H. W., Suessenbach, F., Frenzel, A. C., & Götz, T. (2023). School grades and students' emotions: Longitudinal models of within-person reciprocal effects. *Learning and Instruction, 83*, 101626. https://doi.org/10.1016/j.learninstruc.2022.101626

Pekrun, R., Muis, K. R., Frenzel, A. C., & Götz (2018). *Emotions at School*. Routledge.

Petersen, S. (2001). *Rituale für kooperatives Lernen in der Sekundarstufe I*. Cornelsen Scriptor.

Petillon, H. (1982). *Soziale Beziehungen zwischen Lehrern, Schülern und Schülergruppen*. Beltz.

Porsch, R., & Ruberg, C. (2022). Professionell beurteilen können. *Friedrich Jahresheft 40,* S. 50–51.

Rathmann, K., & Hurrelmann, K. (2022). Leistungsdruck und Wohlbefinden in der Schule. Schule als Wohlfühloase? *Friedrich Jahresheft 40,* S. 84–85.

Reetz, L. (1999): Zum Zusammenhang von Schlüsselqualifikationen – Kompetenzen – Bildung. In T. Tramm, D. Sembill, F. Klauber, & E. G. John (Hrsg.), *Professionalisierung kaufmännischer Berufsbildung. Beiträge zur Öffnung der Wirtschaftspädagogik für die Anforderungen des 21. Jahrhunderts. Festschrift zum 60. Geburtstag von Frank Achtenhagen* (S. 32–51). Peter Lang.

Rheinberg, F. (1980). *Leistungsmessung und Lernmotivation*. Hogrefe.

Rheinberg, F., & Fries, S. (2018). Bezugsnormorientierung. In D. H. Rost, J. R. Sparfeldt, & S. R. Buch (Hrsg.), *Handwörterbuch Pädagogische Psychologie* (5. Aufl., S. 56–63). Beltz.

Richter, H.-E. (1997). *Umgang mit Angst*. Econ-Taschenbuch-Verlag.

Ricken, N. (2018). Konstruktionen der ‚Leistung'. Zur (Subjektivierungs-)Logik eines Konzepts. In S. Reh, & N. Ricken (Hrsg.), *Leistung als Paradigma* (S. 43–60). Springer VS.

Rosa, L. (2019). Lernen im digitalen Zeitalter. In A. Krommer, M. Lindner, D. Mihajlovic, J. Muuß-Merholz, & P. Wampfler (Hrsg.), *Routenplaner #digitale Bildung. Auf dem Weg zu zeitgemäßem Lernen. Eine Orientierungshilfe im digitalen Wandel* (S. 103–118). ZLL21 e. V.

Rosenthal, R., & Jacobson, L. (1968). Pygmalion in the classroom. *Urban Rev 3*, 16–20. https://doi.org/10.1007/BF02322211

Rost, D. H., & Hanses, P. (1997). Wer nichts leistet, ist nicht begabt? Zur Identifikation hochbegabter Underachiever durch Lehrkräfte. *Zeitschrift für Entwicklungspsychologie und Pädagogische Psychologie, 29*, 167–177.

Rost, D. H., Schermer, F., & Sparfeldt, J. (2018). Leistungsängstlichkeit. In D. H. Rost, J. R. Sparfeldt, & S. R. Buch (Hrsg.), *Handwörterbuch Pädagogische Psychologie* (5. Aufl., S. 424–439). Beltz.

Roth, H. (1971). *Pädagogische Anthropologie. Entwicklung und Erziehung. Band II*. Hermann Schroedel Verlag.

Ruf, U., & Gallin, P. (2003). *Dialogisches Lernen in Sprache und Mathematik. Band 1: Austausch unter Ungleichen*. Kallmeyer.

Ruf, U., & Gallin, P. (2003). *Dialogisches Lernen in Sprache und Mathematik. Band 2: Spuren legen – Spuren lesen*. Kallmeyer.

Rutter, S., & Weitkämper F. (2022). *Die (Re-)Produktion sozialer Ungleichheit in der Schule*. Bertelsmann Stiftung.

Saalfrank, W.-T. (2012). Differenzierung. In E. Kiel (Hrsg.), *Unterricht sehen, analysieren, gestalten* (2. Aufl., S. 65–97). Klinkhardt.

Sacher, W. (2014). *Leistungen entwickeln, überprüfen und beurteilen* (6. Aufl.). Klinkhardt.

Sachverständigenrat deutscher Stiftungen für Integration und Migration (2019). Verfügbar unter https://www.stiftung-mercator.de/media/downloads/3_Publikationen/2019/2019_03/Kurz_und_Buendig_Bildung.pdf [Zugriff: 2.5.2023].

Schmitz, B. (2001). Self-Monitoring zur Unterstützung des Transfers einer Schulung in Selbstregulation für Studierende. Eine prozessanalytische Untersuchung. *Zeitschrift für Pädagogische Psychologie, 15*(3-4), 181–197.

Schrader, F. W. (1989). *Diagnostische Kompetenzen von Lehrern und ihre Bedeutung für die Gestaltung und Effektivität des Unterrichts*. Peter Lang.

Schrader, F. W. (2006). Diagnostische Kompetenz von Eltern und Lehrern, In: D. H. Rost (Hrsg.), *Handwörterbuch Pädagogische Psychologie* (S. 95–100). Beltz.

Schrader, F. W. (2009). Kognitive Voraussetzungen. In K. H. Arnold, U. Sandfuchs, & J. Wiechmann (Hrsg.), *Handbuch Unterricht* (S. 425-429). Klinkhardt.

Schrader, F. W., & Helmke, A. (1987). Diagnostische Kompetenz von Lehrern: Komponenten und Wirkungen. *Empirische Pädagogik, 1*, 27–52.

Schrader, F. W., & Praetorius, A.-K. (2018). Diagnostische Kompetenz von Eltern und Lehrern. In D. H. Rost, J. R. Sparfeldt, & S. R. Buch (Hrsg.), *Handwörterbuch Pädagogische Psychologie* (5. Aufl., S. 92–98). Beltz.

Schuler, H., & Schult, J. (2018). Prädiktoren von Studien- und Berufserfolg. In D. H. Rost, J. R. Sparfeldt, & S. R. Buch (Hrsg.), *Handwörterbuch Pädagogische Psychologie* (5. Aufl., S. 645–653). Beltz.

Skinner, N. F. (2009). Akademische Volksweisheiten: Fakten, Fiktion und Irrtum. *Psychologie Lernen & Lehren, 8*(1), 46–50. https://doi.org/10.2304/plat.2009.8.1.46

Specht, W., & Fend, H. (1979). Der „Klassengeist" als Sozialisationsfaktor. *Unterrichtswissenschaft, 2*, 128–142.

Spiel, C., Götz, T., Wagner, P., Lüftenegger, M., & Schober, B. (Hrsg.) (2022). *Bildungspsychologie. Ein Lehrbuch* (2. Aufl.). Hogrefe.

Spinath, B. (2005). Akkuratheit der Einschätzung von Schülermerkmalen durch Lehrer und das Konstrukt der diagnostischen Kompetenz. *Zeitschrift für Pädagogische Psychologie, 19*(1/2), 85-95.

Staatsinstitut für Schulqualität und Bildungsforschung München (ISB) (2022). *Handreichung Realschule Projektarbeit Projektpräsentation*. https://www.isb.bayern.de/download/1749/online-fassung_08-10-22.pdf [Zugriff: 2.5.2023].

Stadler-Altmann, U. (2022). Woher weiß ich, was ich kann? Selbsteinschätzungen im Unterricht. *Friedrich Jahresheft 40,* S. 76–77.

Stalder, F. (2016). *Kultur der Digitalität*. Suhrkamp.

Steinmayr, R., Sauer, J., & Gamsjäger, E. (2018). Prognose von Schulerfolg. In D. H. Rost, J. R. Sparfeldt, & S. R. Buch (Hrsg.), *Handwörterbuch Pädagogische Psychologie* (5. Aufl., S. 653–665). Beltz.

Sticca, F., Götz, T., Nett, U. E., Hubbard, K., & Haag, L. (2017). Short- and Long-Term Effects of Over-Reporting of Grades on Academic Self-Concept and Achievement. *Journal of Educational Psychology, 109*(6), 842–854.

Stojanov, K. (2022). Warum „Leitung“ kein tragendes Prinzip von Bildungsgerechtigkeit sein kann. Leistungsgerechte Bildungsverteilung als Antiutopie. *Friedrich Jahresheft 40,* S. 20–21.

Streber, D. (2019). Peerfeedback zur Weiterentwicklung des Unterrichts. *Friedrich Jahresheft 37,* S. 82–83.

Strijbos, J. W., Narciss, S., & Dünnebier, K. (2010). Peer feedback content and sender's competence level in academic writing revision tasks: Are they critical for feedback perceptions and efficiency? *Learning and Instruction, 20*(4), 291–303.

Tausch, R., & Tausch, A.-M. (1970). *Erziehungspsychologie* (5. Aufl.). Hogrefe.

Teigen, K. H. (1994). Yerkes-Dodson: A Law for all Seasons. *Theory & Psychology, 4*(4), 525–547.

Terhart, E. (2001). Schule und Selektion: Die Perspektive der Lehrer. In W. Melzer, & U. Sandfuchs (Hrsg.), *Was Schule leistet. Funktionen und Aufgaben von Schule* (S. 8–110). Juventa.

Traub, S. (2012). *Projektarbeit – ein Unterrichtskonzept selbstgesteuerten Lernens? Eine vergleichend empirische Studie*. Klinkhardt.

Trappmann, S., Hell, B., Weigand, S., & Schuler, H. (2007). Die Validität von Schulnoten zur Vorhersage des Studienerfolgs – Eine Metaanalyse. *Zeitschrift für Pädagogische Psychologie, 21*(1), 11–27.

Ulich, K. (2001). *Einführung in die Sozialpsychologie der Schule*. Beltz.

Valtin, R., & Rosenfeld, H. (1997). Zur Präferenz von Noten- oder Verbalbeurteilung – Ein Vergleich Ost- und Westberliner Eltern. In H.-E. Tenorth (Hrsg.), *Kindheit, Jugend und Bildungsarbeit im Wandel. Ergebnisse der Transformationsforschung* (S. 293–304). Beltz.

Vang, C. T. (2013). *An Educational Psychology of Classroom Management*. Peter Lang.

Verheyen, N. (2018). Liebe, Gehorsam oder Großes leisten? Leistungssemantiken im 19. Jahrhundert zwischen sozialer Verpflichtung und individuellem Können. In S. Reh, & N. Ricken (Hrsg.), *Leistung als Paradigma* (S. 165–189). Springer VS.

Vieluf, S. (2018). Die kulturelle Gebundenheit von Schulleistungen. In S. Reh, & N. Ricken (Hrsg.), *Leistung als Paradigma* (S. 371–394). Springer VS.

Vogt, K. (2011). *Pädagogische Diagnostik – Potentiale entdecken und fördern*. http://www.bwpat.de/ht2011/ft11/vogt_ft11-ht2011.pdf [Zugriff: 2.5.2023].

Wagener, B. (2020). *Leistung, Differenz und Inklusion. Eine rekonstruktive Analyse professionalisierter Unterrichtspraxis*. VS Verlag.

Wagener, B. (2022). Leistung im inklusiven Unterricht. Über ein Paradoxon und seine Konsequenzen für die schulische Praxis. *Friedrich Jahresheft 40,* S. 40–41.

Wagner, C., & Valtin, R. (2003). Noten oder Verbalbeurteilungen? Die Wirkung unterschiedlicher Bewertungsformen auf die schulische Entwicklung von Grundschulkindern. *Zeitschrift für Entwicklungspsychologie und Pädagogische Psychologie, 35*(1), 27–36.

Wahl, D., Weiner, F. E., & Huber, G. L. (1984). *Psychologie für die Schulpraxis. Ein handlungsorientiertes Lehrbuch für Lehrer*. Kösel.

Warschauer, M., & Ware, P. (2006). Automated writing evaluation: Defining the classroom research agenda. *Language Teaching Research, 10*(2), 157–180.

Weinert, F. E. (1997). Lernkultur im Wandel. In E. Beck, T. Guldimann, & M. Zutavern (Hrsg.), *Lernkultur im Wandel.* Tagungsband der Schweizerischen Gesellschaft für Lehrerinnen- und

Lehrerbildung und der Schweizerischen Gesellschaft für Bildungsforschung (S. 11–29). UVK.

Weinert, F. E. (2001). Vergleichende Leistungsmessung in Schulen – eine umstrittene Selbstverständlichkeit. In F. E. Weinert (Hrsg.), *Leistungsmessung in Schulen* (S. 17–31). Beltz.

Wild, K. P., & Rost, D. H. (1995). Klassengröße und Genauigkeit von Schülerbeurteilungen. *Zeitschrift für Entwicklungspsychologie und Pädagogische Psychologie, 27*(1), 78–90.

Winter, F. (2016). Verfahren zur Erbringung, Überprüfung und Beurteilung von Leistungen in der Schule. In S. Lin-Klitzing, D. D. Fuccia, & T. Gaube (Hrsg.), *Leistungsstandards und Leistungsbewertung an Gymnasien und Universitäten* (S. 67–89). Klinkhardt.

Wischer, B. (2022). … die Sympathie gilt „stets der Erziehung und nicht der Selektion". Zu den gesellschaftlichen Funktionen schulischer Leistungsbewertung. *Friedrich Jahresheft 40,* S. 16–19.

Wisniewski, B., Haag, L., & Zierer, K. (2019). Feedback initiieren. Auf dem Weg zur Entwicklung einer Feedback-Kultur. *Friedrich Jahresheft 37,* S. 66–69.

Wisniewski, B., & Zierer, K. (2017). *Visible Feedback – Ein Leitfaden für erfolgreiches Unterrichtsfeedback.* Schneider Hohengehren.

Wocken, H. (2007). Fördert Förderschule? Eine empirische Rundreise durch Schulen für „optimale Förderung". In I. Demmer-Dieckmann, & A. Textor (Hrsg.), *Integrationsforschung und Bildungspolitik im Dialog* (S. 35–60). Klinkhardt.

Yerkes, R. M., & Dodson, J. D. (1908). The relation of strength of stimulus to rapidity of habit formation. *Journal of Comparative Neurology and Psychology, 18*(5), 459–482.

Zeidner, M. (2014). Anxiety in education. In R. Pekrun, & L. Linnenbrink-Garcia (Hrsg.), *International handbook of emotions and education* (S. 265–288). Taylor & Francis, Routledge.

Ziegenspeck, J. (1999). *Handbuch Zensur und Zeugnis in der Schule. Historischer Rückblick, allgemeine Problematik, empirische Befunde und bildungspolitische Implikationen. Ein Studien- und Arbeitsbuch.* Klinkhardt.

Ziegenspeck, J., & Lehmann, J. (1999). *Handbuch Zensur und Zeugnis in der Schule.* Bad Heilbrunn.